Fania Oz-Salzberger

Israelis in Berlin

....

Aus dem Hebräischen
von Ruth Achlama

Jüdischer Verlag
im Suhrkamp Verlag

Die hebräische Originalausgabe *Israelim, Berlin* erschien 2001
im Keter Verlag, Jerusalem.

Erste Auflage 2001
© Fania Oz-Salzberger 2001
© der deutschen Ausgabe:
Jüdischer Verlag im Suhrkamp Verlag
Frankfurt am Main 2001
Alle Rechte vorbehalten, insbesondere das der Übersetzung,
des öffentlichen Vortrags sowie der Übertragung durch Rundfunk
und Fernsehen, auch einzelner Teile.
Kein Teil des Werkes darf in irgendeiner Form (durch Fotografie,
Mikrofilm oder andere Verfahren) ohne schriftliche Genehmigung
des Verlages reproduziert oder unter Verwendung elektronischer
Systeme verarbeitet, vervielfältigt oder verbreitet werden.
Satz: TypoForum GmbH, Nassau
Druck: Röck, Weinsberg
Printed in Germany

1 2 3 4 5 6 – 06 05 04 03 02 01

Inhalt

Vorwort 9
Rätsel 12
Agnon im nächtlichen Berlin 26
»Die Reise nach Berlin kann losgehen« 52
Gedächtnisgrund, Sex, Ironie 72
Metropolis 105
Das Tel Aviver Tor 129
Die Bahn und der Wald 156
In die vorisraelischen Welten 199
Die Freiheit zu erben, der Zwang zurückzukehren 220

Nachweise 231
Auswahlbibliographie 236

Er: Es kommt noch ein Abend im besiegten Berlin,
da laufen wir zwei Unter den Linden,
du wirst dann sicher sehr aufgewühlt sein
und sagen:
Sie: Amnon, schau, gut, daß wir hierhergekommen sind
und wirklich mit eigenen Augen den Fall unserer Feinde
   sehen.
Doch jetzt, aus irgendeinem Grund, ich weiß nicht
   wieso –
ich sehne mich heim,
nach den Stimmen der Kinder, den Glocken der Herden,
   dem Duft der Zitrushaine –
Er: Nach einem Glas Orangensaft, nach einer Banane –
Sie: Ja, schön ist die Donau,
und groß ist der Rhein.
Doch der Jordan, der Jarkon und der Kischon
sind mir tausendmal lieber, Amnon [...]

»Alle Wege führen nach Rom«; Text: Yitzhak Yitzhak (1943/44), Melodie: Zvi Ben-Yosef, gesungen von Hanna Marron und Yossi Yadin 1945 mit dem Ensemble »The Palestinians« im Rahmen des Truppenbetreuungsprogramms in der Britischen Armee

Was du ererbt von deinen Vätern hast,
Erwirb es, um es zu besitzen.

Goethe, *Faust*

Vorwort

Dies ist ein Reisebuch, geschrieben während eines Jahres in Deutschland, in Berlin. Es basiert auf persönlichen Eindrücken, schriftlichen Quellen, Gesprächen mit Israelis und vielen anderen. Bekannte und weniger bekannte Israelis kommen zu Wort; Israelis, die seit vielen Jahren in Berlin leben, wie auch solche, die sich nur für kurze Zeit hier aufhalten. Es geht um die Frage: Wie lebt es sich als Israeli in Berlin? Diese Frage führt in ein Labyrinth voller Rätsel und Unwägbarkeiten. Jedes richtige Reisebuch enthält Rätsel. Niemand weiß genau zu sagen, wie viele Israelis tatsächlich in Berlin leben. Der Sprecher der israelischen Botschaft erklärte mir schlicht und einfach, er habe keine Ahnung. Den Daten des Statistischen Landesamts Berlin zufolge waren im Juni 1993 rund 1900 Einwohner Berlins im Besitz eines israelischen Passes. Ein Vertreter der jüdischen Gemeinde meinte, es handele sich höchstens um ein paar hundert Israelis, von denen auch nur ein Teil als Gemeindemitglieder registriert seien. Aber das hebräische *Informationsblatt für israelische Neuankömmlinge in Berlin*, verfaßt von Ilan Weiss, erlebte kürzlich eine neue Auflage, nachdem die ersten tausend Exemplare vergriffen waren. Und einer meiner Gesprächspartner, ein wißbegieriger Mensch mit vielen Verbindungen, erklärte mir: Echte Israelis? Vielleicht drei- oder vierhundert, mehr nicht.

Noch komplizierter wird die Zählung, wenn man bedenkt, daß die Toten nicht weniger interessant sind als die Lebenden und Ideen nicht weniger spannend als Lebensgeschichten. So enthält dieses Buch wenig Statistisches und dafür vieles, was sich der Zählung entzieht. Zum Beispiel Geister. Zum Beispiel offene Fragen, etwa die Frage, was überhaupt echte Israelis sind.

Jeder Text ist ein Gewebe. Und jedes Gewebe besteht nicht nur aus Fäden, sondern auch aus Löchern. Viele faszinierende Menschen und Schriften, die wesentlich mit Berlin und Israel zu tun haben, finden hier keine Erwähnung, weil sie mir unzugänglich oder unbekannt blieben. Dem Leichten, dem Anekdotischen und dem Dubiosen, das einfließen wollte, wurde jedoch der Zugang nicht verwehrt.

Ich danke meinen Gesprächspartnern Michel Assli, Nirit Ben-Josef, Dorit Brandwein-Stürmer, Guy Braunstein, Tsafrir Cohen, Ernst Cramer, Orly Doron, Nechama Ehrenberg, Yitzchak Ehrenberg, Amos Elon, Dani Friedlander, Jürgen Habermas, Ute Habermas, Renée Herman, Jürgen Kocka, Claus Leggewie, Wolf Lepenies, Guy Sachar, Friede Springer, Adina Stern, Oliver Sturm, Michael Stürmer, Eran Tiefenbrunn, Amir Toubi, Margrit Wreschner, Moshe Zuckermann und anderen, die aus Gründen, die später erklärlich werden, nur mit den Anfangsbuchstaben ihrer Namen genannt werden. Ich habe inhaltlich getreu aufgeschrieben, was meine Gesprächspartner mir sagten, aber die Verantwortung für Deutungen, Schlußfolgerungen, Assoziationen sowie für Mißverständnisse aller Art liegt allein bei mir.

Jürgen Habermas warnte mich, beim Verfassen eines solchen Buches könnten mir meine Naivität und Unkenntnis zum Fallstrick werden. Mit seiner Befürchtung, es könnte den falschen Leuten, jenen Deutschen, die auf »Normalisierung« aus sind, in die Hände spielen, setze ich mich im vorletzten Kapitel auseinander. Das Buch wurde auch eingedenk dieser ernsten Warnungen geschrieben. Trotzdem meine ich, jedes Reisebuch entsteht aus einem einmaligen Zusammentreffen von Naivität, Unkenntnis, Vorurteilen und schrittweise gewonnenen Erfahrungen, aus dem momentanen, zufälligen, beweglichen Blickwinkel des Reisenden. Und Reisende sehen bekanntlich mehr als die Seßhaften, viel mehr, aber auch weniger, viel weniger. Das sind die uralten Gesetze der Reiseliteratur.

Ich schulde vielen Menschen Dank. Das Wissenschaftskolleg zu Berlin gewährte mir vollkommene akademische Gastfreundschaft. Ich danke den Mitarbeitern des Kollegs (und insbesondere denen der Bibliothek) für ihre Unterstützung; Adina, Eran und Julia für ihre Freundschaft; Gilad Carmel für all die Hilfe, die er uns in Berlin leistete. Leonid Rein schickte aus der wunderbaren Haifaer Universitätsbibliothek schnell und zuverlässig umfangreiches Material. Für bibliographische Hilfe danke ich auch Dani Friedlander, Gabi Guarino, Marek Glasermann, Ute Habermas, Shulamit Almog, Elke Blumenthal und Dieter Sadowski. Hanna Marron und Yossi Yadin halfen mir beim Wiederauffinden der fast vergessenen Zeilen über die hebräischen Soldaten im besiegten Berlin. Dieses Buch verdankt viel dem Internet, dem nichts Menschliches fremd ist und das, wie ich hoffe, keinerlei Reglementierung erfährt und weiterhin dem demokratischen Code seiner Begründer verpflichtet bleiben wird. Mein Dank geht an Zvika Meir und Rivka Fahndrich vom Keter Verlag – und insbesondere an Gideon Samet, der den Grundgedanken dieses Buches akzeptierte und dazu beitrug, ihm Tiefenschärfe zu verleihen. Ich danke Niva Elkin-Koren, Galia Oz, Daniel Oz, Avi Rabinerson, Gaby Salzberger, Na'ama Sheffi, Aner Shalev, Adina Stern und Eran Tiefenbrunn, die das Manuskript gelesen und wichtige Anmerkungen dazu gemacht haben. Besonders möchte ich Ari Shavit danken, der mich vieles über die Wechselbeziehung zwischen Vernunft, Strenge, Zurückhaltung und Gefühl gelehrt hat. Meine Mutter und mein Vater halfen mit Büchern, Ratschlägen und aufmerksamem Lesen. Ihr Zuspruch und ihre Kritik haben das Buch bereichert. Alle verbliebenen Unzulänglichkeiten des Textes sind jedoch natürlich allein mir anzulasten.

Eli Salzberger hat dieses Buch von Beginn an begleitet, war sein gründlichster Leser und hat viele seiner Gedanken mit durchdacht. Das Buch ist Eli, dem Andenken seiner Mutter Lotte und ihren Enkeln, unseren Söhnen, Nadav und Dean, gewidmet.

Rätsel

Seit fünf Jahrzehnten kommen Israelis nach Berlin. Hunderte haben sich dort niedergelassen, Zehntausende dort aufgehalten. Dies Buch möchte dem Rätsel »Israelis in Berlin« nachgehen. Rätselhaft ist nicht, was Israelis hierher führt. Sie kommen, um Berlin zu besichtigen, hier zu studieren, die Stätten der eigenen Kindheit sowie tote oder lebende Verwandte aufzusuchen; Gebäude zu entwerfen, Skulpturen aufzustellen, Bücher zu schreiben; den Reichstag, die Museen, den Kurfürstendamm zu sehen; die Mauer zu passieren oder Stücke von ihr zu kaufen, diese Mauer mit einer gewissen anderen zu vergleichen; in Berliner Clubs zu tanzen, in Berlin Filme zu sehen und zu zeigen, mit dem Berliner Philharmonischen Orchester aufzutreten; Forschungsstipendien wahrzunehmen, Interviews zu geben, Ehre und Anerkennung zu finden; Geschäfte zu tätigen und auf Messen auszustellen; Geschichte, Liebe, Inspiration, Erfolg, Anregungen zu erleben; Anziehung und Abscheu zu empfinden, die Intensität gemischter Gefühle.

All das ist ohne weiteres verständlich. Das Rätselhafte besteht für mich darin, als Israeli in Berlin zu sein, ohne dort immerfort den Aufschrei im Ohr zu haben, den die Mütter im Konzentrationslager Płaszów ausstießen, als sie erfuhren, daß der Kindertransport nach Auschwitz bereits abgegangen war. Ohne über alle Berliner Stimmen und Geräusche hinweg die Stille um das getötete Baby auf der Rampe in Majdanek zu hören. Unsere Fähigkeit, hier auch anderes wahrzunehmen als diesen Schrei und diese Stille (und es schwingen immer dieser Schrei und diese Stille mit, wenn ich in diesem Buch von »wir« spreche) – das ist das Rätsel, das diesem Reisebuch zugrunde liegt.

Über Israelis in Berlin zu schreiben oder aus Berlin auf Israel zu blicken heißt, eine israelische Kamera gerade in der europäischen Stadt zu postieren, mit der sich für uns die schwärzeste Vergangenheit und die grauenhaftesten Erinnerungen verbinden; heißt, das Stativ in unvertrauten Boden, tief in die Geschichte zu bohren. Das Objektiv näher und ferner einzustellen, um die schwer faßbaren Wirkungen einzufangen, die diese Stadt auf unser Leben ausübt. Es heißt, das Unbegreifliche begreifen zu wollen: Berlin, die Stadt der Judenmörder, war zugleich die Stadt, die einst die ersten freidenkenden Juden und die ersten hebräischen Schriftsteller der Neuzeit beherbergte. Hier wurde das Modell der jüdischen nationalen Wiedergeburt mitentworfen. Hier war der Ort, der all jene formte, die zwischen Judentum und Moderne schwankten. Hier stand die Wiege des urbanen Zionismus. Die Stadt Berlin war die Dialogpartnerin Jerusalems und die Mutter Tel Avivs. All das war Berlin.

Das wiedervereinigte Berlin ist die Hauptstadt des vereinigten Deutschlands und möchte zur Kapitale des neuen vereinten Europas werden. Die Bundesrepublik Deutschland war und ist eine begeisterte Befürworterin der europäischen Einigung, eine Bannerträgerin des neuen Europas. Aus der Vogelperspektive betrachtet, verwandelt sich dieser dicht besiedelte Kontinent in ein farbenreiches, immer enger geknüpftes Gewebe, eine Gemeinschaft der Nationen. Israel hat ein Interesse daran, sich in diesen Webteppich einzufügen. Viele Israelis haben bereits persönlich ihren Weg hinein gefunden. Aber aus der geographischen und emotionalen Distanz Israels gesehen, ist das neue Europa, das Europa der Hoffnungen, unlösbar verquickt mit dem alten Europa, in dem wir so einiges verloren haben.

In der Anfangszeit des modernen Israels, einem heißen, armen Einwandererland, hatte man Heimweh nach Europa. Heute aber sind die Sehnsüchte, die sich auf Europa richten, verschwommener. Es ist nun schwierig, diejenigen, die sich nach dem alten Europa Beethovens, Schuberts und Balzacs sehnen, von denen zu unterscheiden, die sich in ihrer Wohnung oder im Büro ein Bild der schneebedeckten Alpen mit einem blauem See an die Wand hängen und manchmal – wenn es sich um eine Werkstatt oder Garage handelt – eine unerreichbare Blondine gleich daneben.

Europa ist anziehend, ist ein begehrtes Ziel. Hunderttausende Israelis, nicht unbedingt von der sehnsüchtigen Art, fahren auf Urlaubs- oder Geschäftsreise nach Europa. Viele möchten uns einen Weg in die Europäische Union bahnen. Wer vom Nahen Osten enttäuscht wurde oder noch nie von ihm begeistert war, blickt nach Europa. Auch wer Amerika seicht und leer findet, wendet sich der Fülle Europas zu.

Europa ist abstoßend. Bei der Gründung des Staates Israel waren mehr als die Hälfte seiner Bürgerinnen und Bürger Menschen, die Europa voll Verachtung, Wut und Schmerz verlassen hatten. Die Erinnerung ist eine grausame Sache: Sehnsucht und Abscheu sind darin für immer miteinander verschweißt. Das Dorf, der Fluß, die Kirche. Die polnischen Nachbarn, die jetzt in unserem Haus leben. Die von Großvater erbaute Getreidemühle, die wir bei der Flucht vor den Bolschewisten zurückließen, wie alles andere, das uns gehörte. Der Platz auf dem Weg zum Gymnasium, auf dem sich alle Juden der Stadt versammeln mußten, auch die eigenen Eltern und Geschwister. Jenes Europa, in das die Israelis, die von dort kamen, nie wieder zurückkehrten.

Die israelische Gesellschaft ist – ob sie es will oder nicht – von Europa, von diesem vielschichtigsten und kompliziertesten aller Kontinente, geprägt. Von dort kamen die Aschkenasim. Und von dort kamen auch – wenn wir die ursprüngliche Bedeutung von »sefarad«, »Spanien« nehmen – die Sefardim. Aus Europa kamen die Ideen, die den jüdischen Nationalstaat begründet haben, und in Europa entstanden auch einige der Ideen, die diesen nun von Grund auf verändern und womöglich aufheben könnten. Auf der Weltkarte mutet uns dieser mächtige Kontinent an wie ein schweres, krummes Dach über dem blauen Mittelmeer.

Und alle Israelis – die, die aus Europa stammen, wie auch die, deren Herkunftsländer geschichtlich von Europa beeinflußt waren – leben ein wenig im Schatten dieses Daches. Europa, das uns geprägt und gelehrt, ausgehungert, getötet und vertrieben hat, betrachtet die Israelis – Juden und Araber, Sefardim und Aschkenasim – heute aus kühler, gleichmacherischer Distanz, blind gegenüber der eigenen Ignoranz, durch die Augen eines britischen Kameramanns oder eines deutschen Pilgers, der eine befangen in seinem Blickwinkel, der andere in seinem Glauben.

Doch in Israel leben Menschen, deren Vorfahren in Europa einiges zurückgelassen haben. So wie wir von Europa geprägt sind, so ist auch Europa – ob es will oder nicht – stark von uns geprägt. Algebra und Philosophie gelangten in arabischen Schriften dorthin. Das Christentum und die Moderne sind, wie Nietzsche und Hitler bestens verstanden, bis ins Innerste von jüdischen Einflüssen durchdrungen.

Der zusehends enger geknüpfte neue europäische Teppich läßt sich leicht in kräftigen Farben malen. Die Designer in Brüssel und Straßburg wissen sehr wohl, wo sie sich in acht nehmen müssen, was lieber außerhalb des Bildes, ausgeblendet bleiben sollte: Die Grenze im Osten ist verwischt, und im Süden planscht Europa in einem am Horizont verschwimmenden Mittelmeer ohne Gegenufer. Das ist der Rand des europäischen Teppichs, hier endet die Stoffbahn. Aber schaut doch, wie schön das Bild ist, sagen die neuen Europäer: Von Griechenland bis Irland, von Schweden bis Portugal und bald auch in Polen und Tschechien erwacht dieser alte Kontinent und geht einer neuen Zukunft entgegen – über Sprach- und Nationalgrenzen sowie trennende Vergangenheiten hinweg.

Aus israelischer Sicht, von nahem betrachtet, wirkt diese Stoffbahn aber auch zerrissen und schmutzig, durchsetzt mit losen Fäden, durchhauenen Knoten, Blutspuren, Resten alter Bucheinbände, Fetzen von Toravorhängen, Glassplittern und versengten Holzspänen. Und im Zentrum all dieser Zerstörung liegt Berlin: das Herz Europas. In tieferem Sinn: das Ende Europas. Hierhin führen die Spuren.

Denn in einem haben die Mörder sich geirrt: Die Toten reden doch. Die ausgebrannten Synagogen stehen weiterhin. Ein zerrissener Faden ist ein Leitfaden. Gerade das Durchschnittene, Verschlungene, Verschlüsselte führt ins Zentrum des Labyrinths, in den Keller, in dem sich noch Dinge wiederfinden, die wir vergessen hatten. Dinge, von denen wir nicht wußten, daß sie uns im Gedächtnis geblieben waren. Dinge, von denen wir nicht ahnten, daß sie uns gehören. In Berlin erwarten sie uns, versteckt und geduldig, und von hier aus führen sie uns auf verschlungenen Wegen über den ganzen Kontinent, Jahrhunderte zurück in die Vergangenheit, Jahrzehnte voraus. Bis hin nach Jerusalem und Tel Aviv. Bis nach Płaszów und Majdanek. Deshalb beginnt das begehrte, ersehnte und auch das furchtbare Europa in Berlin. Vielleicht wird es Zeit, die Fäden wieder aufzunehmen.

Flughafen Schönefeld, Ost-Berlin. Bis vor zehn Jahren landeten hier hauptsächlich graue Iljuschin-Maschinen mit den Kennzeichen von Interflug, Aeroflot, Lot und Malev am Heck. Jetzt kommt dreimal wöchentlich eine El Al-Maschine, meist ist es nur ein Zwischenstopp, gewissermaßen eine Pflichtübung, denn die Flüge von Tel Aviv nach Berlin sind noch nicht so voll zu bekommen, wie El Al es gerne hätte. Auf einem Gepäckwagen wird unser Hund Lubitsch in einem großen Käfig aus dem Flugzeugbauch zur Ankunftshalle gerollt. Ein schnelles Rollband bringt uns unsere Koffer. Ein sonderbarer Abschied: Der Flug geht weiter ins schöne Kopenhagen, und wir bleiben in Berlin. Lubitsch, noch benommen von der Beruhigungstablette, wird hängenden Schwanzes ins Veterinärsbüro geführt. Der schnurrbärtige Vertreter des deutschen Veterinärdienstes entpuppt sich als gutmütiger Grenzbeamter. Unserem israelischen Springerspaniel fehlt zwar eine hier üblicherweise verlangte Impfung, aber eine Spritze gegen Tollwut hat er bekommen, und er sieht ja so gepflegt aus. Willkommen in Deutschland also.

Wie leicht ist die Ankunft in Berlin. Unkompliziert, kosmopolitisch. Wie zügig werden die Einreiseformalitäten abgewickelt, das Abstempeln der Pässe, wie schnell und reibungslos verläuft die Fahrt mit dem schwarzen Opel Vectra über die Autobahn zu der Adresse, die auf dem Einladungsschreiben steht, einer Straße in Grunewald, nicht weit vom Bahnhof Grunewald. Eigentlich nichts einfacher als das: Israelis in Berlin. Wie, sagen wir, Amerikaner in Paris. Ein längerer Arbeitsaufenthalt, eine Schnupper- und Abenteuertour. Ein Besuch in einer der interessantesten Städte der heutigen Welt. Einer Stadt, die uns – über den nun, nach Verlassen der Autobahn, gedämpfteren Motorlärm hinweg – als erstes mit Vogelgezwitscher im Wald empfängt.

Der Berliner Ring fliegt unter den Reifen unseres Autos dahin. Felder und Autobahnabfahrten, Tankstellen und Wiesen tauchen auf und sind auch schon vorüber. Von der Stadt ist noch nichts zu sehen, nur Schilder mit Namen, die Assoziationen aufflackern lassen: Dresden, Leipzig, Potsdam. Wer nach Süden zu den sächsischen Städten abbiegt, die langsam aus ihrem fünfzigjährigen Schlummer erwachen, spürt unter den Rädern die Holperstrekken, die die Deutsche Demokratische Republik, die es nicht mehr gibt, hinterlassen hat. Der löchrige Asphalt, der noch nicht erneuert wurde, bringt den Wagen zum Erzittern, und der Tachometer sinkt dabei in den untersten Bereich ab, als hätte sich ein großer Sturm aus der Vergangenheit erhoben und den halmdünnen Kilometerzeiger geknickt.

Doch jetzt, noch bevor die Autobahn anfangen wird, Geheimnisse preiszugeben, laßt uns zunächst einmal prüfen, was wir über Berlin wissen: Berlin war Hitlers Reichshauptstadt. Von Berlin gingen zwei Weltkriege aus, die Tod und Zerstörung über drei Kontinente brachten. Berlin war eine Stadt, die ihre jüdischen Einwohner anlockte, veränderte und schließlich tötete. 55 000 von ihnen hat sie umgebracht, und das war kaum ein Hundertstel aller Juden, die sie in ganz Europa ermordete. Weitere 100 000 Berliner Juden sind ausgewandert oder vertrieben worden. An jenem Herbstmorgen auf der Autobahn weiß ich noch nicht, daß auch die drei Kinder aus der Hermannstraße, Mally, Hella und Abraham, zu den Ermordeten gehören, unter den Geflohenen waren ihre Eltern, Jenny und Chaim, und der kleine Bruder Kurt. Während die Straße zwischen hohen, grünen Bäumen eintaucht, hüllt sich Berlin weiter in Zahlen. Berlin wurde bombardiert, erobert, erst vier-, dann zweigeteilt. 1961 wurde dort eine Mauer gebaut, 155 Kilometer lang, davon 107 Kilometer aus vier Meter hohem Stahlbeton, die eine Lebensdauer von achtundzwanzig Jahren hatte. Weit über hundert Menschen starben bei dem Versuch, sie von Ost nach West zu überqueren.

Das heutige Berlin – das ist eine ganz andere Geschichte. Ein Ort mit einer großen Zukunft. Eine vereinte Stadt, die auch eines der sechzehn Länder der Bundesrepublik Deutschland ist. Das Bundesland Berlin hat eine Fläche von 891 Quadratkilometern. Das heißt, es ist etwa zehnmal so groß wie der Stadtbezirk Tel Aviv. Berlin liegt im Schnitt 34 Meter über dem Meeresspiegel. Mit seinen rund tausend Brücken übertrifft es Venedig und mit seinen über 240 Friedhöfen jede andere deutsche Stadt. Ein großer Teil der 3 387 000 Einwohner ist nicht in Berlin geboren oder aufgewachsen. Die Gesamteinwohnerzahl ist jedoch im Grunde eine große Enttäuschung. 1989 hatte Berlin 3 410 000 Einwohner, und man sagte für das Jahr 2000 einen Bevölkerungsanstieg auf fünf Millionen Einwohner voraus. Die Experten haben sich geirrt. Berlin ist nicht wie prognostiziert gewachsen, ist nicht aus allen Nähten geplatzt, die Immobilienpreise sind nicht dramatisch gestiegen.

Es gibt jede Menge Fakten über Berlin, und alle sind interessant – wenn nicht an sich schon, dann durch die Zusammenhänge, in die sie sich mit Leichtigkeit stellen lassen. Wie die Hölle ist Berlin ein Paradies für Leute, die Interessantem nachjagen, der ideale Ort für Sinnsucher. Berlin ist eine Großstadt, die erst kürzlich aus der Bewährung entlassen worden ist, eine Weltstadt im Entstehen. Berlin hätte liebend gern die olympischen Sommerspiele 2000 veranstaltet, unterlag aber Sydney. Auch Peking hatte bessere Karten. Das Berliner Wappentier ist der Bär. Berlin-Werbeplakate zeigen einen pummeligen Teddy mit dem Spruchband »Berlin tut gut«. Die Internetadresse www.berlin.de läßt einen wissen, Berlin sei das pulsierende Herz Europas.

Die Abfahrt von der Umgehungsstraße führt auf eine weitere Autobahn, die A 115. Sie trägt den Namen »Avus« und hat Geschichte. Sie war die erste Autorennbahn Deutschlands, wenn nicht der ganzen Welt. Hier brausten die ersten offenen Rennwagen mit ihren großen verstärkten Reifen und brachen jeden erdenklichen Rekord: 100, 150, 180 Stundenkilometer. Noch stehen zu beiden Seiten der Straße altmodisch anmutende Tribünen. Einst saßen auf ihnen Damen mit großen Hüten und schwenkten ihre Taschentücher, weiße und vermutlich auch gestärkte Taschentücher.

Denn hier ist Europa. Von hier kamen die Eltern und Großeltern vieler Israelis sowie die meisten Dichter, die wir in der Schule lesen mußten, aber auch einige von denen, die wir aus eigenem Antrieb gelesen haben. Hier läßt sich die Sehnsucht der Israelis nach Europa messen, die Stärke der Anziehungskraft, der Faszination. Und hier kann man die unüberbrückbare Entfernung zwischen dem Mittelmeer und der kalten märkischen Seenkette erfassen, das Gewicht der Erinnerungen, Kräfte, Begierden und Vorlieben einschätzen, die die Israelis nun gerade nicht von hier, von diesem Kontinent bekommen haben. Vor allem aber läßt sich hier prüfen, wieweit Israelis auf Europa hoffen dürfen und was man nicht von diesem Kontinent erwarten darf, der die Autobahn und das gestärkte Taschentuch ebenso erfunden hat wie den Einsatz schwerer Waffen und die Stadt, die sich um einen Kirchturm herum zu Füßen einer Burg kuschelt, nahe einer Bahnstation.

Ein Satz, vor Jahren auch vertont, klingt in mir nach:

»Städte meiner Jugend, längst habe ich sie vergessen,

Und auch dich in einer davon...«

Und das war aufwühlend. In meiner kindlichen Vorstellung wirbelten hochgebaute europäische Städte, reich an Brücken und Kathedralen, und Frauen mit dünnen Netzstrümpfen und hohen Absätzen, die durch Regenpfützen stöckelten, auf ihrem Weg zu Villen mit hohen, eichenholzverkleideten Räumen und schimmerndem Tafelsilber. Einen Moment lang spiegelten sich ihre Kleider wie Sonnenstrahlen in den Pfützen kühlen europäischen Nieselregens.

Da Berlin mitten in Europa liegt, hat es sogar Wald. Wenn die europäischen Städte für uns verloren sind, so sind es die europäischen Wälder erst recht. Die Dichterin Lea Goldberg, die von jenem Kontinent kam und ihn nie wirklich verlassen hat, hinterließ uns etwas Grünes, Flimmerndes, Verlorenes, den Geschmack von fernen Sehnsüchten und von großer, lauernder Gefahr.

»Mächtige Wälder und laubrieselnde Gärten. Die herbstliche Welt schmückt sich mit goldenen Birnen. Letzte Vögel rufen bei ihrem Flug gen Negev [nicht einfach nach Süden, beschloß Lea Goldberg zu schreiben. *Gen Negev*]. Der Schatten ihrer ausgebreiteten Flügel über dem Stoppelfeld. Es rauscht, sogar weint, sogar singt der große Fluß hinterm Wald. Barfüßige Kinder mit braungebrannten Beinen kommen aus dem Wald, und im Körbchen – Pilze. Ihr Duft – der Duft aus den Tiefen modriger Wälder. Letzte Vögel auf ihrer Reise gen Negev wetteifern mit drehenden Windmühlenflügeln. Herbstwolken ziehen vorbei. Dann gehen und gehen wir, versinken im weichen Moos, rutschen auf Kiefernnadeln. Der tiefe Herbst zu unseren Füßen, und auf unseren Schultern ein roter Blätterschwarm. Unser schönes Ende, unser zartes Ende, klaren Blicks, kaltäugig.«

Dieser Wald findet sich in Lea Goldbergs hebräischem Roman *Und er ist das Licht*. Ein schönes Buch. Und am schönsten liest es sich, wenn man in den Sanddünen des Negev auf dem Rücken liegt, vom blaßblauen Himmel überwölbt. Aber wie es so ist bei Lea Goldberg: Selbst damals, selbst im herbstlichen Litauen, kommt man nicht wirklich in den Wald. Ihre Heldin Nora wird mit ihrem höchst anziehenden Freund Erich dort nicht spazierengehen. Warum eigentlich nicht? »Am Morgen nach Jom Kippur wurde Tante Zlate ins jüdische Krankenhaus eingeliefert. Und die Ärzte erklärten einstimmig, ihre Tage seien gezählt.« Deshalb. So war Lea Goldberg, eine Tel Aviverin und Jerusalemerin, nach Berlin. Eine große Europäerin im Land der Negevwüste, in einem Land, in dem es keine Windmühlen gibt, außer zweien mit verstümmelten Flügeln. Der Wald, ebenso wie der schöne Mann, bleibt ewig unerreicht. Nur andere werden darin spazierengehen.

Wir indes biegen nun in unserem Opel von der Autobahn direkt in den Wald hinein ab. Die Vögel dort schweigen nicht, sie zwitschern so laut, daß man sie sogar vom fahrenden Auto aus hört. Hier ist er, der grüne Wald, der Grunewald. Und dieser Wald ist Anfang September herrlich grün, nur hier und da färbt sich ein Blatt gelb oder rot. Man meint, sich hier in einer Welt verlieren zu können, in der es keinen Jom Kippur und keine Tanten, keine jüdischen Krankenhäuser und keine Ärzte mit unanfechtbaren Prognosen gibt. Hier ist sie, die erste Illusion von Israelis in einer europäischen Großstadt, in einem europäischen Wald: verlorengehen zu können.

Aber diese Illusion hält nicht lange an, denn dies ist ja Berlin, West-Berlin, und dieser Wald lag früher innerhalb der Mauern einer abgeschnürten Stadt, zusammen mit den Havelseen und einem Stück Spreeufer. Fast siebzehn Prozent des Berliner Stadtgebiets sind bewaldet. Das vom Umland abgeschnittene West-Berlin hatte starke grüne Lungen. Dies ermöglichte seinen Einwohnern Wochenenden in der Natur und ein gewisses Maß an Normalität während der achtundzwanzig Jahre, in denen sie auf einer Stadtinsel mit Luftkorridor lebten.

Wir werden in Grunewald, nahe am Wald, wohnen. Das Wissenschaftskolleg, das mich für ein akademisches Jahr eingeladen hat, bringt seine Gäste in der Villa Walther unter, einem verrückten Weimarer Prachtbau, bei dem Neugotik und Jugendstil durcheinanderwirbeln. Eine Villa mit hundert Zimmern. Der Architekt, der sie gebaut hat, stürzte sich damit in den Bankrott, das Ganze endete für ihn in Wahnsinn und Selbstmord. Heute wohnen in ihr Archäologen, Althistoriker, Wirtschaftswissenschaftler und andere Forscher mit ihren Familien. Auch das rumänische Kulturinstitut ist hier in einigen mit großen Kristallüstern bestückten Räumen untergebracht.

Eine Seenkette zieht sich durch diesen Stadtteil: Halensee, Koenigssee, Dianasee, Herthasee. Und genau gegenüber von meinem Arbeitszimmer, dort, wo Rechtsextremisten 1922 Walther Rathenau, den jüdischen Außenminister Deutschlands, ermordeten, steht ein einfacher Gedenkstein mit zwei großen steinernen Blu-

menkübeln, die zu jeder Jahreszeit neu bepflanzt werden: im Herbst mit weißen Geranien, im Winter mit immergrünen Nadelsträuchern, im Frühling mit weißen Stiefmütterchen.
Eine ruhige und teure Wohngegend ist der Grunewald. Grün ist es hier. Riesige Bäume, Efeu, Pilze, Kletterpflanzen, Spätsommerblumen in duftendem Weiß, Lila und Rosa. In dem See gegenüber unserem Haus schwimmen an einem warmen Septembertag zwei würdige blonde ältere Damen, aus irgendeinem Grund umgeben von einem Entenschwarm, und unterhalten sich dabei mit lauten, klaren Stimmen. Aber auf der Hauptstraße, der Koenigsallee, brandet der Verkehr schon ab dem frühen Morgen: Lastwagen, die von der Avus abgebogen sind, und viele Mercedesse und BMWs der Villenbewohner. Nicht weit von hier hat einmal der berühmte Soziologe und Nationalökonom Werner Sombart gewohnt. Gershom Scholem hat Sombart nie verziehen, daß dieser 1912 gefordert hatte, die Juden sollten – auch wenn ihre rechtliche Gleichstellung und Emanzipation formal nicht aufgehoben würden – doch freiwillig, vor allem im öffentlichen Leben, keinen Gebrauch davon machen. Werner Sombarts Sohn, Nicolaus Sombart, hat liebevoll über seine Kindheit in Grunewald geschrieben, Erinnerungen eines Kindes reicher Eltern, in denen er sich auch mit der sorglosen, vornehmen Selbstsicherheit auseinandersetzt, die seine frühen Jahre prägte. Er besuchte hier in Grunewald das Gymnasium, das einst dank der Spenden jüdischer Eltern, wie er betont, ganz hervorragend war, und er verliebte sich fast im letzten Moment noch, wie er wiederum betont, in ein jüdisches Mädchen. Auch jetzt wohnt Professor Sombart noch in Grunewald und lädt hier einmal monatlich zu einem literarisch-intellektuellen Salon ein. Die jüdischen Familien jedoch sind aus ihren großen Häusern an den Seeufern verschwunden.
Die Juden kamen und gingen. Doch viele großbürgerliche Villen sind noch aus der Zeit erhalten, in der dieser Stadtteil Ende des 19. Jahrhunderts als Wohnviertel für gutsituierte Künstler und Akademiker gebaut wurde. Abends dringt sanftes Leselampenlicht aus den hohen Fenstern mit den weißen Stores. Häuslichkeit und

Stille, vielleicht eichengetäfelte Wände, ein offener Kamin, gewiß ein Klavier, Bücherschränke, auf dem Tisch eine Kanne Tee. In den Obergeschossen sind die Fenster kleiner. Hier lagen die Zimmer der Dienstboten, die einst über ihren Herrschaften wohnten und sich noch darauf verstanden, Silber zu putzen und Leinen zu stärken. Man mag sich hier an die germanophilen Briten und Amerikaner erinnern, die sich vor hundert oder zweihundert Jahren in dieses Land verliebten: Samuel Coleridge, George Eliot, Mark Twain. Sie fanden bei den deutschen Groß- und Bildungsbürgern ein Talent, das Leben angenehm zu gestalten, es mit Ruhe und Gemütlichkeit zu versüßen. Eine Mischung aus Strenge und Sentimentalität. Sie entdeckten das Geheimnis des Innenlebens deutscher Bürgerhäuser, und es war ganz anders als das der englischen und amerikanischen. Was für ein Zauber erfüllte diese Häuser, zusammen mit herrlicher Musik, herrlichem Gesang und herrlichen Backdüften.

Ein schwacher Hauch von alldem schwebt jetzt noch in den Straßen der Haifaer Viertel Zentralkarmel und Achusa und im Jerusalemer Stadtteil Rechavia. Doch während ich noch schreibe, da verfliegt er auch schon.

Hier, in diesem Haus, hat die Familie Gerngroß gewohnt, sagt die achtundachtzigjährige Renée Herman, Professor Gerngroß, der später ins Exil nach Istanbul gegangen ist. Und dort wohnte Ilses Familie. Ihr Vater, Dr. Heine, war Arzt. Und Familie Goldmann – nein, die wohnte ein paar Straßen weiter, in Wilmersdorf. Goldmann war der Berliner Korrespondent der *Neuen Freien Presse*.

Renée ist in Wien geboren und in Frankfurt aufgewachsen. Als junge Frau besuchte sie Berlin und wohnte in den Geschäftsräumen ihres Stiefvaters, dem Sitz der Firma Beer-Sondheimer, in der Budapester Straße, gegenüber vom Zoo. Zuletzt war sie 1928 in Berlin. Jetzt ist sie nach mehr als siebzig Jahren zum ersten Mal wiedergekommen.

Ihr leiblicher Vater, der Wiener Vater, ist hier in Berlin gestorben. Es war ein plötzlicher, vermeidbarer Tod, verursacht durch eine Blinddarmentzündung, die man eigentlich leicht hätte kurieren können, wären die Bediensteten nicht so träge und unbeholfen gewesen. Das ereignete sich 1919 in einer Suite des Nobelhotels Adlon, Unter den Linden. Willy Neuman hieß er. Er war vierunddreißig Jahre alt und befand sich auf Geschäftsreise. In Wien hinterließ er ein großes Vermögen. Seine zarte Frau Friederike, deren zweite Heirat sie zur Großmutter meines Mannes machte, starb ein Vierteljahrhundert später in der Krankenbaracke des Konzentrationslagers Ravensbrück, rund hundert Kilometer nördlich vom Hotel Adlon. So oder anders (»List der Geschichte« würde Hegel sagen): Diese eleganten österreichisch-ungarischen Eheleute hat Berlin umgebracht.

Es ist gut, daß das neue Berlin auch eine Fülle von Gebäuden zu bieten hat, in denen nichts Schlimmes geschehen ist. Die neue Gemäldegalerie erfreut die Seele, ebenso wie der Stülerbau, der die Sammlung Berggruen beherbergt: über siebzig Bilder von Picasso, dazu noch Werke von Cézanne, Braque, Klee und Giacometti. Dort, wo Renée heute lebt, in der New Yorker Upper East Side, wundert man sich nicht wenig, daß Dr. Heinz Berggruen es für richtig befunden hat, seiner Geburtsstadt zu verzeihen und ihr seine herrliche Sammlung zu überlassen. Renée selbst urteilt nicht gern vorschnell. Und die Stadt Berlin weiß ja gerade das Herz derer anzurühren, die sie vor sieben Jahrzehnten vertrieben hat: Sie berührt sie durch ihre Schönheit, die sie ihr Leben lang mit sich getragen haben. Sie lockt sie listig herbei, wie etwa mit einem Mahler-Festival in der Philharmonie. Dort, in dem Saal, der dem Boden eines gefrorenen Meeres gleicht, zwischen den wellenförmig ansteigenden Rängen, erreichen einen die Töne des »Liedes von der Erde« so, als säße das ganze Philharmonische Orchester, samt Claudio Abbado und seinem Taktstock, von der Pikkoloflöte bis zum Kontrabaß, einzig und allein in der eigenen Ohrmuschel.

Am Wannsee serviert das Restaurant am Bootshafen ein deutsches Mittagessen. So deutsch, daß es als Nachtisch Rote Grütze gibt, deren sämige Konsistenz sich seit der Zeit, als Renée und ihre jüngeren Schwestern Lotte und Margrit kleine Mädchen waren, nicht im geringsten geändert hat. Beim Hafen, in dem sich Freizeit- und

Fischerboote drängen, steht die Villa, in der Reinhard Heydrich mit Vertretern der Ministerialbürokratie und der SS die »Endlösung der Judenfrage« beschloß, am 20. Januar 1942, auf der Wannsee-Konferenz. »Im Zuge der praktischen Durchführung der Endlösung wird Europa vom Westen nach Osten durchgekämmt«, gab Heydrich zu Protokoll.

Das Wetter ist herrlich. Ende September. Die Cafés auf dem Kurfürstendamm servieren den Pflaumenkuchen noch an gedeckten Tischen im Freien. Dazu gibt es frische Sahne. Im Auto sagt Tante Renée: Es ist so vulgär hier geworden. Die Leute wissen sich nicht mehr zu kleiden und zu benehmen.

Agnon im
nächtlichen Berlin

Israelis in Berlin. Meinen Gesprächspartnern ist diese Fokussierung schwer zu vermitteln: Nicht Juden, sondern Israelis. Nicht Deutschland, sondern Berlin. Hebräisch in Metropolis. Bekannte überhäufen mich mit Hinweisen auf Bücher, Filme, Ausstellungen, Kataloge, Archivdokumente, Briefwechsel, Fernsehserien, Interviews, Internetadressen, Synagogen, Grabsteine. Doch die meisten dieser Hinweise führen mich nicht weiter. Wie wenig ist letztlich geschrieben worden über Israelis in ihren verschiedenen Diasporaorten, von Paris bis Maryland, vom englischen Cambridge bis zu dessen amerikanischer Namensschwester, von Johannesburg bis Bangkok. Wie wenig Literatur findet sich zum hebräischsprachigen Los Angeles. Über Länder, die sich bei israelischen Rucksacktouristen besonderer Beliebtheit erfreuen, sind in den letzten Jahren ein paar Reisebücher erschienen, nicht aber über Orte, in denen Israelis auf Dauer leben. Als dürfte es eine israelische Diaspora überhaupt nicht geben. Als müßte die hebräische Sprache auf fremdem Boden welken und verdorren wie eine Pflanze, die schädlichen Chemikalien ausgesetzt wird. Als wäre die moderne hebräische Schriftsprache nicht zuerst auf fremdem Boden entstanden, auf europäischem Boden, auf Berliner Boden.
Zehntausende von Berlinern sind Israelis geworden. Hunderte von Israelis leben heute in Berlin. Über diese Menschen möchte ich schreiben, um durch sie Israelis in Israel und ihre heutige Beziehung zu Deutschland und Europa besser zu verstehen. Und um durch sie auch etwas zu verstehen von Berlin: Berlin, die Hauptstadt Deutschlands; Berlin, das Tor nach Europa; Berlin, das in die eigenen Tiefen führt.

Ihr Israelis seid ahistorische Menschen, sagt mir Ernst Cramer vom Axel Springer Verlag.
Ahistorisch? Was meinen Sie damit?
Ihr macht euch nicht die Mühe, euch zu erinnern.
Ich verteidige uns heftig. Wir machen uns nicht die Mühe, uns zu erinnern? Wir?
Im Februar 2000 hält der deutsche Bundespräsident Johannes Rau eine Ansprache vor dem israelischen Parlament, der Knesset. Auf deutsch. Der Knesset-Vorsitzende, Avraham Burg, rechnet mit einem öffentlichen Proteststurm. Aber der läßt auf sich warten. Im Wochenendmagazin der Tageszeitung *Ha'aretz* wird die Reaktion eines jungen Knesset-Abgeordneten wiedergegeben, der der auf deutsch gehaltenen Rede von Johannes Rau ziemlich unaufgeregt gelauscht hatte. Ich weiß nicht, was ihr habt, sagte er, für mich war das nicht viel anders, als im Kabelfernsehen RTL anzuschauen. Wenn der junge Parlamentarier korrekt zitiert worden ist, dann hat Ernst Cramer, ein erfahrener Publizist, nicht ganz unrecht. Wir machen uns offenbar tatsächlich nicht allzuviel Mühe, uns zu erinnern.

Die Israelis, die zu mir kommen, sagt die Touristenführerin Nirit Ben-Josef, sind zu etwa zwanzig Prozent ehemalige Berliner oder deren Nachkommen und zu fast hundert Prozent Aschkenasim. Das, was sie am meisten interessiert, ist die Mauer. Die rangiert für sie noch vor dem jüdischen Berlin – vor der Synagoge in der Oranienburger Straße kommt erst einmal Checkpoint Charlie. Die Frage, die sie mir am häufigsten stellen, lautet: Ging die Mauer früher wirklich durch die ganze Stadt?
Ob sie nun nichts erinnern oder nichts vergessen haben, eines ist den Tausenden von Israelis, die Berlin besuchen, gemeinsam: Jede und jeder von ihnen meint, hier etwas besonders Aufwühlendes erlebt zu haben. In Briefen und Gesprächen erzählen mir Freunde und Bekannte und auch Wildfremde, daß sie ihre Reise nach Berlin niemals vergessen würden. Das Erlebnis Berlin, für jede und jeden eine sehr persönliche Erfahrung, kehrt in unzähligen Versio-

nen wieder. Was ist es, was Berlin in uns auslöst? Aber wer ist überhaupt »wir« in diesem Zusammenhang? Denn zu Recht warnt mich Guy Braunstein aus Ramat Efal, Konzertmeister und erster Geiger bei den Berliner Philharmonikern: »Ich kann mit diesem ganzen Reden über Israeli-Sein nichts anfangen.« Und Tsafrir Cohen sagt: Ich bin Emigrant. Emigranten müssen sich immer mit Sentimentalität herumschlagen. Sicher bin ich Israeli. Das hat nichts mit eigener Wahl zu tun, das ist einfach Sozialisation. Israeli-Sein heißt zu wissen, wer Chava Alberstein ist, was Hitze ist. Beim Grand Prix d'Eurovision ist es mir wichtig, daß Israel gewinnt, aber bei der Fußballeuropameisterschaft bin ich für Deutschland. Die ganze Israel-Idee ist eigentlich furchtbar veraltet, also die Vorstellung, daß ein Volk einen Staat haben muß, einen Nationalstaat. Den Deutschen ist das vergangen, die haben das inzwischen überstanden. Aber die Israelis haben gerade erst damit angefangen. Ein wahnsinnig verspätetes Volk, die Israelis. Das verspätetste Volk überhaupt.

Und das ist die Geschichte der Israelis in Berlin. Noch ehe es Israelis gab, kamen Menschen aus dem »Land Israel«, Erez-Israelis, nach Berlin. In den Berliner Straßen wurde schon im ersten Viertel des 20. Jahrhunderts Alltagshebräisch gesprochen, teils sogar recht lärmend. Agnon war die gesamte Zeit des Ersten Weltkriegs hier hängengeblieben. Voller Sehnsucht nach Jaffa, wo er bereits einige Jahre gelebt hatte. Doch im damaligen Berlin war man viel weniger in der Fremde als im heutigen. Jenes Berlin war voller Juden, hier und da gab es darunter sogar solche, die Interesse für einen jungen hebräischschreibenden Schriftsteller aus Galizien aufbringen konnten. Agnon sammelte für Martin Buber chassidische Erzählungen. Gute Menschen luden ihn zum Essen ein. Er fand hier sogar Salman Schocken, seinen Verleger fürs Leben. Agnon ging es gut in Deutschland. Erst als 1924 sein Wohnhaus in Bad Homburg samt seiner Bibliothek und seinen Manuskripten ein Raub der Flammen wurde, schaffte es seine zionistische Frau Estherlein, ihren Samuel Josef endlich ins Land Israel zurückzubringen.

In seinen Junggesellenjahren, vor der Zeit Estherleins, war es die Stadt Berlin, die Agnon fesselte und verführte. Eines Abends, in den Jahren des Ersten Weltkriegs, traf Agnon, müde von der erfolglosen Suche nach einer Bleibe für die Nacht (aber er war auch wählerisch, muß man hinzufügen), auf der Straße eine kleine Gruppe Erez-Israelis – Menschen aus dem Land Israel, Proto-Sabres gewissermaßen. Man schrieb, sagen wir, das Jahr 1915. »Als ich hinausging, traf ich auf eine kleine Gruppe, Kinder des Landes Israel, die der Krieg in Berlin überrumpelt hatte, einige davon Studenten, einige davon junge Männer, die gekommen waren, um sich hier in ihren Berufen weiterzubilden. Ihren Lebensunterhalt verdienten sie hauptsächlich mit hebräischem Sprachunterricht für zionistische Jungen und Mädchen.« Darunter war auch »ein Bildhauer, Drusi hieß er, und es ist mir nicht erläutert worden, ob er Jude war oder ein Syrer oder ein Libanese«. Und gerade bei diesem Bildhauer Drusi verbringt Agnon dann die Nacht. Aber erst einmal schließt er sich der kleinen Gruppe an und zieht mit den jungen Leuten zu einer Bäckerei. »Einen Ort haben sie in Berlin entdeckt, an dem Brötchen gebacken werden, und es ist doch die Stunde, in der die Brötchen aus dem Ofen geholt werden, also gehen sie zu jenem Ort, um warme Brötchen, nahe beim Ofen, zu essen.«

Agnon und die Gruppe, zu der auch der Vielleicht-Palästinenser gehört, gehen durch das nächtliche Berlin. Und ohne es zu wissen, finden sie auch ihren Weg in Agnons *Bis hierher*. In Agnons Büchern macht man sich zu einem Ort auf und gelangt meist an einen anderen. »Da flaniert also eine kleine Sekte Erez-Israelis durch die große Stadt Berlin, die Hauptstadt Deutschlands, und ich bin einer der Flanierenden. Wir sprechen von den Siegen der Deutschen, die weiter und weiter vorrücken, und kein Mensch weiß, wann dieser Krieg zu Ende sein und wie die Welt danach aussehen wird.« Damit, Samuel Josef, hattet ihr recht. »So flossen die Reden dahin und kamen schließlich auf das Land Israel, und je mehr wir uns des Landes Israel erinnerten, desto mehr gerieten uns die ofenwarmen Brötchen in Vergessenheit, und jeder ging zu sich nach Hause.«

Habt ihr Hebräisch gesprochen, Samuel Josef, oder Polnisch oder Russisch? Lärmend wie Trunkenbolde? War es in Charlottenburg? In Schöneberg? Auf dem Kurfürstendamm? Eine kleine Gruppe aus dem Land Israel?
Eines der avantgardistischsten Kulturprojekte im Berlin der Weimarer Zeit war das Verfassen moderner Literatur auf hebräisch. Vorzugsweise in leicht trunkenem Zustand. Wer ist in den ersten dreißig Jahren des 20. Jahrhunderts nicht alles hier durchgekommen, wer hat hier nicht alles für einige Zeit in einer Pension oder Studentenbude gelebt. Hier in Berlin wurde nicht wenig Hebräisch geschrieben, experimentelles Hebräisch. Prosa, Lyrik, Essays, Publizistik. Achad Ha'am. Micha Josef Berdyczewski. David Frischmann. Uri Zwi Greenberg. Seew Jabotinsky. Abraham Ben-Jizchak. Salman Schasar. Chaim Nachman Bialik. Saul Tschernichowski. Lea Goldberg. Sie kommen hier durch auf ihrem Weg nach Tel Aviv. Auf dem Weg, sich in zionistische Klischees zu verwandeln, in die Lehrpläne der Schulen Einzug zu halten. Da gehen sie durch die Berliner Straßen, ohne zu ahnen, daß einmal Tel Aviver Straßennamen aus ihnen werden würden.
Um ihnen einigermaßen gerecht zu werden, muß man sie sich hier vor Augen führen. Jung, rebellisch, manche mittellos, manche in furchtbarem Zwist mit dem Vater; sie verbringen ihre Zeit in Bars, Cafés und den Vorlesungssälen der Humboldt-Universität, leicht schwankend und miteinander debattierend gehen sie die Kantstraße Richtung Savignyplatz entlang. Es sind nicht gerade rein zionistische Leidenschaften, die sie nachts umtreiben: Philosophie, Expressionismus, Wein, Verliebtheiten, der Reiz blonder Frauen, die kein Jiddisch können. Um das alles wiederzufinden, muß man nach Berlin zurückkehren.
Hier begegneten sich deutsche Juden, osteuropäische Zionisten und junge Leute aus Erez-Israel, die nach Berlin gekommen waren, um sich die große Welt anzuschauen. Kurz nach Ende des Ersten Weltkriegs nahmen Theobald und Hedwig Scholem, die mit dem Zionismus sympathisierten, für ihre Töchter Eva und Dinah ein junges Kindermädchen aus Erez-Israel ins Haus. »Esther

Dondikoff, eine sympathische und reizende Frau, die fließend Hebräisch sprach, stammte aus einem der ersten jüdischen Dörfer im Lande Israel und war zur Ausbildung als Kindergärtnerin nach Berlin gekommen. Sie unterrichtete die Tante in Hebräisch und sang den kleinen Mädchen die hebräischen Lieder vor, die damals dort drüben umgingen. Sie wurde später die Frau Mosche Smilanskys, eines der angesehensten und einsichtigsten Männer des jüdischen Palästina, der sich mit großer Energie und lange Jahre für jüdisch-arabische Verständigung eingesetzt hat.«

In der schönen Friedenauer Wohnung der Scholems, in den eleganten Räumen assimilierter Berliner Juden, wirkte die Einstellung eines hebräischsprechenden Au-pair-Mädchens wie ein kurioser Einfall eines etwas kauzigen Onkels. Doch mit den jungen Erez-Israelis im Berlin der Weimarer Zeit war es wie heute mit den jungen Israelis in Manhattan oder London: Sie kommen als Studenten und Studentinnen, geben ortsansässigen Juden Hebräischunterricht, verdingen sich als Babysitter. Etwas völlig Normales. Etwas, das anders hätte ausgehen können.

In den dreißiger Jahren ist die Strecke Berlin – Haifa, Tel Aviv, Jerusalem noch keine Einbahnstraße. Aus Berlin strömen die Emigrantenwellen nach Palästina, nach Amerika, in andere europäische Länder. 1933 nach den Wahlen, 1935 im Gefolge der Nürnberger Gesetze, 1938 nach der Pogromnacht. Diese schrecklichen Ereignisse, die Auschwitz, Treblinka und Majdanek noch nicht erahnen lassen, dünnen das jüdische Berlin aus. Auch die Wohlhabenden und Gebildeten ziehen fort; vielleicht haben sie es sogar leichter. Aber man kommt auch noch von Palästina nach Berlin, um Verwandte zu besuchen oder Geschäfte abzuschließen. Manche Menschen treibt die Sehnsucht wieder nach Europa zurück. Der Schriftsteller David Vogel kehrt in die Städte zurück, die er liebt, nach Berlin und Paris, und wird später von den Nazis ermordet werden.

In gewisser Hinsicht hat die junge hebräische Kultur sich gerade noch vor dem letzten Moment retten können. Viele ihrer Schriftsteller und Leser waren schon in Erez-Israel oder in Amerika gelandet. Dabei war großes Glück im Spiel, aber auch ein schiefes Lächeln des Schicksals. Das hebräische Odessa, Wilna, Berlin und Bad Homburg gab es schon vor den Nazis nicht mehr. Ein Teil der kulturellen Schätze – Manuskripte, Briefe, Salman Schockens legendäre Bibliothek – gelangte noch rechtzeitig in Sicherheit. Am sicheren Ufer des Landes Israel wurden die geretteten Güter allerdings nicht gerade hochgeschätzt. Damals wie heute waren die zionistischen Einrichtungen nicht sehr darum bemüht, die frühen Kostbarkeiten der hebräischen Kultur zu sammeln und zugänglich zu machen. Nicht selten wanderten sie weiter in finanzstarke Universitätsbibliotheken in Übersee, und dort liegen nun unsere modernen hebräischen Schriften wie lateinische Pergamentrollen – tote Buchstaben, die auf Forschergnaden harren.

In Europa verlor die hebräische Literatur unermeßlich viele potentielle Leser. Und sie verlor auch eine neue Schriftstellergeneration, die möglicherweise im Kontext der europäischen Moderne, der Avantgarde weiter mit dem Hebräischen experimentiert hätte. Vielleicht haben wir gerade viel hebräische Literatur verloren, die nicht erez-israelische Literatur gewesen wäre; vielleicht ist uns die Möglichkeit entgangen, ein nichtzionistisches Hebräisch zu entwickeln. Vielleicht. Und sicherlich ist uns eine andere Sprache ermordet worden, eine Sprache des Alltags, eine Sprache der Literatur, eine Sprache der Gefühle, eine Sprache der Rebellionen – eine kühne Sprache, die mit dem Hebräischen in erbittertem Wettstreit lag, bis die Nazis die Debatte an unserer Stelle entschieden: das Jiddische.

Im Jahr 1934 konnte Lea Goldberg noch die schönste Berlin-Reise unternehmen, von der je in hebräischer Sprache geschrieben wurde. Eine Reise ganz und gar in der Phantasie. Das vergessene kleine hebräische Buch heißt *Briefe von einer imaginären Reise*. Die Heldin Ruth, erklärtermaßen Lea Goldberg selbst, imaginiert hierin eine Flucht per Eisenbahn durch ganz Nordeuropa. Keine Flucht vor antijüdischen Verfolgern, sondern vor einem Mann. Der Versuch, der lähmenden Nähe eines Mannes zu entkommen,

der ihre Liebe nicht erwidert – einer sehr egoistischen Nähe, ruft die israelische Leserin zwei Generationen später, wie konntest du das bloß übersehen, Lea.
Ruth kommt aus dem Osten, wahrscheinlich aus Litauen, nach Berlin. Aber Lea Goldberg selbst war um diese Zeit schon auf dem Weg nach Tel Aviv, ihr Buch erschien bereits dort. Mit ihm verabschiedeten sich die hebräischen Autorinnen und Autoren von der Stadt Berlin. Mit Lea Goldbergs Berlin – essentiell, scharf, libidinös – endet die intime Beziehung der hebräischen Literatur mit dieser deutschen Stadt. Wie der nichtliebende Liebhaber bleibt die einst geliebte Stadt, die Stadt der Studenten, der politischen Debatten und der Cafés, verlassen und stumm zurück. 1934. Nur die SA marschiert im Braunhemd durch die Straßen.
Im Sommer 1945, als die Stadt in Schutt und Asche gebombt ist, eilen Menschen herbei, die drei Jahre später Israelis sein werden. Sie haben keine Zeit für Schadenfreude. Haben auch keine Zeit, den unbestatteten Leichnam des Nationalsozialismus neugierig anzustarren, wie es die amerikanischen Soldaten tun. Sie kommen als Angehörige der siegreichen alliierten Truppen, vor allem als Soldaten der Jüdischen Brigade in der britischen Armee, die unter eigener Flagge dienten und den Davidstern am Ärmel trugen. Von Nordafrika aus hatten sie sich den italienischen Stiefel hinauf bis nach Deutschland vorgekämpft. Und andere kommen aus dem Land Israel, um hier einen Stützpunkt der Organisation »Bricha« (Flucht) einzurichten und den überlebenden Juden, denjenigen, die aus ihren Verstecken und aus den Wäldern und aus ihren falschen Identitäten auftauchten, zur Flucht gen Westen, ins Land Israel zu verhelfen, sobald klar wurde, daß es nichts mehr gab, zu dem sie hätten zurückkehren können. Das Triumphlied von Hanna Marron und Yossi Yadin, »Es kommt noch ein Abend im besiegten Berlin, da laufen wir zwei Unter den Linden«, dürfte ihnen auf den Lippen erstorben sein, als sie zwischen den Trümmern umherstreiften und langsam anfingen zu begreifen.
Zur selben Zeit kommen bereits andere künftige Israelis hierher, um zu sehen, was aus dem Haus ihrer Kindheit geworden ist, um

dem Schicksal ihrer Verwandten nachzuforschen, den langjährigen Prozeß zu beginnen, der nötig sein sollte, um die ungeheure Katastrophe zu begreifen. Zu ihnen gehört Gershom Scholem, der 1946 nach Berlin kam. Der Bericht in seinen Erinnerungen *Von Berlin nach Jerusalem* ist kurz und trocken: Die meisten Häuser in der Neuen Grünstraße, nahe der Spree im alten Stadtkern, waren zerbombt. Ein Eingang stand noch und trug das Schild »Kirchengemeinde St. Petri«, wie in Scholems Kindheit, als er noch Gerhard hieß. Aber über das Haus gegenüber, das Haus seiner Kindheit und Jugend, Nummer 26, verliert der Jerusalemer Kabbala-Forscher kein Wort. Auch seine Gefühle angesichts der Ruine oder des Kraters oder des Gerippes, angesichts dessen, was einmal sein Elternhaus gewesen war, erspart er uns.

1947 kommt Amos Elon nach Berlin, ein junger erez-israelischer Student. »Die Straßenbahnschienen auf dem Kurfürstendamm waren unkrautüberwuchert«, schreibt er. »Menschen stocherten in Bergen von Schutt und Staub. Flüchtlinge schliefen auf den Treppen zur U-Bahn.« Die U-Bahn-Stationen wimmelten »von Menschen mit Rucksäcken und alten Säcken voll Kartoffeln und welken Kohlköpfen in Zeitungspapier«. In seiner Vorstellung zog Amos Elon diesen Leuten schwarze und braune Uniformen an und ließ sie »Heil« rufend und blutdürstig durch die Straßen marschieren.

Ein bedeutender jüdischer Repräsentant und Gelehrter sagte 1945, die Geschichte des deutschen Judentums sei definitiv zu Ende. Dieses Diktum ist heute bei deutschen Philosemiten beliebt, sie zitieren es gern in Verbindung mit statistischen Daten. In Berlin leben bereits wieder über 12 000 Juden, in ganz Deutschland etwa 80 000, darunter Tausende von Israelis.

Ab den fünfziger Jahren kehren vertriebene Berliner nach und nach in ihre Heimatstadt zurück. Remigranten. Auch Menschen, die israelische Staatsbürger geworden waren, sind unter ihnen. Hellmut Stern kommt 1961, um im Berliner Philharmonischen Orchester zu spielen, er ist einer der ersten jüdischen Musiker, die sich dem Orchester nach dem Krieg anschließen. Marianne Awerbuch kommt 1967 aus ihrer geliebten Stadt Ramat Gan in ihre haßgeliebte Geburtsstadt Berlin, der sie 1939 mit Müh und Not und einem der letzten Palästina-Zertifikate entkommen war. Bis zuletzt hatte sie hier mit großem Engagement für Recha Freiers und Henrietta Szolds Jugendalija gearbeitet. Gerade jetzt, beim Schreiben meiner Autobiographie, versuche ich zu begreifen, warum ich zurückgekehrt bin, sagt mir Frau Professor Awerbuch selbstbewußt in ihrem eleganten Hebräisch, dem Hebräisch der sechziger Jahre. Der Historiker Zvi Yavetz hatte sie hergeschickt, um über die Beziehungen zwischen Juden und Christen in der Frühscholastik zu promovieren, und dann fügte sich alles so, daß sie hierblieb.

Bei ihrer Ankunft in Berlin holte Amos Funkenstein sie am Bahnhof ab, ein im Land Israel geborener Historiker, der zehn Jahre zuvor gekommen war, um mittelalterliche Geschichte und Philosophie an der Freien Universität zu studieren. Warum war er nach Berlin gekommen? Wegen seiner Liebe zu einer Frau, sagt mir seine Witwe Esti am Telephon. Nicht aus irgendeinem ideologischen Grund. Die Nachrufe, die auf ihn gehalten wurden, als er 1995 in Kalifornien starb, bezeichneten ihn als den letzten großen deutsch-jüdischen Gelehrten, einen klugen, liebevollen und ironischen Erben Hermann Cohens und Franz Rosenzweigs. Amos Funkenstein kam hier vielleicht durch wie einer, der sich in den Korridoren der Zeit geirrt hat. Man könnte fast sagen, sein Israeli-Sein war ein eigenartiger chronologischer Irrtum. Die Israelis, die nach ihm hierherkommen sollten, waren schon ganz anders.

Im Berlin der fünfziger und sechziger Jahre bestand die jüdische Gemeinde überwiegend aus polnischen Juden, deren Flucht nach Westen hier geendet hatte, deutschen Juden, die nicht emigriert waren und überlebt hatten, und einigen Remigranten. Möglicherweise war es leichter, nach Ost-Berlin zurückzukehren. Es kamen gläubige Kommunisten wieder, die den Sieg über den Faschismus auskosten und ihrem zufälligen Überleben, dem Wunder ihrer persönlichen Rettung einen höheren Sinn geben wollten. Hier, in der gerechten neuen Gesellschaft der Deutschen Demokratischen

Republik, vermeinten sie, konnte man der ungeheuren Katastrophe und der unerträglichen Zufälligkeit des eigenen Schicksals tiefere Bedeutung verleihen. So gab es in den ersten zwanzig Jahren nach dem Sieg über Nazideutschland israelische Remigranten – wenige natürlich, aber durchdrungen von Entschlossenheit und Sendungsbewußtsein –, die ihr Leben in Ost-Berlin wieder auf den richtigen Kurs bringen wollten.

Im Westen dagegen war die israelische Diaspora von jeglichem ideologischen Enthusiasmus weit entfernt. Hier verlief die Annäherung an das neue Deutschland, das »andere« Deutschland Adenauers, langsam und zögerlich. Befördert wurde sie vor allem durch Kontakte im akademischen und politischen Bereich. Aber auch durch jene Kreise, für die Israels militärische Sicherheit an vorderster Stelle steht. 1965 besuchte Amos Elon, damals Bonner Korrespondent der Tageszeitung *Ha'aretz*, Berlin und traf dort einige Israelis, die an der Freien Universität studierten, unter ihnen waren Shlomo Aronson und Amos Funkenstein. Und auch ein Student, der wohl, wenn die Erinnerung nicht trügt, Yair hieß. Dieser Yair gehörte einer westlichen Studentenorganisation an, die Kommilitonen aus dem Osten bei der Flucht in den Westen half. Einmal schmuggelte er zwanzig ausländische Pässe nach Ost-Berlin. Als er beim Passieren der Grenze, an der Station Friedrichstraße, zufällig herausgepickt wurde, schrie er die ostdeutschen Kontrolleure laut an, beschuldigte sie des Antisemitismus und bezichtigte sie, sie wollten ihm nur übel, weil er Israeli sei. Mit lauter, klarer Stimme, in Hörweite anderer Touristen, beschimpfte er sie als »Nazis«, und aus lauter Verlegenheit ließen sie ihn sofort laufen, mitsamt den im Futter seines Wintermantels eingenähten Pässen. Im Winter 2000, bei einer Tasse Kaffee am Halensee, lächelt Amos Elon breit, als er sich an jenen Yair und dessen »geniale Kaltblütigkeit« erinnert, die es ihm ermöglichte, blitzschnell zu improvisieren und sich so vor finsteren Verhörkellern und langer Haft zu retten, mit dem behenden Einsetzen von Öffentlichkeit, Lautstärke und israelischer Unverfrorenheit.

Aber auch – denke ich und zögere, ob ich es Amos sagen soll –

unter Ausnutzen deutscher Schuld- und Schamgefühle, deren sich viele Israelis nach ihm nicht weniger geistesgegenwärtig, aber für weit weniger imponierende Ziele bedienten.

Auch Dan Ben-Amoz gehörte zu den frühen Berlin-Besuchern. In seinem Roman *Masken in Frankfurt*, im hebräischen Original 1968 erschienen, erzählt er in Ich-Form von der Deutschlandreise eines jungen Israeli namens Uri im Jahr 1959. Uri, der zwanghaft alles mit einer tieferen Bedeutung versieht, behauptet einmal in einem Gespräch, er sei unterwegs, um eine Artikelserie über Israelis in Deutschland zu schreiben. Aber in Wirklichkeit gelten seine Bemühungen nicht gerade der Publizistik. Sex, Provokation, Shoah und Pose vermischen sich in diesem Buch mit irgendeiner unglücklichen Liebe, bei der man nicht recht weiß, wem oder was sie eigentlich gilt. Der Roman strotzt vor unverblümter und seltsamerweise zugleich auch naiver israelisch-deutscher Erotik. Sind es Scham- und Schuldgefühle oder die Freuden der Rebellion gegen die Eltern, die die hübschen deutschen Mädchen diesem nervenden, kalten, penetranten Israeli ins Netz treiben? Amos Elon erzählt mir, Mitte der sechziger Jahre sei in Berlin die erste Diskothek eröffnet worden, das »Eden« auf dem Kurfürstendamm, geführt von Rolf Eden, einem Israeli jeckischer Abstammung. Eine Zeitlang war er der König des Berliner Nachtlebens, der Schwarm aller Frauen. Dan Ben-Amoz kannte das Etablissement, es kommt in seinem Buch vor. West-Berlin erwachte aus dem Schlummer. Die Zeit des »oben ohne« begann.

Doch in Berlin, anders als in Tel Aviv, kam es in der zweiten Hälfte der sechziger Jahre auch zu einem folgenreichen politischen und gesellschaftlichen Aufbruch. 1968, als aus Paris das Signal zur Revolution kam, erhoben sich die deutschen Studenten gegen Professoren mit zweifelhafter Vergangenheit, erhoben sich auch gegen ihre schweigsamen Eltern, verlangten Antwort auf Fragen, die sie nun endlich zu stellen begannen. Ein unsichtbarer Damm war gebrochen. Dieser Moment war ein Wendepunkt in der Geschichte der Israelis in Berlin, sagt mir Eran Tiefenbrunn. Fortan gab es einen stetigen Zustrom von jungen Israelis nach Berlin.

Warum gerade damals? Ende der sechziger Jahre wurde Berlin relevant. Plötzlich brach sich hier eine faszinierende deutsche Version der westlichen Studentenrevolte Bahn. Es begann erstmals eine Auseinandersetzung mit der jüngsten Geschichte, mit der Elterngeneration, mit der totgeschwiegenen Vergangenheit von Lehrern, hohen Beamten und Richtern. Die 68er nahmen auch die außereuropäische Welt und den Kalten Krieg neu in den Blick. Aber nur zu schnell war bei der neuen deutschen Linken jene Ambivalenz auf der Tagesordnung, die bis heute für sie typisch ist: reges Interesse am Schicksal der ermordeten Juden und zugleich eine starke Abneigung gegen Israel als Eroberer- und Besatzernation. Nach dem Sechstagekrieg erschien ihr Israel als Vorposten des alten imperialistischen Europas. Manche machten es sich einfach und zogen zwischen jüdischen Opfern und israelischen Unterdrückern eine simple Trennungslinie. Andere ließen versteckt alte antisemitische Vorurteile aufleben. Und wieder andere erklärten, die Nachkommen der Opfer machten jetzt ihrerseits Angehörige eines anderen Volkes zu Opfern.

Zwanzig Jahre bevor postzionistische und antizionistische Positionen den öffentlichen Diskurs in Israel aufwühlen sollten, gab es Israelis, die den Dialog mit der neuen europäischen Linken suchten. Sie wurden angezogen von den universalen Idealen sozialer und wirtschaftlicher Gerechtigkeit – eine Weltanschauung, die über die engen Grenzen des defensiven zionistischen Israels hinausführte. Allerdings waren die jungen Israelis, die nun nach Berlin strebten, doch eher kosmopolitisch als politisch. Ihnen lag mehr daran, dem Nahen Osten zu entkommen, als ihn zu analysieren.

Eran und ich sitzen im Winter 2000 in einem italienischen Café im wiedervereinigten Berlin und versuchen zu verstehen, was Hunderte junger Israelis damals hierher geführt hat. Vielleicht, sage ich zu Eran, hat es etwas mit der zeitlichen Koinzidenz vom Sechstagekrieg in Israel und der studentischen Protestbewegung in Deutschland zu tun. Der Sechstagekrieg im Juni 1967 schien mit einem größeren Israel auch sichere Grenzen gebracht zu haben, man schien erleichtert aufatmen zu können. Doch die Grenzen blieben nach wie vor geschlossen, und zudem umschlossen sie nun auch besetzte Gebiete mit Israel feindlich gesinnten Einwohnern. Die tödliche Bedrohung war zwar für einige jener Generation ferner gerückt, aber der Belagerungszustand hielt an. Es war Zeit, einige Schritte zurückzutreten, neue Perspektiven zu suchen, zu prüfen, woher wir gekommen waren und wohin wir gehen würden. Der Eichmann-Prozeß, sechs Jahre zuvor, hatte für die jungen Israelis eine Blutspur sichtbar werden lassen, die nach Europa zurückführte. Europa bot aber auch neue Wege, sich mit der Geschichte auseinanderzusetzen, mit dem Generationenkonflikt, den überholten Phrasen, bot die Möglichkeit, das Verhältnis des Westens zum kommunistischen Osten und zu der damals so genannten »Dritten Welt« auszuloten. In seltsamem zeitlichen Zusammentreffen endete in Israel eine Ära, und eine neue Ära begann in Berlin. Zwei bis dahin fast gänzlich geschlossene Türen öffneten sich einen Spalt breit.

So kommen vom Beginn der siebziger Jahre an Israelis nach Berlin, um hier Kunst zu studieren und zu schaffen. Vor allem die bildenden Künste locken sie an: Graphik, Malerei, Bildhauerei. Und natürlich auch die Musik: Klassik, Jazz, Rock. Und das Interessante ist, sagt Eran, daß es gerade die Künstler waren, die nun zuerst hierher strömten. Nicht die Intellektuellen und nicht die Geschäftsleute – jene zwei Gruppen, die der Stolz des deutschen Judentums in der Kaiserzeit und in der Weimarer Republik gewesen waren. Nicht israelische Intellektuelle und Geschäftsleute, sondern Musiker, Bildhauer, Graphikdesigner waren die ersten, die in Scharen kamen. Berlin hat ihnen seine Tore geöffnet und sie herzlich aufgenommen, vielleicht ein wenig zu herzlich.

Und die Studenten: Bis heute haben Hunderte, vielleicht sogar Tausende von israelischen Studentinnen und Studenten, vor allem der Künste und der Musik, in Berlin studiert. An der Hochschule der Künste und am Konservatorium hört man schon seit dreißig Jahren Hebräisch. Dazu kommen die israelischen Künstler, die Berlin als Ort ihrer Arbeit oder als wichtige Wegstation gewählt haben: Micha Ullman und Dani Karavan. Der Architekt Zvi

Hecker. Der Kurator Amnon Barzel. Der Tänzer und Choreograph Amos Hetz. Die Performance-Künstlerin Tamar Raban. Und die Filmschaffenden: Vom Beginn der achtziger Jahre bis zum Jahr 2000 wurden auf der Berlinale zahlreiche israelische Filme gezeigt. In einigen spielt Berlin eine zentrale Rolle: 1988 stellte Tzipi Tropé den Film *Tel Aviv–Berlin* vor, 1989 Amos Gitai *Berlin–Jerusalem*.

Die Musiker und bildenden Künstler wiesen den Schriftstellern und den Akademikern den Weg. In den achtziger und neunziger Jahren luden die Bundesregierung und die Stadt Berlin über ihre Forschungseinrichtungen und Kulturfonds viele israelische Schriftsteller und Akademiker ein. Die drei Berliner Universitäten und das Wissenschaftskolleg brachten Gastwissenschaftler in die Stadt. Am Wannseeufer hat schon so mancher israelische Schriftsteller im Literarischen Colloquium gesessen, das in einer ehemals jüdischen Villa in berückend idyllischer Umgebung untergebracht ist. Israelische Historiker kommen häufig nach Berlin. Dazu Literaturwissenschaftler, Publizisten, Meinungsmacher. Analytiker der deutsch-israelischen Beziehungen, Analytiker der deutschen Gesellschaft und Kultur: Moshe Zimmermann, Shulamit Volkov, Dan Diner, Moshe Zuckermann und Amos Elon, der langjährigste israelische Deutschland-Kenner.

Und in Ost-Berlin, in den letzten Jahren des Kommunismus, schrieb der heutige arabische Knesset-Abgeordnete Azmi Bishara an der Humboldt-Universität seine Doktorarbeit über Hegel.

Als Mitte der achtziger Jahre eine neue deutsche Historikerschule den nationalsozialistischen Judenmord relativieren und die Vernichtungslager mit den stalinistischen Gulags vergleichen wollte, stürzten sich die israelischen Historiker mitten hinein in diesen »Historikerstreit«, der mit großer Vehemenz in Deutschland geführt wurde. Man erzählt, daß Saul Friedländer wütend eine Abendeinladung verlassen habe, bei der auch Ernst Nolte zugegen gewesen sei, der die Vernichtung der europäischen Juden im Rahmen des internationalen Kriegsrechts gesehen haben wollte, schließlich hätte Chaim Weizmann den Deutschen ja den Krieg erklärt. Das Ganze soll dann darin gegipfelt haben, daß Nolte, während der Gastgeber einen besonders edlen Tropfen des Jahrgangs 1944 ausschenkte, erklärt haben soll, die Juden seien in Deutschland eine fünfte Kolonne, Angehörige einer feindlichen Nation gewesen.

Der Touristenstrom nahm nach dem Mauerfall im Herbst 1989 zu. Immer mehr Israelis kommen heute als Kurzzeittouristen nach Berlin, wenn ihre Zahl auch verschwindend klein ist im Vergleich zu den London- und Paris-Reisenden und auch geringer als die Zahl derer, die nach Prag fahren. Es entstehen touristische Marktsegmente. Die Älteren zieht es zu den Stätten, die mit der Berliner Mauer zu tun haben, und zu der renovierten Synagoge im Ostteil der Stadt, zur Oranienburger Straße, die Jüngeren wollen die Berliner Clubs besuchen oder an der Love Parade teilnehmen.

Auch eine israelische Gemeinde gibt es. Klein zwar, aber ansonsten nicht anders als die in Los Angeles oder New York. Die Studentengruppe »Kesher« (Kontakt) trifft sich alle paar Wochen, lädt israelische Referenten ein, diskutiert aktuelle Themen. Eine andere Gruppe kommt jeden ersten Montag im Monat im Café Rimon zusammen, an die zwanzig Leute, manchmal auch ein paar hebräischsprechende Deutsche, einfach, um sich miteinander zu unterhalten. Die Internetadresse www.hagalil.com informiert über jüdische und israelische Veranstaltungen in Mitteleuropa, einschließlich Berlin.

Angesichts der großen Zahl von Israelis, die in den letzten Jahren nach Berlin strömen und die die unterschiedlichsten Facetten der israelischen Gesellschaft und Kultur repräsentieren, erscheint die Verlegenheit, die kürzlich in Jerusalem anläßlich der Ernennung eines neuen israelischen Botschafters für Deutschland ausgebrochen ist, überflüssig. Das politische Tauziehen um die Nominierung des ersten Botschafters in Berlin, das von einem Gewirr von Koalitionsrücksichten und der Frage nach der »besonderen Eignung« bestimmt wurde, ist für die Sache selbst heute irrelevant. Die Zeiten der »besonders geeigneten« Botschafter und glänzenden Diplomaten, die uns hier von Asher Ben Nathan bis Avi Primor vertreten haben, sind offenbar vorüber. Das deutsch-israelische Verhältnis ist nicht mehr aus jenen feinen Fäden gewirkt, die das israelische Außenministerium, der Jerusalemer Bürgermeister und die Aktivisten der Spendenverbände einst behutsam miteinander verwoben haben. Berlin kennt, anders als Bonn, nicht nur das offizielle Israel. Heute bringen die Israelis in Berlin – ebenso wie die Israelis, die schon immer in Paris gelebt haben oder seit jeher in die englischen Universitätsstädte kamen – auch das andere, nicht-offizielle, vielgestaltige Israel nach Europa; sie ermöglichen es, daß jenseits der Sphäre der Diplomatie ein Austausch zwischen Israel und Europa stattfindet. Durch Tausende von persönlichen Begegnungen. Durch die Arbeit von Geschäftsleuten, Künstlern, Gelehrten. Durch Reisende, die mehr als nur zwei Wochen Besichtigungstour einplanen. Die weitere Entwicklung, die noch immer stark von der Politik und offiziellen Vereinbarungen abhängig ist, läßt sich schwer voraussagen. Vielleicht wird Europa mit der Zeit den Schekel ganz selbstverständlich wechseln, hebräische Worte in seine Alltagssprachen aufnehmen, und vielleicht werden europäische Grenzbeamte die Besitzer eines israelischen Passes bald routinemäßig durchwinken: Weiter, der Nächste bitte. In Deutschland nennt man diesen Prozeß gern »Normalisierung«.

Normalisierung? In Berlin gibt es Menschen, die wissen, wie vieldeutig dieses Wort ist, wie beunruhigend und haarsträubend es sich aus falschem Mund im falschen Zusammenhang anhören kann.
Was die »Normalisierung« betrifft, brauchen Sie sich keine Sorgen zu machen, sagt mir der Historiker und politische Kommentator Michael Stürmer mit seiner ihm eigenen Ironie. Zu einer Normalisierung zwischen Israelis und Deutschen wird es hier so bald nicht kommen. Denn auf absehbare Zeit werdet ihr nicht normal sein – und wir auch nicht.
In allem, was Berlins Hauptstadtposition angeht, ist das augenfällig. Noch kein »business as usual«. Es gibt vorerst keinen Massenzuzug von Großunternehmen und Banken. Die beiden großen Kon-

zerne, die ihre europäischen Hauptsitze hierher verlegt haben, Sony und Daimler-Benz, taten es, weil die Bundesregierung ihnen erlaubte, hier im ehemaligen Niemandsland am Potsdamer Platz nach ihnen benannte futuristische Komplexe zu errichten, das Sony Center und die Daimler-City. Sony, dessen Zentrum mit einer riesigen Zeltdachkonstruktion versehen ist, einem architektonischen Element, das im Gedächtnis haftenbleibt, beschäftigt hier Hunderte von Mitarbeitern. Das ist bisher noch eine Ausnahmeerscheinung. Die Versetzung von Regierungsbeamten und Botschaftsangehörigen nach Berlin, die Hoffnungen auf ein starkes Wirtschaftswachstum angekurbelt hatte, läßt die vorerst eher dürftige Industrie- und Handelstätigkeit in der altneuen Hauptstadt nur noch deutlicher hervortreten.

Berlin ist noch keine wahrhaft internationale Stadt. Ein Ökonom von einem »think tank« der Europäischen Union in Brüssel bestätigt meine Vermutungen: Keine große europäische Organisation hat bisher ihren Sitz nach Berlin verlegt. Bonn beherbergt multinationale Organisationen, die die frühere Hauptstadt für den Abzug der Regierung und der Botschaften entschädigen sollen und dabei zugleich von den sinkenden Immobilienpreisen profitieren wollen. Die meisten transatlantischen Fluggesellschaften fliegen Berlin noch nicht regelmäßig direkt an. Nach New York beispielsweise kommt man von hier aus nur mit Zwischenstopps in Frankfurt, München oder Zürich.

Über Berlin ist man geteilter Meinung. Für manche ist Berlin nichts als ein riesiges Dorf oder eine Ansammlung von Dörfern. Aber in der Sicht anderer hat Berlin nach wie vor die metallene und desperate urbane Komplexität, die ihr die großen zwanziger Jahre, das Jahrzehnt der Weimarer Republik, verliehen hatten. Das Berlin Alfred Döblins, das Berlin der Ganoven und der Prostituierten und der notleidenden Arbeiter. Wer sich an die Seelenlandschaft erinnert, die Fritz Lang in seinem großen Film *Metropolis* zeigt, diese ultimative Großstadtsilhouette, eine strahlende, alptraumhafte Technologielandschaft, der möchte Berlin als Metropolis sehen – und sagen, Berlin sei immer Metropolis geblieben, auch als es in Trümmern lag, auch in seiner Isolation, während des ganzen 20. Jahrhunderts.

Aber in einem herrscht mehr oder weniger Einigkeit: Berlin ist noch keine Globalopolis. Es ist nicht London, nicht Tokio, nicht Manhattan. Die Stadt kann noch nicht beim New Age Tanz dieser Weltstädte zwischen Bühnen und Börse, Rauschgifthöhlen und Regierungsbehörden, elektronischen Medien und Mammutkonzernen mithalten. Das kommt noch, sagt man hier.

Jedenfalls besitzt Berlin seit jeher ein Faible für die motorisierte Fortbewegung. Abgesehen von der ersten Autobahn der Welt verfügt die Stadt über rund 5300 Kilometer Straße. Auch die öffentlichen Verkehrsmittel funktionieren ausgezeichnet. Im Ostteil verkehrt die alte Straßenbahn, die Tram, und kreuz und quer durch die ganze Stadt führen Bus-, S- und U-Bahnlinien. Das weitverzweigte System ist übersichtlich, kann mit ein und demselben Tikket benutzt werden, es hält klug die Balance zwischen Kontrolle und Vertrauen. Die Bahnen sind bewußt fröhlich gehalten. Die großen historischen Bahnhöfe, Zoo und Friedrichstraße, sind hübsch renoviert. Man hat auch nicht vergessen, die schlimmen Erinnerungen an die Vergangenheit in geschmackvollen Ausstellungen wachzuhalten. In einem englischen Reiseführer fanden wir den Satz: »Die Deutschen verstehen es vorzüglich, Menschen von Ort zu Ort zu transportieren.«

Ironie? Die israelischen Leser des *Lonely Planet* sehnen sich nach Ironie, nach potentiellen Bundesgenossen für den schwarzen Humor, der uns hier des öfteren überkommt. Aber der englische Reiseführer fährt einfach mit der Beschreibung der Hauptrouten fort, ohne uns auch nur ein ironisches Augenzwinkern zu schenken. Und was ist mit dem Humor der Deutschen selbst? Früher sagte man den Berlinern einen derben, lebendigen Großstadtwitz nach. In seinem Roman *Berlin Alexanderplatz* schilderte – oder erfand – Alfred Döblin einen spröden Berliner Witz, der sinnlich und verzweifelt zugleich war.

Der ist hier heute schwer zu finden, außer vielleicht bei der rothaarigen Bedienung im Café Hagen oben an der Ecke. Die Schriftstellerin Monika Maron schrieb in der *Zeit*, die Berliner hätten durchaus einen Sinn für Humor, aber einen eher kindlichen, und Kinder verstünden keine Ironie. Das wäre zu prüfen. Eines wird jedoch bald klar: Unsere Shoah-Witze, die makabren Sprüche, mit denen Israelis meiner Generation auf die Auschwitz-Mahnungen reagieren, die bereits im zarten Alter von sieben oder acht Jahren auf uns niederprasselten, sollten wir lieber für uns behalten. Selbst gleichaltrige Deutsche, auch solche, die ein paar Jahre in der hippen Tel Aviver Sheinkin-Straße gewohnt haben, wissen nicht, was sie mit uns anfangen sollen, wenn wir so reden. Sag mal, fragte mein israelischer Freund Oded meinen deutschen Freund Tobias bei einem Tel Aviver Abendessen, als er ihm den Brotkorb reichte, hat's im Ghetto Baguette gegeben? Tobias blickte ihn konsterniert an. Jeder, der dabei war, erinnert sich an diesen Moment: Eine Kluft öffnete sich zwischen unserem Lachen und seinem Schweigen.

Der Bus der Linie 119 geht von Grunewald ab und fährt die ganze Mittelachse West-Berlins entlang, den Kurfürstendamm, jene Prachtstraße, die im späten 19. Jahrhundert gebaut wurde, im Namen aber die wahlberechtigten Fürsten des Ancien régime verewigt. Der Ku'damm, wie er kurz genannt wird, ist ein unbehagliches Ensemble von renovierten Altbauten und häßlichen, billigen Neubauten aus den fünfziger und sechziger Jahren. Er wird mir noch ein anderes Gesicht zeigen. Aber vorerst gilt, was in einem Touristenmagazin steht: »Zu dieser Jahreszeit ist ganz Berlin ein einziger großer Boulevard.« Mag sein. Aber der Ku'damm, sagt mir fast jeder Befragte, wird nie mehr das sein, was er vor dem Krieg einmal war, auch nicht mehr so wie vor dem Mauerfall. Tische auf dem Bürgersteig, Frauen mit Schoßhündchen, russische Souvenirverkäufer, leitende Angestellte mit Krawatte – all das ändert nichts daran, daß hier nicht mehr der Ort ist, wo sich das eigentliche Leben in Berlin abspielt. Die »Szene« hat sich nach Osten verlagert.

Der Bus überquert Straßen, die nach großen deutschen Denkern benannt sind: Leibniz, Clausewitz, Ranke. Die breite Parallelstraße trägt den Namen Kants, der zwar nie einen Fuß in diese Stadt gesetzt hat, aber dessen verehrter König ihr Kurfürst war. Das hört sich kompliziert an, hat aber seine Richtigkeit. Friedrich der Große war König in Preußen, und er war der Herrscher von Berlin, aber dort nicht König. Das war ein juristischer Trick seines Großvaters: Er regierte in Preußen, fern im Osten. Im Heiligen Römischen Reich, in Berlin, war er – auf dem Papier – nur einer der Fürsten des Wiener Kaisers. Die Krone von Preußen, einem entlegenen Landstrich jenseits der Ostgrenze des Kaiserreichs, hatten sich die Hohenzollern zu ihrem eigenen Ruhm aufgesetzt. Ein Titel, um Eindruck zu schinden und um Unbedarften etwas vorzugaukeln. Und das funktionierte bestens: Das Haus Hohenzollern blickt auf die erfolgreichste Dynastiegeschichte Europas zurück. Von Preußen aus besiegte Berlin Wien und danach Paris. Letztlich widerstanden nur Moskau und London der preußischen Hauptstadt, die so schlagartig, so tollkühn in Europa emporgekommen war, einen Adler mit ausgebreiteten Schwingen auf dem Helm.

Plötzlich taucht verrußt, zerbombt, atemberaubend die Kaiser-Wilhelm-Gedächtniskirche vor der Windschutzscheibe des Busses auf. Man hat sie zum doppelten Gedächtnis hier belassen. Der stolze wilhelminische Turm steht noch so da, wie die britische Luftwaffe ihn zerstampft hat, dort, wo der Ku'damm auf die Tauentzienstraße trifft und das Restaurant Mövenpick auf den belebten Breitscheidplatz blickt. Auch wenn man schon viele Monate in Berlin gelebt hat, ist die Kirche mit dem zermalmten Turm immer noch ein markanter Blickfang. Auf fröhlichen Berlin-Werbeplakaten, die die Berliner Skyline bunt und geometrisch abbilden, bildet die Gedächtniskirche eine Herausforderung für die Graphikdesigner. Sie erscheint darauf in Zitronengelb, wie ein abgehackter, leicht krummer Kegel. Aber in Wirklichkeit ist sie faszinierend – düster und schrecklich.

Nun besteht eine Stadt nicht nur aus ihren Denkmälern. Es liegt im Wesen einer lebendigen Stadt, daß das Grauenhafte und das Erhabene in engster Nachbarschaft zum Lärmenden, Fröhlichen,

Sinnlichen, Gierigen zu finden sind. So ist es in Jerusalem, so ist es in Berlin. Denn weiter die Tauentzienstraße hinunter, liebe Touristen, naht schon das Flaggschiff West-Berlins: das größte Kaufhaus Europas, das das Harrod's in den Schatten stellt und die Galeries Lafayette übertrifft. Da ist es, das Kaufhaus des Westens, bekannter unter seinen klangvollen Initialen KaDeWe. Wir werden es noch von innen kennenlernen und ein bißchen auch von außen. Vorerst halten wir fest, damit wir es nicht vergessen, daß auch das KaDeWe, wie andere große Geschäftshäuser, früher einmal in jüdischem Besitz gewesen ist. Außerdem gibt es dort ein ganzes Stockwerk mit Delikatessen, erzählte mir mein Freund K. mit strahlendem Gesicht: Die Lebensmittelabteilung des KaDeWe – nein, die darf man bei einem Berlin-Besuch unter keinen Umständen auslassen, ja man sollte sich richtiggehend darin verlaufen.

Der Busfahrschein gilt zwei Stunden, und man kann mit derselben Linie 119 nach Grunewald zurückfahren, durch die ganze Touristenzeile West-Berlins. Nachts sitzen in den Peep-Shows in der Ku'damm-Gegend müde, einsame japanische Geschäftsleute. Die »action« findet im Osten statt, im Herzen des alten Berlins, im Bezirk Mitte, der jetzt »die neue Mitte« genannt wird. Eine sprachliche Koinzidenz: Genauso wird auch die berühmte, wenngleich etwas verschwommene politische Linie des Bundeskanzlers Gerhard Schröder bezeichnet. Sie möchte die Linke in die Mitte rükken und sich der gemäßigten Rechten annähern. Freie Marktwirtschaft verquickt mit Schlagworten von sozialer Verantwortung, High-Tech mit geruhsamer Sozialdemokratie – die neue Mitte.

Trotzdem gilt für die politische Mitte anderes als für das reaktivierte urbane Herz: Der Kanzler hat bei seinen Wählern bereits etwas an Gunst verloren, während das alte Zentrum der preußischen Hauptstadt erst mit seinem Millenniumsspurt ins neue Leben beginnt. Täglich eröffnen dort neue Geschäfte, Designerläden, Galerien, Szene-Restaurants. Israelische Touristen, die in die neue Mitte Berlins, in die Gegend Unter den Linden und Friedrichstraße, gelangen, empfinden gleich ein wohlbekanntes Prickeln. Andererseits hat auch Gerhard Schröders rapider Imageverlust etwas Vertrautes, dieses baldige Eintrüben der großen Verheißung, die er in seinem Wahlkampf zunächst für viele verkörpert hatte. Das dynamische, politische, umtriebige Berlin, dessen neue Zentren starke Umwälzungen erleben, verlockt besonders zu dem, worin Israelis ohnehin groß sind: Vergleiche anzustellen. Voreilige Vergleiche, spontane Vergleiche, deren Aussagekraft erst noch langsam und vorsichtig geprüft werden muß. Aber Langsamkeit und Vorsicht sind gemeinhin nicht die Sache von Touristen. Darin liegt einer der großen Unterschiede zwischen den Touristen und den Reisenden.

Der Bus biegt in die schattige Koenigsallee ein. Die Ruhe in Grunewald ist jetzt noch eindrucksvoller. Wie wenig hat sich hier seit Beginn des vorigen Jahrhunderts geändert, als die ersten Künstler und Professoren ihre stattlichen Villen in der Nähe der Seen bauten. Plötzlich spürt man einen Stich im Herzen: Der Architekt Richard Kauffmann, der das Jerusalemer Viertel Talpiot entwarf, hatte sich ja erklärtermaßen am Muster des Berliner Grunewaldviertels orientiert. Ein ruhiges Wohngebiet mit viel Grün, ein Domizil für Intellektuelle und Gelehrte. Doch wie weit ist Talpiot von hier, von Grunewald, entfernt.

Tsafrir Cohen lebt schon vierzehn Jahre in Berlin. Überall sonst hat er sich viel kürzer aufgehalten. Geboren ist er in Israel, in Pardess Katz. Danach kamen Kir'on, die Schweiz, Kanada, Bne Brak, Jad Chana, Jerusalem, ein paar Monate israelische Luftwaffe, London und Berlin. Die Endstation offenbar. Ich war Punk, sagt er. In den achtziger Jahren hatte man die Wahl zwischen London, Amsterdam und Berlin. In diesen Städten gab es eine richtige Alternativkultur, Punks, Hausbesetzer.

Die Familie war kommunistisch. Noch im Irak. Eine wohlhabende Kaufmannsfamilie, intellektuell, idealistisch. Der eine Großvater, der von der irakischen Seite, war Sekretär der israelischen kommunistischen Partei, Maki. Der andere Großvater, von der polnischen Seite, war der einzige Überlebende der ganzen Familie aus dem Städtchen Buczacz (»Du weißt, das war Agnons

Schtetl«), denn in dieser streng religiösen Proletarierfamilie war er der einzige Kommunist. Er überlebte, weil er an Stalin glaubte, die sowjetische Propaganda schluckte, die sich in diesem Fall als richtig erwies, als nur zu richtig. Deshalb floh er mit der letzten Eisenbahn aus Galizien. Die anderen in Buczacz und Umgebung wurden noch am selben Tag umgebracht, erzählte er seinem Enkel Tsafrir später. Sein ganzes Leben lang war er Antitheist, bekämpfte Gott wütend, und im Gegensatz zu Tsafrirs Eltern wandte er sich niemals ab von Stalin, der Sonne der Völker.

Warst du mal in Buczacz?

Nein. Mein Lebensmotto lautet »go west«. Je westlicher, desto besser. Zumindest bis zum Atlantischen Ozean. Berlin ist der alleröstlichste Punkt für mich.

Warum Berlin?

Weil London zu Margaret Thatchers Zeiten für einen mittellosen Punk zu teuer war. In Berlin kostete mich eine Zweizimmerwohnung 180 Mark. Und es gab noch anderes. Die Faszination, der verlockende Zauber des Bösen. Wie in dem Visconti-Film *Die Verdammten*, wie in Saul Friedländers Buch *Kitsch und Tod*. Da ist was dran. Das Böse ist faszinierend. Und schließlich hat mein Vater, als guter Iraki, viel Wagner gehört. So bin ich eben hier gelandet.

Hier hat Tsafrir für die jüdische Gemeinde gearbeitet. Er organisierte Festivals, Lesungen, initiierte die »Woche des jüdischen Films«, die alljährlich mit wenig Finanzmitteln, aber viel Medienrummel stattfindet. Für das Bundespräsidialamt organisierte er ein Colloquium zum Thema »Die dritte Generation«, lud Shoah-Überlebende, Historiker, israelische Intellektuelle ein. Letztlich sei das alles furchtbar deprimierend, meint er. Die deutsche Liebe für die Juden sei ebenso deprimierend wie die Bereitschaft der Israelis, sich ihr hinzugeben. Ich kann einen Philosemiten aus fünfzig Metern Entfernung riechen, sagt Tsafrir. Sie lecken dir ohne jeden Grund den Arsch. Sie sind die Starfuckers, und du bist der Star. Nirgends sonst auf der Welt, nur hier in Berlin, spielen sie dir dauernd diese schreckliche Klezmer-Musik. So sind sie nun mal, die deutschen Philosemiten.

Nur leere Worte?
Nein, keine leeren Worte. Sie können nicht anders. Den Unterschied zwischen Juden und Israelis hat man hier nie begriffen. Warum sollten sie auch? Deutschland hat im Grunde keine kolonialistische Vergangenheit, warum sollten sie sich für den Nahen Osten interessieren? Für sie sind wir Juden, und damit fertig.
Tsafrir geht es gut in Berlin. Ja, er ist alten Nazis begegnet. Es war nicht so schlimm. Was hätten sie schon mit dem Hier und Jetzt zu tun. Und das Hier und Jetzt in Berlin ist wunderbar. Zutiefst liberal. Vor allem die Proletarier, die einfachen Leute, die nicht diese Intellektuellenkomplexe haben, sondern die Juden und die Türken und die Jugoslawen ganz selbstverständlich aufnehmen. Ja, auch die Einwanderer, die ihre Arbeitsplätze gefährden.
Man muß bedenken, daß Berlin der postmodernste Ort der Welt ist, sagt er. Immer gewesen. Seit den sechziger Jahren. Denn West-Berlin war – und ist immer noch – eine total subventionierte Stadt. Eine völlig postmoderne Stadt. Eine, die, um in marxistischen Begriffen zu reden, nicht von ihrer Produktivkraft abhängig war. Alles floß ihr vom Westen zu, aus dem fetten, satten Deutschland. Wir haben hier auf einer postmodernen Insel gelebt. Eine Stadt voller Nischen, voller Alternativen.
Schau dir dagegen Israel an: Arrogant. Überheblich. Gleichmacherisch. Da gibt's keine Nischen. Keinerlei Alternativen zum vorgegebenen Weg, zum »Hej, zijunjune ha-derech« – »Hei, der vorgezeichnete Weg«. Dieses Lied von Esther Ofarim sagt doch schon alles.
Ist die Liedermacherin Corinne Allal keine Alternative?
Nein, überhaupt nicht. In Israel gibt es keine Nischen. Es gibt keine Alternativen zur herkömmlichen Partnerschaft. Es gibt keine Bars für ältere Schwule. Eine monolithische, hemmungslos selbstgerechte Gesellschaft. Sie konnte einen wie Jeshajahu Leibowitz nicht verkraften. Hier, in Deutschland, gibt es viele Leibowitze, und niemand macht irgendein Aufheben um sie. Deutschland hat Massen von Flüchtlingen aufgenommen. Der größte Teil der Flüchtlinge aus Ex-Jugoslawien sind hier und in Öster-

reich untergekommen. Wann hat Israel jemals Flüchtlingen geholfen?

Was hältst du vom folgenden Argument, das immer mal wieder zu hören ist, frage ich. Ein Volk, das selbst verfolgt wurde, bestenfalls, und dem man außerdem eine Million Kinder ermordet hat – ist es nicht verständlich, daß es noch zwei, drei Generationen lang neurotisch bleibt?

Nein, antwortet Tsafrir. Meiner Generation steht es nicht mehr zu, neurotisch zu sein. Sie muß zu der grundlegenden Einsicht gelangen, daß in uns auch Böses steckt. Sonst kommen wir nicht weiter.

»Die Reise nach Berlin kann losgehen«

Im September 1999, genau sechzig Jahre nachdem sie von hier aus jenen bewußten Krieg begannen, hält der israelische Ministerpräsident Ehud Barak es für angebracht, die neue Hauptstadt Deutschlands zu besuchen. Er ist der erste ausländische Staatschef, der seit dem Umzug der Bundesregierung nach Berlin hier eintrifft, der erste hohe Staatsgast der »Berliner Republik«.

Gerhard Schröder freut sich über den Besuch, den Zeitpunkt, die Symbolik. Er hat sonst eher Nöte: In den ersten Monaten seiner Regierungszeit, nachdem er die Sozialdemokraten zum Sieg über Helmut Kohls Christdemokraten geführt hat, ist sein Zauber schon etwas verflogen. Rentenschwund, die nicht unbedingt soziale Besteuerung, Arbeitslosigkeit und vor allem der enorme Preis für die Angliederung Ostdeutschlands schaden Schröders Image. Bald wird sich seine Lage durch ein politisches Glücksgeschenk wieder bessern: Der Parteispendenskandal, der fast alle führenden Repräsentanten der christdemokratischen Oppositionspartei in Mißkredit und Schröders Vorgänger Kohl vor Gericht bringen soll, wird im Winter ausbrechen. Aber vorerst kommt es ihm sehr gelegen, den israelischen Ministerpräsidenten zu empfangen. Die Presse berichtet das Erwartbare: Barak im Konzentrationslager Sachsenhausen, Barak im Reichstag, das heißt im Bundestag, der jetzt im Reichstagsgebäude tagt, so daß wir uns alle leicht einmal im Namen irren.

Den Reichstag hat der englische Architekt Norman Foster mit weiser Hand umgebaut. Er hat ihn mit einer anmutigen, transparenten Glaskuppel versehen, die nichts Bedrohliches ausstrahlt. In ihrem Innern gehen die Touristen die spiralförmige Rampe hinauf und blicken dabei auf das sich erneuernde Berlin. Im Süden das Brandenburger Tor und dahinter die Glas- und Stahltürme des Potsdamer Platzes. Im Osten und Norden der Wald von Baugerüsten: Das neue Regierungsviertel entsteht hier, überragt vom ebenfalls neuen Bundeskanzleramt – massiv, hoch und geschwollen. Aber wenn die Touristen nach unten blicken, sehen sie – genau zu ihren Füßen, durch die Glasdecke – den Plenarsaal des deutschen Bundestags. Hier sitzt der Bundestagspräsident, dort spricht der Finanzminister vom schlichten Rednerpult zu den Abgeordneten. So lebt das neue deutsche Abgeordnetenhaus in dem üblen alten Reichstagsgebäude, mit dessen Umgestaltung ein englischer Architekt betraut worden war. (Wäre es vorstellbar, daß die Franzosen dergleichen getan hätten? klagten die Patrioten.) Klar und transparent geht der Bundestag in seiner großen Glaszelle der täglichen Gesetzgebungstätigkeit nach, den Blicken jedes Bürgers oder Touristen zugänglich.

Der israelische Regierungschef wird ausgerechnet im Hotel Adlon untergebracht, das erst kürzlich neu eröffnet wurde. Im Verlauf dieses Jahres werden wir mehr über das Hotel Adlon lernen (und auch ein bißchen mehr über Ehud Barak). Vorerst strotzt dieser offizielle Besuch von der erwartbaren, ermüdenden Rhetorik über »die Beziehungen zwischen den beiden Staaten«. Mir wird langsam etwas Grundlegendes klar: Die offiziellen Beziehungen zwischen Israel und Deutschland interessieren mich weniger, viel weniger, als die persönlichen Geschichten. Die rhetorische Linie, die von der Shoah zum »anderen Deutschland« verläuft, über David Ben Gurion und Konrad Adenauer, über Willy Brandt, Menachem Begin und Helmut Schmidt, begleitet von Reue- und Freundschaftserklärungen deutscher Regierungen und von unserer zunehmenden »schmerzlichen, aber berechtigten« Bereitschaft, deren Geld anzunehmen – all das ist nun weniger interessant. Jetzt sollte man lieber fragen, was hier sonst noch geschieht.

Das ist die offizielle Geschichte Berlins: Auf dünn besiedeltem märkischem Sandboden, im Havel-Spree-Raum, entstand im 13. Jahrhundert ein bescheidenes Handelsstädtchen aus dem Zusammenschluß der Siedlungen Berlin und Cölln. Berlin ist eine der jüngsten Hauptstädte Europas und eine der unterwürfigsten unter den großen Städten, deren Geschichte bis ins Mittelalter zurückreicht. Ihr größtes Kapital war das Haus Hohenzollern, eine Adelsdynastie, der es gelang, die Ritter des deutschen Grenzlandes das Fürchten zu lehren, jene gewalttätigen Mönchsritter im wilden Osten, am Rand des Heiligen Römischen Reiches, die durch diese Ebenen zogen, um die Slawen zu unterwerfen und jede Spur von Heidentum und jeden Rest bäuerlicher Selbständigkeit auszurotten.

Das Haus Hohenzollern gehört zu den verblüffendsten Ausgeburten, die die Geschichte Europas hervorgebracht hat. Eine Dynastie, die – im Rückblick gesehen (im Rückblick!) – über viele Generationen hinweg von geradezu haarsträubender Zielstrebigkeit und Effizienz gewesen ist. Die Hohenzollern waren ehrgeizig, langlebig und maskulin. Sie produzierten eine ungestörte Folge von Vätern und Söhnen. Oder Onkeln und Neffen. Ungestört ist hier wörtlich zu nehmen. Ihr glückliches Geschick ersparte ihnen die meisten jener Malaisen, die den Großteil der anderen europäischen Dynastien früher oder später hinwegrafften: die genetischen Sackgassen, den Zwang, ferne Erben im Dickicht des Stammbaums zu suchen, neue Dynastien zu importieren oder Frauen auf den Thron zu setzen. Sie erfreuten sich auch relativ guter Gesundheit. Das für Blaublütige typische Repertoire an körperlichen und seelischen Gebrechen traf sie weniger als das Haus Hannover oder die bayrischen Wittelsbacher. Die Hohenzollern waren mit territorialem Appetit gesegnet. Sie waren inspirierte Gebietesammler, die jedes Mittel einsetzten: Annexion, Heirat, Religionswechsel, manchmal Eroberung und zuletzt den Zusammenschluß der deutschen Länder unter Bismarck. Das geschah 1871. Niemals verzichteten sie freiwillig auf ein Stück Land.

Berlin gehörte ihnen fast von Anfang an: vom Kurfürsten Friedrich I. und dessen Sohn Friedrich II., auch Friedrich der Eiserne genannt, bis zu Kaiser Wilhelm II., der 1918 nach Holland flüchtete. Das Schloß, das die ersten Kurfürsten sich Mitte des 15. Jahrhunderts in Berlin erbauten, stand noch 1950 als zerbombte Ruine am Spreeufer, bis dann die Deutsche Demokratische Republik und deren sowjetische Oberherren beschlossen, die Schloßruine zu Staub zu zermalmen.

Die preußischen Junker, die ostelbischen Großgrundbesitzer, wußten die Hohenzollern über die Jahrhunderte stets loyal zu halten – mit einem Ehrenkodex und auf ihren großen Gütern im Oderbecken bis zum Beginn des 20. Jahrhunderts fast jeder Steuerpflicht enthoben. Deshalb half es der Stadt Berlin nichts, daß sie immer eine Stadt des Handels und des Handwerks war, später in erheblichem Maße auch eine Stadt der Arbeiter – und immer eine Stadt der Einwanderer: französische Hugenotten, osteuropäische Juden, böhmische Protestanten. Immer wieder ließ Berlin im Laufe seiner Geschichte an anderen Orten Verfolgte in seine Tore ein – mitsamt ihren nützlichen Berufen. Doch alle blieben hier immer den Herren Berlins untertan.

Denn der Fürst entschied. Der Fürst, effizient und rational, entschied, wann Preußen an Brandenburg anzugliedern war, wann ein Konfessionswechsel territorialen Gewinn verhieß, wann die Tore im Namen der Toleranz geöffnet oder im Namen der Realpolitik geschlossen wurden. Der Fürst erhob sich selbst zum König in Preußen und noch später zum Kaiser ganz Deutschlands. Der Fürst entschied, wann Krieg geführt und wann Frieden geschlossen wurde, wann man sich erbittert verteidigte und wann man angriff – unter Außerachtlassung jedes Gesetzes, mit Ausnahme des einen, das die Hohenzollern zum Leitprinzip erhoben: das Gesetz des Stärkeren. Und so bestand die Stadt Berlin, der Allmacht ihrer Fürsten unterworfen, die Schrecken des Dreißigjährigen Krieges, den großen Aufschwung danach und die Eingliederung der ins Exil getriebenen Hugenotten, die Berlin um französische Worte, Speisen und Familiennamen bereicherten. Unter Friedrich dem Großen entwickelte sich die Stadt Berlin im 18. Jahrhundert zu einem wichtigen Zentrum der Aufklärung, führte unterdessen einige Kriege, die sie nicht hätte führen müssen, und gewann sie alle. Unter dem Zepter der Erben Friedrichs des Großen bekam es

1806 die furchtbare Niederlage von Jena und sieben Jahre französische Besatzung zu spüren. Und unter seinen Erbeserben erfuhr es im 19. Jahrhundert eine demographische und industrielle Revolution und eine große politische Erschütterung. Schien es in diesen großen Jahrzehnten dann schon, als würden Siemens und Borsig oder deren Arbeitermassen in ihren neuen Hochburgen Spandau und Wedding künftig die Geschicke der Stadt bestimmen, kam nun just der Kanzler Otto von Bismarck, der ausschließlich dem Haus Hohenzollern diente, und machte die Stadt Berlin zum erstenmal in ihrer Geschichte zur Hauptstadt des Kaiserreichs. Des neuen Zweiten Reichs. So daß Berlin, die Stadt der Professoren und der Juristen und der Großindustriellen und der Generäle, auch weiterhin die Stadt des Fürsten blieb.

Als Bismarck Deutschland 1871 einte und Berlin zur kaiserlichen Reichshauptstadt machte, war das einerseits nur allzu selbstverständlich und vorhersehbar, andererseits aber auch künstlich und aufgezwungen. Deutschland war niemals ein Land mit einer Hauptstadt gewesen, sondern eine Ansammlung von Fürsten- und Herzogtümern mit einigen mittelgroßen und ein paar Dutzend kleinen Hauptstädten. Dresden war die schönste unter ihnen, München die hochmütigste, Hamburg die merkantilste, Weimar die literarischste. Berlin nun wurde zur Hauptstadt der Herrschaft, zu einem Zentrum der Industrie, doch die vielseitige Identität einer wahren Metropole konnte Berlin kaum entfalten. Denn eine Weltstadt der Kultur und Literatur, der Wissenschaft und Avantgarde war es nur für einen kurzen Augenblick seiner Geschichte – und zwar gerade als das besiegte, notleidende Berlin. Das Berlin ohne Hohenzollern. In der Zeit einer aufgezwungenen Republik zwischen Rot und Schwarz. Ein Aufleuchten zwischen zwei Kriegen. Eine faulige Zeit, reich an süßen Früchten, wie ein großer, kranker Baum. Das Berlin der Weimarer Jahre.

Darauf folgten zwölf Jahre Nazizeit, mit Joseph Goebbels' Aufmärschen, Albert Speers bombastischer Architektur und Leni Riefenstahls atemberaubenden Luftaufnahmen. 1938 zerschlug man hier – hier zuerst – die Fenster der Synagogen und entweihte ihr

Inneres, und in Berlin gab es mehr Synagogen zu zerstören als in jeder anderen deutschen Stadt. Anfang 1942 wurde hier, am Wannsee, die Ermordung aller Juden zur offiziell beschlossenen Sache. Und 1944 begriffen einige der besten preußischen Junkersöhne, allesamt Wehrmachtsoffiziere, daß es ihr letzter und schlimmster Fehler gewesen war, auf den Anstreicher aus Österreich zu setzen. Als sie das begriffen hatten, versuchten sie, sich gegen ihn zu verschwören. Das Komplott scheiterte, und sie wurden hingerichtet, einige quälend langsam, vor den Augen des Führers, an Klaviersaiten aufgeknüpft. So blieb Berlin am Ende ohne Preußen zurück, zu dem es eigentlich gehörte.

Im Sommer 1945 wurde auf der Potsdamer Konferenz das in Schutt und Asche zerbombte Berlin, das Berlin ohne seine Fürsten, das verwaiste Berlin, unter die vier Siegermächte aufgeteilt. Doch der Stadtplan machte aller Welt alsbald sichtbar, daß es keine vier Sieger gab, sondern nur zwei. Anfang der fünfziger Jahre wuchs eine metaphorische Mauer zwischen Ost und West, 1961 errichtete man dann eine wirkliche, mit hermetischer Abriegelung Berlins und einem schmerzlich jungen John F. Kennedy, der im Schatten wachsender Feindseligkeiten auf deutsch rief: »Ich bin ein Berliner.«

Und am 9. November 1989 – ausgerechnet am Jahrestag der Pogromnacht, als versuche eine listige Hand, die Überlast an Geschichte durch eine kalendarische Überfrachtung zu verwischen – fiel die Berliner Mauer von Osten her. Im Juni 1991 wurde in Bonn beschlossen, daß Berlin wieder Hauptstadt werden solle. Und im April 1999 zog der Bundestag ins Reichstagsgebäude ein. Eine Stadt, die ein Land verloren hatte, versuchte die Hauptstadt eines Landes zu werden, das niemals eine gehabt hatte. Aber diesmal ohne Kurfürsten, ohne Kaiser, ohne Führer. Etwas Neues beginnt.

Berlin hat auch eine persönliche Geschichte. Eine Vielzahl persönlicher Geschichten. Meine läßt sich so erzählen:

Am Anfang waren Erich Kästner und sein wunderbarer Illustrator Walter Trier. Aus ihren Büchern wurde mir klar, daß es fern von meinem Kibbuz in der Ebene Judäas große, schimmernde Städte gibt, eine davon Berlin. Und in der Stadt Berlin, so erfuhr ich aus *Pünktchen und Anton*, gibt es wunderbare Häuser, glitzernde Plätze, reich an Lärm und Verkehr, mit herrlichen Schaufensterauslagen, und über allem schweben Werbeplakate. Es gibt reiche Leute in Berlin, die in Zehnzimmerwohnungen leben und Wohnzimmereinrichtungen besitzen, die sage und schreibe dreitausend Mark kosten. Aber es gibt dort auch schrecklich arme Leute, die sich keine Leberwurst leisten können, sondern nur Brot und Eier. Und doch können beide, Arme wie Reiche, Ehrenleute sein, die das Herz auf dem rechten Fleck haben.

Ein bißchen nach Erich Kästner erschien Hitler in Berlin, und zu ihm gesellten sich nach und nach aus dem Schattenreich heraus die Namen von Goebbels und Göring, die SS und die Gestapo. Emils Mütze wurde von Stahlhelmen abgelöst, und Pünktchens Schnürsenkel, die sie nachts auf Geheiß des betrügerischen Kindermädchens, Fräulein Andacht, verkaufen mußte, wichen schwarzen Lederstiefeln.

Danach trat das Berlin der Weimarer Zeit aus der Dämmerung hervor, *Cabaret*, mit einem Hauch von Sünde und trauriger Raffinesse und dem seltsamen Anblick von Strumpfbändern und geschminkten Männern mit Zylindern. Liza Minnelli und die verhaltene, aber unvergeßliche erotische, homoerotische Ausstrahlung Joel Greys in seiner Rolle als deutscher Impresario, der alle Herzen erobert.

Dann kamen »das andere Deutschland« und Konrad Adenauer ins Bewußtsein. Die Luftbrücke nach Berlin, John F. Kennedy und die Mauer. Die Bücher von John le Carré und Len Deighton in hebräischer Übersetzung, deren abgegriffene Umschläge häufig Hakenkreuze, eine Frau und eine Pistole zeigten.

Noch später kamen, verschwommen, das jüdische, das hebräische Berlin hinzu, in dem Scholem und Buber, Schocken und Agnon lebten.

Dann wiederum regierte dort plötzlich Friedrich der Große und erbaute in Potsdam sein Schloß Sanssouci – »ohne Sorge«.

Danach erst kamen das Bauhaus und Bertolt Brecht für mich auf die Welt.

Und bald danach lief in Tel Aviv Wim Wenders' Film *Der Himmel über Berlin*.

Noch später bekam ich eine Schwiegermutter, die von ihren Eltern Lotte genannt wurde, vielleicht nach der Geliebten von Goethes Werther. Von Berlin aus hatte man Lottes Familie ermordet und auch sie selbst zu ermorden versucht, und aus Berlin kam Adolf Eichmann, um ihr und ihrer Schwester Margrit im Februar 1945 bei ihrer Einlieferung ins Konzentrationslager Theresienstadt einzuschärfen, den Insassen ja nicht zu erzählen, was sie über »die Endlösung« wußten. Und einige Zeit später traf sie ihn dann wieder, als sie im Jerusalemer Eichmann-Prozeß als Zeugin gegen ihn aussagte.

Als die Mauer fiel und ich zum ersten Mal kam, um Berlin zu besichtigen, lernte ich, daß meine Kinderbuchheldin Pizponet in Wirklichkeit Pünktchen heißt und Ora ha-kfula eigentlich das doppelte Lottchen ist. Von Berlin aus wurden Bilder von der Love Parade übertragen, und der Reichstag wurde umgebaut. Glas- und Stahltürme entstanden auf dem Potsdamer Platz, der in *Der Himmel über Berlin* noch ödes Niemandsland gewesen war, und ihr geometrischer Schatten fiel auf den versiegelten Bunker, in dem der Führer sich mit seiner Pistole in den Mund geschossen hatte. Oben begann Sony eine riesige Zeltdachkonstruktion zu errichten, die feine Licht- und Schattenmuster wirft auf ihre neue europäische Machtzentrale und auf die Kinos mit den dreidimensionalen Leinwänden, die den ganzen Kontinent in Aufregung versetzen. Das ist meine Geschichte Berlins.

Berlin hat mehr Sex als erwartet. Die Stadt ist sexy: auf ihren Bürgersteigen, in den Saunen ihrer nach Geschlechtern getrennten oder gemischten Fitneßcenter, auf den Werbetafeln, in ihren Bars und Cafés. Sie hat keine Rotlichtviertel wie Amsterdam oder Hamburg, keine Pornoladenzeilen wie London. Die sexuelle Leidenschaft breitet sich hier in alle Ecken und Enden aus. Berlin ist voll von Clubs und Kabaretts und Stripteasebars. Berlin ist voll von Drag und Avantgarde und Nacktheit. Sexutensilien und einschlägige Literatur werden hier auf der Erotikmesse ausgestellt. Ehrenwerter kommerzieller Porno wird unter dem Label der erfolgreichen Unternehmerin Beate Uhse angeboten. Lederkleidung und erlesene, aber sündhaft teure Fetischgegenstände findet man im Laden »Hautnah« in der Uhlandstraße. In Ausstellungen und auf Theaterbühnen wird von morgens bis abends die unklare Linie verwischt, die man einst westlich von hier zwischen Kunst und Pornographie zu ziehen versucht hat. Als wüßte Berlin, eine sehr erfahrene Stadt, daß auch diese Trennlinie, wie alle Trennlinien, letztlich fallen wird.

Aber wenn ihr zu wissen begehrt, worin Berlin sich besonders hervortut, dann lest die Kleinanzeigen von *Zitty*, dem zweiwöchentlich erscheinenden Stadtmagazin. Unter der Rubrik »Lust und Liebe« findet man dort nach den herkömmlichen Heiratsgesuchen und gängigen »Einsamen Herzen« eine reichhaltige spezielle Unterrubrik, überschrieben »Harte Welle«. Hier suchen die Berliner, überwiegend Männer, aber gelegentlich auch Frauen, wonach ihnen tatsächlich gelüstet. »Älterer Diener würde gern Böden bei einer starken, launischen Lady putzen, die weiß, was sie will, und ihren Willen häufig ändert.« Oder anders herum: »Herr sucht gehorsame Sklavin. Asiatin bevorzugt. Komm und verwirkliche deine geheimsten Träume. Auch für Anfängerinnen.« Und da wiederum ist ein Kleinbürger alter Schule: »Einladung: Wir trinken gemeinsam ein Glas Sekt bei mir daheim, ruhig und gemütlich. Wenn wir fertig sind, ziehe ich dir besondere Unterwäsche an, schminke dich, fessele dich und ... dich, erst sanft und dann mit Gewalt.« Die drei Auslassungspünktchen stehen im Original: Der Herr ist ein Gentleman. Menschen wie er spazierten einst mit Hut und Gehstock durch die Straßen von Charlottenburg. Sie gehen in Alfred Döblins Roman *Berlin Alexanderplatz* aus und ein. Und so hat George Grosz sie erbarmungslos in seinen Bildern festgehalten: Männer und Frauen, städtisch-schweinisch, mit Sorgfalt gekleidet und mit Hüten auf dem Kopf. Die übergroßen karikierten Köpfe

verbinden auf erschreckend präzise Weise trübäugige Viehischkeit mit der strengen Miene des Intellekts.
Interessanter Lesestoff, die Rubrik »Harte Welle« in der *Zitty*, und eine große Bereicherung für den Wortschatz, den man in den ausgezeichneten Kursen des Tel Aviver Goethe-Instituts erwerben kann. Einschlägige Ausdrücke wie das Wort »Natursekt« stehen nicht einmal im großen Duden-Oxford mit seinen Hunderttausenden von Stichworten. Ich habe es überprüft. Aber es ist nicht nur eine Deutschstunde, nicht nur eine Unterweisung im komprimierten, gewandten Formulieren unzüchtiger Kontaktanzeigen, sondern auch eine Lektion in vergleichender Geoerotik. In der Jerusalemer Stadtzeitung *Kol Ha'ir* (Die ganze Stadt) gibt es keine Sado-Maso-Anzeigen. Im Tel Aviver Wochenblatt *Ha'ir* (Die Stadt) stehen jede Woche zwei bis drei. In der New Yorker *Village Voice* erscheinen rund ein Dutzend pro Woche. Die Berliner *Zitty* enthält viele Dutzend. Aber geht mit Berlin nicht zu streng ins Gericht. Man sagt mir, in Hamburg seien es viel mehr. Und in Kopenhagen. Und in Amsterdam. Hafenstädte, in denen ein kalter Nordwind weht.
Lea Goldberg wußte all das. Die Frau, die das Kindergedicht »Was machen die Rehe bei Nacht« geschrieben hat, wurde mit feinen, schmerzlichen erotischen Banden von Berlin angezogen. Als Ruth, die Protagonistin ihres Buches *Briefe von einer imaginären Reise*, bei Nacht in ihr Hotel Bamberger Hof geht, kommt sie an den noch erleuchteten Schaufenstern des KaDeWe vorbei und erinnert sich an ihre Studienjahre in Berlin:
»Das pflegte mein Heimweg zu sein. Vom Theater, von einem Besuch bei Bekannten. Nachts. Vor den Kaufhausfenstern flanierten aufgeputzte Prostituierte, in Pelze gehüllt, mit Stiefeln, die bis zum Knie reichten. Roten, gelben, schwarzen. Ich erinnere mich noch, wie bestürzt ich mit meinem neunzehnjährigen Verstand war, als ich erfuhr, daß jede Stiefelfarbe das Zeichen für eine bestimmte ›Sorte‹ von Prostituierten war. Die schwarzen – für Sadisten, die gelben – für Masochisten, die roten – einfach so. Diese Einteilung verfolgte mich wie eine persönliche Schande.

Es gab vieles, das ich den Menschen damals nicht verzeihen konnte.«
Eine Prostituierte, sehr jung, mit hohen roten Stiefeln, lächelte ihr immer zu, »in einer Art unerklärlicher Freundschaftlichkeit«. Und Lea? »Ich konnte ihr nicht verzeihen, daß sie mich nicht haßte. Ich schämte mich, daß ich aus dem Theater kam, daß ich den Tag an der Universität verbracht hatte, daß ich, falls jemand es gewagt hätte, mir in dieser finsteren Straße zu nahe zu treten, dann mit einem Gesichtsausdruck der Verachtung, gemischt mit Angst, an ihm vorbeigegangen, in mein weltabgeschiedenes Zimmer hinaufgegangen und eingeschlafen wäre.« Lea Goldberg blieb in ihrem abgeschiedenen Zimmer. In den dichten Wald, wie schon gesagt, gelangte sie nie. Nur in ihren nächtlichen Träumen.

Bei schönem Wetter fahren durch die Straßen in Grunewald offene Cabriolets, in ihnen sitzen langhaarige Frauen in Lederkostümen. Neben ihnen manchmal ein hübsches Kind. Berlins Frauen sind eigentlich faszinierender als die Berliner Männer. Und Berlin selbst war für einen bestimmten Typus von Künstlern eine Frau, von deren verführerischer Häßlichkeit man schwer loskommt. Wolf Biermann schrieb vor Jahren, als er noch in Ost-Berlin lebte, das bekannteste seiner vielen Liebeslieder für die Stadt:
»Berlin, du deutsche deutsche Frau
Ich bin dein Hochzeitsfreier
Ach, deine Hände sind so rauh
Von Kälte und von Feuer
[...]
Berlin, du blonde blonde Frau
Ich bin dein kühler Freier
[...]«
Erstaunlicherweise weicht Biermanns »Freier« nicht so weit vom Bedeutungsbereich des israelischen Slangworts »freier« ab, jemand, der sich aus Dummheit oder Hilflosigkeit grenzenlos ausnehmen läßt. Ob das Jiddische hier vermittelt hat? Wenn ja, hat diese Sprache, wie üblich, ein bißchen übertrieben, aber wirklich nur ein

bißchen. Ich fange an zu verstehen, daß das Jiddische zwischen dem Deutschen und dem modernen Hebräisch als listiger, manipulativer, aber nicht unfairer Mittler gewirkt hat. So sind wir nun vom Sex auf das Jiddische gekommen. Was nicht so weit auseinanderliegt, wie einige meiner Freunde meinen.

»Die Reise nach Berlin kann losgehen« ist das dritte Kapitel von *Emil und die Detektive* überschrieben. Erich Kästners Bücher wurden in den vierziger, fünfziger und sechziger Jahren von vielen israelischen Kindern gelesen. Und weil Kästner ein liberaler Mann war, von den Nazis verfemt, und ein wunderbarer Schriftsteller, durften wir bei ihm über Berlin lesen zu einer Zeit, in der noch alles Deutsche geächtet und verdrängt wurde. Man vertuschte für uns absichtlich das Deutsche an seinen Heldinnen und Helden. Lottchen wurde zu Ora. Pünktchen zu Pizponet. Aber Anton und Emil behielten ihre ursprünglichen Namen, vielleicht weil Kästner für sie auch in anderen europäischen Ländern gebräuchliche Namen gewählt hatte. Und es war auch etwas Gesamteuropäisches, Bewährtes und Anständiges an diesem Anton und diesem Emil. Kinder wie diese wuchsen auch in Warschau heran, zumindest in den Büchern von Kornel Makuszynski und Janusz Korczak, und in Budapest, zumindest in Ferenc Molnárs *Die Jungen der Paulstraße*, und auch in Rom und Turin, zumindest in Edmondo De Amicis *Herz*. Stadtkinder aus ehrlichem, armem Haus, Jungen mit Mütze, Jungen, die lesen, junge Helden, die Gerechtigkeit, Treue und Wahrheit lieben.

Emil kann auf seine Reise gehen, weil er ordentlich angezogen, satt und gekämmt ist und ein Kuvert mit hundertvierzig Mark in der Tasche hat, von der Mutter zusammengespart. »So, so, nach Berlin fährst du?« fragte ihn Herr Grundeis, der Mann mit dem steifen Hut, eben der Taschendieb, der Emil bald sein Geld stehlen wird. »Jawohl, und meine Großmutter wartet am Bahnhof Friedrichstraße am Blumenstand«, antwortete Emil und faßte sich wieder an die Jacke. Und das Kuvert knisterte dort noch immer, Gott sei Dank. »Kennst du Berlin schon?« »Nein.« »Na, da wirst du aber staunen!« Und nun beginnt dieser eigentlich nette Mann, dieser Dieb für Kinder, wie es ihn nur bei Erich Kästner gibt, eine Lobrede auf die Stadt zu halten. Die Schilderung könnte bei Alfred Döblin oder George Grosz entlehnt sein – eine futuristische, surrealistische, sarkastische Beschreibung des Berlins der Weimarer Zeit. Eine Skizze von Fritz Langs *Metropolis*.

»In Berlin gibt es neuerdings Häuser, die sind hundert Stockwerke hoch, und die Dächer hat man am Himmel festbinden müssen, damit sie nicht fortwehen... Und wenn es jemand besonders eilig hat, und er will in ein andres Stadtviertel, so packt man ihn auf dem Postamt rasch in eine Kiste, steckt die in eine Röhre und schießt sie, wie einen Rohrpostbrief, zu dem Postamt, das in dem Viertel liegt, wo der Betreffende hin möchte... Und wenn man kein Geld hat, geht man auf die Bank und läßt sein Gehirn als Pfand dort, und da kriegt man tausend Mark.«

So fährt Kästners Emil nach Berlin, in die Stadt, von der seine Mutter, eine sich abrackernde Friseuse, keine Ahnung hat: ein hochmodernes, mondsüchtiges, kriminelles Berlin. Eine Stadt, in der selbst die Kleinkriminellen, vor allem diese, ihre eigene Poetik haben. Ein mechanisches, automatisiertes Berlin, ein Berlin der Automobile (in Kästners Büchern gibt es viel kindliche Aufregung über belebte Straßen und über Verkehrsstaus, die ersten der Geschichte), ein Berlin der Telegraphen, der Zeitungsredaktionen, der gewieften Straßendiebe, der Wachtmeister, die schon viel gesehen haben, und der naiven, verkommenen Prostituierten, die sich hinter der Straßenecke verstecken, bis Emil und seine Detektive vorbeigezogen sind, um dann erhobenen Hauptes in Kästners Erwachsenenbüchern wieder hervorzutreten. Der Nihilismus all dieser Leute auf den Bürgersteigen und Plätzen der Stadt leuchtet wie eine Straßenlaterne hinauf zu den Fenstern der Häuser, zu der satten, bitteren, melancholischen Subtilität der Reichen. In dieses Berlin, in dem Arme und Reiche irgendein Geheimnis, irgendeine existentielle Verzweiflung teilen, in das Berlin von Fritz Lang und Walter Benjamin, dorthin schickt die gute Witwe Tischbein ahnungslos ihren einzigen Sohn.

Laßt uns weiterziehen. Langsam dahinschweben, auf Hubschrauberhöhe, über die sich flach und weit hinziehenden Kornfelder der Mark Brandenburg. Von hier aus, aus der Vogelperspektive, kann unsere Kamera noch viele Reisen nach Berlin aufnehmen. Während Emil auf seiner Reise ins Berlin der Weimarer Zeit einschläft und von dem Mann mit dem steifen Hut bestohlen wird, ziehen andere Menschen in ein anderes Berlin, junge Menschen, nicht besonders athletisch, sie gehen zu Fuß oder finden vielleicht Platz auf einem Bauernwagen. Sie gehen in das große Berlin Friedrichs des Großen. In die Hochburg der Aufklärung und der Vernunft. Sie flüchten nach Berlin aus einem entlegenen Städtchen voller Vorurteile, häßlicher Armut und geistigen Stillstands, der sie wahnsinnig macht. Diese Wanderer auf ihrem Weg nach Berlin sind junge jüdische Männer aus Polen oder Litauen, die verbotene Bücher gelesen haben. Sie sind unsere Vorfahren, und sie kommen nach Berlin, weil sie hoffen, von hier aus gegen die versteinerte jüdische Orthodoxie ankämpfen zu können. Hier begann unsere Säkularisierung, hier begannen des Hebräischen kundige Juden mit den Rabbinern zu ringen.

Vom »Verlangen, nach Berlin zu reisen«, schreibt Salomon Maimon in seiner *Lebensgeschichte*, »nach Berlin zu reisen und den Rest des mir anklebenden Aberglaubens durch Aufklärung zu vernichten«. Warum Berlin? Weil Berlin für Osteuropa die Hochburg der Aufklärung war. Das Berlin Friedrichs des Großen, des Freundes von Voltaire, des Ritters im Kampf gegen den Aberglauben. Und der Aberglaube ist schlicht und einfach der Wunder- und Offenbarungsglaube der institutionalisierten Religion. Jenes Berlin, das das Licht der säkularen Vernunft ausstrahlte, dieses Vor-Vor-Weimarer Berlin, lud dazu ein, die Wahrheit zu entdecken und zu verkünden. Die Wahrheit der reinen Vernunft und der praktischen Vernunft. Nicht Maschinen und hohe Häuser, Prostituierte und Gauner hatte jenes Berlin zu bieten, sondern den nicht weniger betörenden Sirenengesang des neuen Denkens. »Ich liebe die Wahrheit«, sagt Salomon Maimon, und habe, um »die Wahrheit aufzusuchen, meine Nation, mein Vaterland und meine Familie verlassen«.

Und so wie Emil Tischbein zu seiner Großmutter fahren sollte, so hatten diese jungen Menschen eine Art Großvater, und auch ihr Besuch bei ihm verlief nicht reibungslos. Dieser Großvater war der große Moses Mendelssohn, der Philosoph der Aufklärung, der gesetzestreue Jude, der es verstand, zwischen dem Geist der Zeit und dem Geist des urväterlichen Israels zu wandeln, ohne daß diese widerstreitenden Geister ihm das fromme Käppchen vom Kopf gewirbelt hätten. Doch hierher – zu Mendelssohn, der zu Hause Jude, draußen Mensch war, Freund des christlichen Schriftstellers Lessing, Gesprächspartner des Pfarrers Lavater, ein Grundpfeiler der Aufklärung –, hierher, in diese fein ausgewogene Welt, gelangten unrasierte (aber doch nicht mehr ganz vollbärtige) Juden aus Polen und klopften an die Tür, von leidenschaftlichem Verlangen bewegt, Großtaten der Vernunft zu vollbringen, die Mendelssohn selbst nicht anzugehen gewagt hätte. Sie verspotteten die Rabbiner und beschimpften und schmähten den Talmud, die Mischna und die über Generationen angesammelte Weisheit.

So kam 1772 Abba Glosk (oder Abba Glosk Leczeka) nach Berlin. Er stammte aus dem Städtchen Glosk bei Lublin, in das er nicht wieder wird zurückkehren können, genauso wie Emil Tischbein es schwer haben wird, nach der verstörenden Berührung mit Metropolis wieder in sein ruhiges Leben in Neustadt zurückzufinden. Doch bei Abba Glosk gab es noch andere Gründe: Er hatte sich gegen die Rabbiner aufgelehnt und war von ihnen vertrieben, mit Bann und Boykott belegt worden. Nun steht er vor Mendelssohns Haus und wird seiner ärmlichen Kleidung wegen für einen Bettler gehalten und abgewiesen. Doch er klärt den Irrtum auf, tritt vor den ehrenwerten Philosophen und fordert, wie Chaim Shoham uns berichtet, »eine direkte und sofortige Aktion zur Verbesserung der Lage, des Glaubens und der Erziehung der Juden«.

Stellt euch das folgendermaßen vor: Abba Glosk bahnt sich seinen Weg in den vornehmen Salon Mendelssohns. Es ist früher Abend. Frau Fromet und die Töchter sind mit der Kutsche ins Theater gefahren. Sie lieben das Theater sehr. Der Hausherr, ein kleiner, buckliger, häßlicher und beeindruckender Mann mit Hakennase,

durchgeistigtem Gesicht und schwarzem Käppchen, versucht den polnischen Besucher zu beschwichtigen und ihn auch dazu zu bringen, ein wenig leiser zu reden. Schsch, beruhigt Euch. Wenn die Gemeindeobersten von Eurem Hiersein erfahren, werden sie dafür sorgen, daß man Euch aus Berlin ausweisen lassen wird. Unsere Lage hier ist ohnehin schon recht unsicher, und in Polen und Litauen hat man Euch ja bereits mit Bann und Boykott belegt. Aber Abba Glosk gibt nicht nach. Hier ist Berlin, und hier ist man frei, die Wahrheit zu sagen. Ihr habt es selbst geschrieben, Reb Moische, daß man den Mut haben muß, die Wahrheit der Bibel und die Wahrheit der Vernunft unter ein und derselben Laterne zu suchen. Und als Mendelssohn diesen Rebellen nicht ins Herz schließt, zieht er allein aus und verursacht Unbill. »Sich seiner Gelehrsamkeit bewußt«, so beschreibt es der Schriftsteller und Verleger Friedrich Nicolai, »suchte er sogleich die berühmtesten Talmudisten in Berlin auf, um siegreich mit ihnen zu disputieren; aber er tat es mit allzu freimütigen Behauptungen, und oft mit beißendem Witz, spottete auch nicht selten über manche leere Spitzfindigkeiten und seltsame Erzählungen, welche im Talmud vorkommen.«
Wie jüdisch war Abba Glosk, dieser Protosäkulare und frühe Antiorthodoxe! Die Gemeindevorsteher und Rabbiner Berlins fielen wütend über ihn her, nicht mit der Wut der Entsetzten, sondern mit der Wut der Bangen. Achtet auf diese Angst, der die Streitenden in der großen israelischen Auseinandersetzung über Judentum und Säkularismus durch gesegnetes Vergessen völlig enthoben sind: die Angst, unsere Widersacher könnten uns an die Gojim ausliefern. Die Angst, einer der Unsrigen könnte uns zu Fall bringen. Die Angst, der lärmende Streit könnte den Ärger des Fürsten, den Zorn der Bauern oder die Pferdehufe des Gutsherrn über uns bringen. Diese Angst, die die Juden doch nie davon abgehalten hat, hinter verschlossenen Fenstern, in muffigen Lehrhäusern die klare, geschliffene Kunst des Disputierens zu pflegen.
Man denunzierte Abba Glosk bei den Beamten Friedrichs des Großen, indem man sagte, daß jener keinen Beruf habe. Das prote-

stantische Deutschland verabscheute Menschen ohne Beruf. Jeder Mensch, außer den Adligen, mußte einen Beruf haben. Einen Beruf zu haben war mehr, als einfach nur eine Kaufmanns- oder Handwerksausbildung durchlaufen zu haben. Der Beruf bestimmte den genau umrissenen Platz des einzelnen, die Position in der Gemeinde, ließ einen Gott und den Menschen wohlgefällig sein. Auch im Mitgliederverzeichnis der NSDAP, erzählt mir mein Kollege Jürgen Falter, steht in der Rubrik »Beruf« fast nie »arbeitslos«. Obgleich es im Deutschland der frühen dreißiger Jahre von Arbeitslosen wimmelte. Jeder hatte einen Beruf. Auch wer ihn nicht ausübte, trug ihn mit sich und gab ihn in offiziellen Formularen an, als wertvolle gesellschaftliche Erkennungsmarke.

Einwanderer ohne Beruf, zumal Juden aus dem Osten, hatten im Berlin Friedrichs des Großen kein Aufenthaltsrecht. Auf die Frage nach seinem Beruf, auf die Frage, was er in der Stadt treibe, antwortete Abba Glosk: »Ich forsche in dem Gesetz, und disputiere darüber mit den Gelehrten; weiter verstehe ich nichts, und tue nichts weiter.« Wie Mendelssohn ihm warnend prophezeit hatte, wurde er aus Berlin hinausgeworfen, worauf er nach Westen weiterzog, um in Holland und England nach der Freiheit zu suchen, die Wahrheit sagen zu dürfen. Doch in Berlin behielten ihn gerade christliche Aufklärer in guter Erinnerung: Friedrich Nicolai, ein Mann der Toleranz, Freund aufgeklärter Juden, schrieb eine wohlmeinende Gedenkschrift über ihn. Jahre später las sie der Dichter Adelbert von Chamisso und verfaßte voller Leidenschaft seine romantisch angehauchte Ballade »Abba Glosk Leczeka«. Zu einem Ritter neuer Art, einem Ritter der Aufklärung, machte Chamisso ihn 1832: Seine Burg war die Stadt Berlin, sein heiliger Gral die Wahrheit, sein Schwert die Vernunft.

»Es schallen gut im Liede der Purpur und das Schwert,
Doch hüllt sich oft in Lumpen, der auch ist preiswert;
Ich führ euch einen Juden und Bettler heute vor,
Den Abba Glosk Leczeka, verschließt ihm nicht das Ohr.«

Und während Abba Glosk, der Ritter der Vernunft, aus Berlin fortzieht, wo nun gerade die Juden ihm ihre Ohren verschlossen, schweben wir über Brandenburgs Felder hinweg einem anderen Schauplatz zu und betrachten für einen Augenblick eine andere Reise nach Berlin, eine Fahrt, die derart unerträglich ist, daß man es nicht übers Herz bringt, Moses Mendelssohn, Abba Glosk oder Salomon Maimon davon zu erzählen, denn es würde sie niederschmettern. Der verlorene Zug aus Bergen-Belsen, der letzte Transport, wird hier bald durchkommen. Er wird wie verhext die Bahnhöfe Zoo und Friedrichstraße passieren und weiter aus Berlin hinausrattern, bis er in einem entlegenen Waldstück auf zerbombten Gleisen zum Stehen kommen wird.

Aber nein: Onkel Arnold und Tante Alice und die beiden Kinder, die ihnen geblieben sind, werden diesmal Berlin nicht sehen können, die Stadt, die sie zu besseren Zeiten vielleicht nach Herzenslust besichtigt haben. Denn die Güter- oder Viehwaggons sind vermutlich fensterlos, oder ihre Fenster sind mit Brettern vernagelt, und Robert ist gewiß schon sehr krank. Vielleicht haben sie, entgegen jeder Vernunft, gehofft, Berlin würde sie retten, würde ihrem Leben noch einmal eine neue Wendung geben, haben gehofft, hier würden sich die Waggontüren auftun, und sie könnten allesamt in den zerstörten Zoologischen Garten und in die verrußte Kaiser-Wilhelm-Gedächtniskirche strömen. Aber nein. Auch aus dem Bahnhof Friedrichstraße wird der Zug wieder hinausrollen, um über den Ostbahnhof weiter nach Südosten zu fahren, in blinder Fahrt durch ein Land, dessen endgültige Niederlage bevorsteht, er wird Berlin so verlassen, wie er gekommen ist.

Unterwegs begegnet dieser Zug vielleicht einem anderen, sehr grauenvollen, wenn auch nicht ganz so grauenvollen Zug, ein Zug, der an Kopf oder Gliedern verletzte Soldaten in Begleitung einer Krankenschwester nach Berlin transportiert, und mit ihnen reist auch der hebräische Schriftsteller Samuel Josef Agnon. Dieser groteske Zug war fast dreißig Jahre früher, zur Zeit des »Großen Kriegs«, des Ersten Weltkriegs, abgefahren. Man bringt die Unglücklichen von einem Lazarett bei Leipzig zu Untersuchungen und Forschungszwecken zu Berliner Professoren. »Bald würde das Licht von Berlin in Sicht kommen... Die Soldaten ließen von ihrem Spiel ab und begannen, ihre Sachen zu ordnen, und riefen und sagten, Berlin, Berlin. Große Traurigkeit kam über mich, die meine Glieder lähmte, mit Mühe griff ich nach meinem Gepäck.« Und Agnon fürchtet, sein altes Zimmer würde nicht mehr auf ihn warten. Trotzdem fasziniert ihn, ebenso wie Emil Tischbein, die große Tragikomödie des Ankommens am Bahnhof. »Berlin! Der Bahnhof wimmelt von Soldaten, die man von allen Orten gebracht hat, und von Soldaten, die sich anschicken, zu allen Orten fortzufahren. Denn einen großen Krieg führt Deutschland, an vielen Orten. Wer ist trostloser dran, der, der geht, oder der, der kommt?«

So fahren sie ihrem Schicksal entgegen, in die ruhmreiche Stadt Berlin, die ebenfalls ihrem Schicksal entgegengeht, sich vor unseren Augen verwandelt, von der Stadt der Soldaten in die Stadt der Aufklärer, die Stadt der Kaiser, die Stadt der Moderne, die Stadt der Verfluchten, in die geteilte Stadt der sich Erinnernden, in die vereinigte Stadt des ausgehenden 20. Jahrhunderts. Und jeder Reisende findet, je nach seinem Los, eine andere Stadt, und er findet entsprechend in ihr je anders sich selbst. Im besten Fall findet er dort neuen Lebenssinn. Im schlechtesten Fall findet er dort seinen Tod. Und im weder guten noch schlechten Fall überkommt ihn große Trauer im von Menschen wimmelnden Bahnhof.

Jetzt sind wir an der Reihe: Kann unsere Reise endlich losgehen? Das 21. Jahrhundert beginnt. Fünfzig Jahre lang war Berlin das bestrafte Berlin, erstarrt und geteilt, schuldig und immer reicher werdend, in seinem Alptraum gefangen. Und jetzt? Kann man wieder eine neue Reise in ein neues Berlin beginnen, ein Aufbruch wie Abba Glosk in das Zeitalter der Vernunft, eine Reise wie die von Emil Tischbein nach Metropolis, wo die Guten über die Bösen siegen, eine Reise mit gutem Ende? Oder eine Reise in unsere Zeit, eine Reise ohne Ende?

In einer – beinahe trivialen – Hinsicht ja. Die Reise kann losgehen. Sie kann losgehen, weil die Alten mittlerweile schon jung genug sind. Die siebzig- oder fünfundsiebzigjährigen Deutschen, die man noch in den Cafés und Restaurants und in den Straßen einer deutschen Stadt sieht, sind keine ehemaligen Wehrmachtsoldaten mehr, können nicht mehr Mitglieder der NSDAP gewesen sein. Diese alten Menschen waren allenfalls in der Hitlerjugend, gehörten zu denen, die man in dem grauenhaften letzten Frühling 1945 als Halbwüchsige für irgendeinen verzweifelten Flakposten eingezogen hat. Die wirklichen Nazis sind schon tot, oder sie verbergen sich zittrig in den zu schönen Altersheimen in den ruhigen Straßen von Grunewald. Der älteren Dame, der ich vor fünfzehn Jahren, als ich in Freiburg Deutsch lernte, morgens meinen Platz in der Straßenbahn nicht anbieten wollte, kann man heute nicht mehr begegnen. Selbst wenn die heutigen älteren Frauen es noch so sehr gewollt hätten, hätten sie nicht mehr Wärterinnen in Ravensbrück sein können, wie diejenigen, die Lotte und Margrit verprügelt und deren Mutter ermordet hatten. Sie sind schon zu jung, diese älteren Frauen.

Von nun an wird jeder Mensch, dem wir in Deutschland begegnen, einer sein, dessen eigene Hände mindestens ebenso rein sind wie unsere. Von hier an beginnt etwas Neues. Noch etwas Neues beginnt.

Gedächtnisgrund, Sex, Ironie

So etwas wie Gelassenheit ist im Verhältnis Israelis und Berlin nicht möglich. Selbst wenn Berlin sich fürs Vergessen entscheiden würde – solange Israelis sich noch zu erinnern wissen, bleibt jede Art von Gelassenheit ein Ding der Unmöglichkeit. Und dieses Sich-Erinnern wäre auch dann noch möglich, wenn es Berlin nicht mehr gäbe, aber noch Israelis auf der Welt wären. Die Stadt Berlin hat in jeder ihrer chamäleonartigen Verwandlungen – als Hauptstadt des Kaiserreichs, der Weimarer Republik, der Nazis, als geteilte und als wiedervereinigte Stadt – etwas in unsere Geschichte eingebrannt. Aus Berlin kam Kaiser Wilhelm II. nach Jerusalem, so daß Theodor Herzl ihn bei den Mauern der Altstadt treffen und von unten herauf mit ihm sprechen konnte, ohne daß der Kaiser auch nur geruhte, vom Pferd abzusteigen. Nach Berlin lud Erich Honecker palästinensische Kämpfer ein, um zu prüfen, wie schnell sich die sowjetischen Waffen auf den Truppenübungsplätzen entsichern ließen, die die Nationale Volksarmee von der Wehrmacht geerbt hatte. Von Berlin aus lehrte Moses Mendelssohn, daß Judentum mit der Aufklärung vereinbar sei. Nach Berlin gingen Samuel Josef Agnon und Saul Tschernichowski, verzaubert und gespaltenen Herzens, auf dem Weg in das verheißene Land im Orient.

Es gibt Dinge, die Städte einem erzählen können, weil sie Städte und keine Staaten sind. Israel und Deutschland – das ist ein weites Feld; Berlin bringt es durch das scharfe Prisma der Metropole auf den Punkt. Wahrheiten, die man vielleicht vom Gipfel eines Berges, vom fahrenden Jeep in der Wüste aus, auf einem umgepflügten Feld oder in einem zerstörten Dorf sehen kann, vermag Berlin uns nicht zu offenbaren, wohl aber jene Wahrheiten, die man von einem Café an einem belebten Platz aus beobachten kann. Von hier, aus einem Café an einem belebten Platz heraus, sah Lea Goldberg SA-Männer in Braunhemden die Straße hinuntermarschieren. Und drinnen im Café sah sie, umgeben von Zeitungen und Tellern, Kuchen und Weingläsern, daß ihre radikalen Freunde, die zukünftigen Dichter, die potentiellen Revolutionäre, weg und verschwunden waren. Man schrieb das Jahr 1934. Das Berlin der Weimarer Zeit war schon demontiert. Und auch Lea Goldberg selbst war so klug, sich nicht mehr wirklich dort aufzuhalten: Nur ihre Romanheldin saß noch im Café Quick und starrte auf die Straße, eine politisch bewußte Frau, Kunsttheoretikerin, das Herz von unglücklicher Liebe gebrochen.

So konnten die draußen marschierenden Nazis mit ihrer emporstürmenden Macht und den donnernden Stiefeln, die alsbald Länder niedertrampeln und Meere überqueren sollten, dieser europäischen Schriftstellerin mit dem traurigen Antlitz nichts mehr anhaben. Denn Lea Goldberg war nach Tel Aviv übersiedelt. In die Arnon-Straße, wenn ich mich nicht irre. Und im Café Kassit in der Dizengoff-Straße konnte sie, auch wenn sie sich in dem dortigen Dichterkreis nie ganz wohl fühlte, für die Kinder, die Hebräisch sprachen und an die Berlin nicht herankommen konnte, ihre berühmten Gedichte über Hyazinthenblüten und die Träume der Rehe schreiben.

Das Café Quick gibt es nicht mehr, aber in Berliner Cafés fanden die meisten meiner Begegnungen mit Israelis statt: mit Dorit Brandwein-Stürmer in dem eleganten Café am Hagenplatz, mit Michel Assli im Café am Neuen See im Tiergarten, mit Guy Braunstein in der vernachlässigten Cafeteria der Philharmonie, mit Guy Sachar im Café in der Bleibtreustraße, mit Moshe Zuckermann im Literaturhaus, mit M. und H. im Café Berio, in der Nähe des nächtlichen Szenebezirks Motzstraße, mit Eran Tiefenbrunn im Sale e Tabacci in der Kochstraße, in der die großen Pressehäuser angesiedelt sind. Von hier, vom jeweils von ihm gewählten Treffpunkt aus, kam jeder meiner Gesprächspartner auf frühere Orte zu sprechen: Jerusalem, Akko, Chadera, Tel Aviv, Haifa, Ramat Efal.

Von hier aus überblickten sie die seltsame Distanz, die sich zwischen ihnen und den Stätten ihrer Jugend aufgetan hat.
Europa weiß am allerbesten um diese Kunst der Sehnsucht von Stadt zu Stadt, über die Köpfe der Länder hinweg. Und das Café ist, wie die Zeitung, eine europäische Erfindung, eine der größten und schönsten der europäischen Erfindungen. Nicht in Berlin wurde das Café erfunden, sondern in Wien und London. Vor rund dreihundert Jahren. Aber es gibt keine europäische Stadt, die sich diesen öffentlich-privaten Raum, durchweht von Gerüchen, Rauch, Stimmengewirr, Zeitungsraschein und sich kreuzenden Blicken nicht auf jeweils andere Weise zu eigen gemacht hätte. Ein Zauber liegt über dem Café: Es ist ein staatsfreier Raum. Denn ein Staat kann ja keine Cafés haben, nur Städte haben welche.

In Berlin übertrifft das berühmte Café Einstein alle anderen Cafés. Aber nur das Stammhaus in der Kurfürstenstraße, nicht die neue Dependance Unter den Linden. Die hohen Fenster lassen winterliches Morgenlicht einfallen. Große Ruhe liegt über den Tischen, Zeitungsraschein, Porzellanklirren, leise Gespräche. Nirit Ben-Josef trifft mit leichter Verspätung ein. Mit angesagtem Schwarz und ovaler Brille scheint sie direkt aus der Tel Aviver Sheinkin-Straße hierher versetzt zu sein. Sie ist in Chadera geboren und hat in Tel Aviv Film studiert. Ihren Heinz hat sie auf dem Studentenfilmfestival in München kennengelernt. Dann ist sie ihm nach Berlin gefolgt. Hier sind ihre Kinder Robin, acht Jahre, und Joel, ein Jahr, geboren. Nirit arbeitet hier heute als Touristenführerin in hebräischer Sprache. Aus dem hippen Kreuzberg sind sie der Kinder wegen ins ruhige Steglitz umgezogen. Nirit kennt sich in Berlin recht gut aus. Sie hat den Reiseführer *Berlin me-alef we-ad taw* (Berlin von A bis Z) der Tel Aviver Stadtzeitung *Ha'ir* verfaßt, den einzigen hebräischen Berlin-Reiseführer, der intelligent und einfühlsam und dazu noch auf aktuellem Stand ist. Zumindest bis Sommer 1999: Berlin ändert sich ja im Tel Aviver Tempo, wenn nicht noch schneller.
Nirits Großvater war Abraham Ben-Josef. Er kämpfte an Josef

Trumpeldors Seite in Tel Chai. Im Alter schleppte Großvater Abraham an jedem 11. Adar, dem Todestag Trumpeldors nach jüdischem Kalender, all seine sechs Enkelinnen in diese steinerne Karawanserei im nördlichen Galiläa, schilderte ihnen in allen Einzelheiten jenen Kampf am 1. März 1920 und warnte die Mädchen ein ums andere Mal: Glaubt kein Wort von dem, was in den Büchern steht, von dem, was sie euch in den Zeremonien und in der Schule erzählen. In Wirklichkeit war alles ganz anders. Als Trumpeldor im Sterben lag, hat er keineswegs gesagt: »Es ist gut, für unser Land zu sterben«, er hat nur geflucht. Das war alles. Und die Schlauköpfe haben dort bei seinem Leichnam gesagt, laßt uns allesamt Selbstmord begehen. Aber Nirits Großvater erklärte den Umzingelten: Nein, wir wollen uns lieber ergeben, als uns das Leben zu nehmen.

Denn unsere Familie, sagt Nirit mir bei einem Milchkaffee (ein echt Berliner Getränk, schrieb sie in ihrem Berlin-Reiseführer), unsere Familie hält nichts von Mythen. Weder von zionistischen noch von anderen. Überhaupt glauben die Galizier nicht an Mythen. Ich habe viel über die Juden aus Galizien gelesen, auf hebräisch und auch auf jiddisch. Sie haben gemacht, was sie wollten.

Wenn wir schon bei Galizien sind, will ich dir eine Geschichte erzählen. Ich war schwanger mit Robin. Wir haben ihm extra einen solchen Namen ausgesucht, Heinz und ich, keinen hebräischen, keinen deutschen und auch keinen biblischen Namen, die gemischte Paare sonst gerne wählen. Sondern Robin. Kurz, ich bin in Kreuzberg herumgelaufen und habe im Teeladen eine junge Amerikanerin kennengelernt. Shoshana hieß sie. Sie war auch schwanger. Von einem Italiener. Wir haben eine Gruppe junger Mütter gegründet. Als Robin ein halbes Jahr alt war, kam meine Mutter auf Besuch und fing an, Shoshana auszufragen. Woher ist die Familie nach Amerika gelangt? Aus Galizien. Woher genau? Aus dem Schtetl Sborow. Komisch, sagt Mutter, wir stammen auch aus Sborow. Und was war der Familienname? Feuering. Mutter wurde blaß. So hieß unsere Familie. Sie rief Großmutter in Chadera an: Wer ist nach Amerika gegangen? Großmutter erinnerte sich an alles: Diese Tante und jene Tante mit ihren fünfzehn Kindern. Kurz, Shoshana und ich sind Cousinen fünften Grades. Unsere Kinder sind Cousins sechsten Grades. Wir haben gemeinsam einen Stammbaum von vier Quadratmetern gemacht. Plötzlich fing ich an, Fragen zu stellen. Bin nach Israel gefahren, um Großvater und Großmutter auszufragen. Was ich da alles gehört habe. Wie unwissend ich vorher war. Sogar Mutter hat Neues erfahren, über das, was dort der Familie geschehen ist. Mutter hat eine ganze Woche lang nicht geschlafen. Und ich habe mir gesagt: Das konnte mir nur hier passieren. In Berlin. So hat mich Berlin unter der Gürtellinie erwischt.

Nirit Ben-Josef, Israelin in Berlin, gehört zu denen, die sich einer Liebe wegen entschieden haben, hier zu leben. Manche von diesen kommen aus Familien und aus Kindheiten, die eng verbunden sind mit dem zionistischen Aufbauwerk. Kinder von Dichtern leben hier, Kinder von Journalisten und Künstlern, Söhne und Töchter aus Kibbuzim und Moschawim, Enkel zionistischer Pioniere. Sie sind hierhergekommen im Gefolge eines Geliebten, einer Geliebten oder um hier als Künstler zu arbeiten.

Diese beiden Gründe, die mir mit der Zeit als einander sehr ähnlich erscheinen, dieses »Ich konnte nicht anders«, lassen sie mit einer großen Sensibilität und auch einer Art Aufbegehren in Deutschland leben: denn die Liebe hat keinen Staat. Und die Schönheit kennt keine Grenzen, kennt nicht Acht und Bann. Diese Israelis führen hier ein sehr bewußtes Leben, ein Leben in ständiger Wachheit. Wie Nirit, die eine süchtige Leserin geworden ist – in letzter Zeit verschlingt sie alles, was über die Nazi-Architektur von Albert Speer und Genossen zu finden ist –, sind sie alle reich an Erinnerungen. Sie sind Emigranten, aber ihre Emigration hat nichts mit Vergessenwollen zu tun. Sie sind nicht in eine neue Welt, in eine entlegene Kolonie ausgewandert, sondern in den Schmelztiegel, dem wir entstammen: in das Zentrum der Welt, die einmal war und nicht mehr ist. Ihre und ihrer Kinder ererbte Kunst wird die Kunst des Nichtvergessens sein.

Im November wird der grüne Wald rot und golden. Danach verlieren die Bäume schnell ihr Laub, und was übrigbleibt, ist gelb, mürbe und durchsichtig. Bald erhebt sich auf dem Boden des Waldes nur noch ein Labyrinth dürrer, aufrechter Stämme. Es ist still im Wald. In die Stille dringt das eintönige, dumpfe Dröhnen der Autobahn, die den Wald durchkreuzt. Vögel rufen einander. Ein Specht, vielleicht ein Kuckuck.

Doch Vögel im Wald sind nicht nur Vögel im Wald. Sie sind auch ein sehr bekanntes Gedicht von Goethe und auch ein trauriges Antwortgedicht von Brecht. Goethe schrieb »Wandrers Nachtlied«, von dem es mindestens ein Dutzend unterschiedlicher hebräischer Übersetzungen gibt:

»Über allen Gipfeln
Ist Ruh',
In allen Wipfeln
Spürest du
Kaum einen Hauch;
Die Vögelein schweigen im Walde.
Warte nur! Balde
Ruhest du auch.«

Goethe selbst unternahm in diesem Gedicht ein kühnes Übersetzungswerk. Er transponierte eine alte deutsche Liebe, die in den germanischen Wäldern beheimatete Wanderliebe, in etwas weit Größeres, etwas, das auch für den Gültigkeit besitzt, der keine dichten Wälder zum Durchwandern hat. Es geht um das Wandern und die Sehnsucht nach Ruhe, gleich in welcher Landschaft der Wanderer unterwegs ist.

Aber Goethe wußte auch schon, was später die deutschen Wandervögel und die ihrem Vorbild folgenden hebräischen Jugendbewegungen wußten. (Ja, die romantischen deutschen Nationalisten haben unsere Jugendbewegungen inspiriert, die Flammenschriften, die Zeltlager im Wäldchen, die Lieder am Lagerfeuer.) Es hat tatsächlich etwas Berauschendes, in guten Wanderstiefeln schnellen Schritts einen schmalen Waldweg entlangzugehen. Und große Ruhe überkommt einen, wenn man den Kopf auf den mit Borkenstückchen und Laub gepolsterten Boden legt, um dem funkelnden Spiel der Sonnenstrahlen hoch droben im Blätterwerk zuzuschauen.

Es ist schön, das Spiel des Sonnenlichts in den Wipfeln. Einer von Hitlers Rassenkundlern – war es Alfred Rosenberg? – hat einmal geschrieben, wenn ein Jude im Wald spazierengehe, blicke er nur nach unten, auf die Farne. Ein echter Arier jedoch hebe seine Augen zu den hohen Baumkronen empor. Dieser Satz hat sich mir einst eingegraben wie der Biß eines Vampirs. Niemals werde ich mich auf einen kühlen Waldboden legen können, ohne daß er aus meinem tiefsten Gedächtnisgrund heraufsteigt.

Denn der deutsche Wald, mehr als jeder andere Wald der Welt, ist voller Texte, voller Liederstrophen und einzelner Verse. Als wären längst alle Bäume zu Papier und alles Harz zu Tinte verarbeitet worden. Noch schwebt Goethes Gedicht im Bewußtsein, doch schon wird es von Bertolt Brechts ironischem Antwortgedicht verdrängt, »Liturgie vom Hauch«. Es erzählt, wie die Vögel im Wald schwiegen und schwiegen und schwiegen, ihre Ohren vor allem verschlossen, was geschah, bis ein großer roter Bär kam und sie fraß.

Um Goethe und Rosenberg und Brecht abzuschütteln, muß man aufstehen und weitergehen. Schnell gehen. Aber selbst dann verwandeln sich die Papierbogen nicht wieder in einen Baum zurück. Denn das schnelle Gehen im Wald regt das Denken an, beschleunigt den Puls, und wie viele Wanderer vor mir singe auch ich ein Lied im Wald. Da ich allein bin, nur begleitet vom fröhlich dahinlaufenden Hund, singe ich nur im Herzen, lautlos. Es ist kein deutsches Lied. Ich singe ein hebräisches Marschlied, das ganz zufällig aus einer vergessenen Schublade meines Gehirns heraufsteigt:

»Die Kampforte, gereinigt und zerstört,
geschmolzen der Schnee auf dem Hermon,
in einem Geisterstädtchen auf dem Golan
schreit ein einsamer Esel, genau wie vor dem Krieg,
der Sommer kehrt in seine alten Stützpunkte
   zurück –
dein Gesicht, mein Geliebter, aber ist ein anderes jetzt.«

Es ist schwer zu sagen, was dieses militärische Lied, das 1967 so überaus populär war, im Berliner Grunewald des Herbstes 1999 verloren hat. Vielleicht geistert das Gespenst eines uralten Kriegs durch diesen Wald. Nicht unser Sechstagekrieg. Auch nicht jener europäische Krieg, der uns nicht losläßt, sondern ein noch weiter zurückliegender Krieg. Lieder und Gedichte von Tod und Trauer, die viel älter als unsere sind, kämpfen sich ins Bewußtsein vor. Der österreichische Dichter Georg Trakl schrieb, kurz bevor er sich das Leben nahm, das Gedicht »Grodek«:

»Am Abend tönen die herbstlichen Wälder
Von tödlichen Waffen, die goldnen Ebenen
Und blauen Seen, darüber die Sonne
Düstrer hinrollt; umfängt die Nacht
Sterbende Krieger, die wilde Klage
Ihrer zerbrochenen Münder.
[...]«

Eine Schlacht in Galizien, im September 1914. Kurz bevor Nirit Bar-Josefs Großvater jenes Land verließ, um sich in Galiläa anzusiedeln. Trakl beweinte die ersten Toten des Ersten Weltkriegs, und sein Gedicht ist eines der schönsten Gedichte, die ich je gelesen habe. Ihr werdet sehen, sagte ich einmal in einem Vorlesungssaal weit von hier, daß jede Sammlung deutscher Gedichte Trauerlieder aus vergangenen Kriegen enthält, darunter solche, die an Schönheit und Kühnheit alles übersteigen, was wir bisher gekannt haben. Und als ich meinen Studentinnen und Studenten in Haifa, jungen Israelis, Juden und Arabern, für die zumeist alles Deutsche fremd war, einige davon vorlas, sah ich, daß es sie bewegte. Sie waren berührt, auch ohne daß ich ihnen in Erinnerung rief, daß in Trakls Krieg auf beiden Seiten der Front viele jüdische Soldaten ihr Leben gelassen hatten. Dieses Detail hatte ich sicherheitshalber für den Fall parat gehalten, daß die Toten mit den zerbrochenen Mündern, die in deutscher Sprache schweigend klagen, nicht aus eigener Kraft die Herzen meiner Studenten anzurühren vermöchten.

Aber sie taten es.

»Minna kann ihre Hand nicht loskriegen, und seine Augen sind vor ihren. Son Mannsgesicht ist mit Schienen besetzt, jetzt fährt ein Zug drüber weg, sieh mal, wie der raucht, der fährt, FD, Berlin/Hamburg-Altona, 18 Uhr 5 bis 21.35, drei Stunden 30 Minuten, da kann man nichts machen, solche Männerarme sind aus Eisen, Eisen. Ich schrei Hilfe. Sie schrie. Sie lag schon auf dem Teppich. Seine stoppligen Backen an ihren, sein Mund schlürft nach ihrem rauf, sie dreht sich ab. ›Franz, o Gott, hab Erbarmen, Franz‹ [...] Das fühlt sich von seinem Gesicht, von seinem Stilliegen an sie an, sie muß nach, sie wehrt sich, aber das geht über sie wie eine Verwandlung, ihr Gesicht verliert die Spannung, ihre Arme können ihn nicht mehr wegdrücken, ihr Mund wird hilflos. Der Mann sagt nichts, sie läßt läßt läßt ihm ihren Mund, sie erweicht wie im Bad, mach mit mir, was du willst [...].«
So vergewaltigt, nach seiner Entlassung aus dem Gefängnis Tegel, am Anfang von Alfred Döblins Roman *Berlin Alexanderplatz*, Franz Biberkopf die Schwester seiner toten Frau, die er zu Tode geprügelt hatte.
Und in demselben Berlin, zwischen den Weltkriegen, vielleicht sogar im selben Jahr, macht ein anderes Paar es anders.
»Er zog sie an sich und ging schweigend neben ihr, dann bestieg er mit ihr einen Eisenbahnwagen, und sie fuhren an einen der lieblichen Orte in der Umgebung Berlins. Wälder und Bäche und Seen und Flüsse grenzten aneinander, und auf den Bächen und Flüssen und Seen glitten kleine und große Boote, alle voll Männer und Frauen, Erwachsene und Jugendliche. Die Sonne beschien sie von außen und die Liebe von innen. Und ihnen, Henriette und Fred, schien die Sonne und die Liebe doppelt. Nachher verlassen sie das Boot und wandern in den Wäldern und kommen zu einem Fluß, und da weit und breit kein Mensch zu sehen ist, werfen sie ihre Kleider ab und springen ins Wasser und schwimmen und tummeln sich wie die Fische. Und nachher, nachher mieten sie ein Boot und fahren auf dem Fluß und sind ganz allein, die einzigen auf dem Wasser, fern von jedem Menschen, aber einander nah wie noch nie.«

So steht es in Agnons Roman *Schira*. Agnons Sinnlichkeit und Ironie sind unser Eigentum und, wenn wir möchten, unser Erbe. Agnon, dessen Texte wohl nur der des Hebräischen mächtige Leser wirklich bis zur Neige, bis zum herrlichen Grund, auskosten kann, hat hier in Berlin Jahre verbracht, die offenbar reich waren an Erotik und Ironie.

Es ist schon sehr seltsam, mitten im Berliner Winter, diese beiden unterschiedlichen Texte zu lesen und zu vergleichen. Schaut euch diese zwei Passagen an, die von Döblin und die von Agnon, sie kommen von entgegengesetzten Polen der Liebe zwischen Mann und Frau und sind doch durch geheime Bande verbunden. Zwei Paare. Zwei Eisenbahnen. Zwei schweigende Männer. Zweimal Doppeldeutigkeit. Zweimal ein Körper im Wasser. Und beide geprägt durch die einzigartige Inspiration derselben großen Stadt – das doppelte Berlin.

Es liegt etwas Irreführendes in unserer mediterranen Sehnsucht nach dem nordeuropäischen Winter. Sogar Lea Goldberg hat uns in die Irre geführt. Diese Länder wurden immer in grünen Waldfarben gemalt, regennaß, mit rot-violetten Preisel- und anderen Waldbeeren sowie weißgepunkteten Pilzen. Oder Hügel, verhüllt von weichem, ruhigem Schnee unter fernem blauem Himmel. Aber nein: Grau ist es hier und feucht, und Farben gibt es nicht. Die meisten Bäume Berlins, die Eichen und Kastanien, werfen ihr Laub ab, ragen kahl in die Luft, und die Landschaft ist grau. Nicht grün, nicht rot, nicht weißgepunktet. Die Wälder sind jetzt Labyrinthe von Baumstämmen. Der Waldboden ist weiß von Schnee oder grau von Schlamm, es gibt keine Pilze, und es gibt keine Zwerge, und es gibt keine Blumen, die Rotkäppchen auf Geheiß des Wolfs pflücken könnte. Der Grunewald hat jetzt Ähnlichkeit mit dem Werk eines postmodernen Künstlers, der aus Holz und Metall eine unscharfe, freudlose Atelierwelt geschaffen hat.

Vielleicht ist deshalb Weihnachten hier so Geborgenheit verheißend, bunt und laut. Auf dem Weihnachtsmarkt Unter den Linden, einem der vielen Märkte dieser Art voller Buden mit Baumschmuck, Süßigkeiten und Zwergtannen, fallen mir bei einem Glas Glühwein plötzlich meine hartnäckigen Urahnen und Urahninnen im Winter ein. Wie haben Juden es eigentlich jahrhundertelang fertiggebracht, diese traurigen nordischen Winter zu überstehen, an diesen Weihnachtsmärkten vorbeizugehen, an den prächtig geschmückten immergrünen Nadelbäumen, an den Geschenken und Süßigkeiten? Wie haben sie es geschafft, mit ihren Kindern an der Hand, die Feste und Wunderdinge der Gojim zu schauen, ohne sich verlocken zu lassen? Und die Kinder der Juden – haben sie im Lauf von tausend Jahren nicht Mal um Mal gesagt, Papa, ich will das auch? Sollten sie dermaßen anders gewesen sein als die Kinder der Israelis? Und die nichtjüdischen Nachbarn: Haben sie nicht vielleicht, gerade weil ihnen wohl vom Alkohol war, den seltsam gekleideten Juden zugelächelt und sie mit einem Wink eingeladen, den Geburtstag des Erlösers mitzufeiern, oder einfach so einmal mit Freunden zu trinken?

Denn es lag ja etwas weit Tieferes, Archaischeres in diesem Fest um Christi Geburt, das uralte, heidnische, menschliche Bedürfnis, den dunklen Winter durch die Wärme von fröhlichem Beisammensein, durch Tanz und Gesang und die Einladung Fremder zu verdrängen. Was hat uns in diesem kalten nordeuropäischen Winter unter uns bleiben lassen? Die rührenden, kleinen Chanukkakerzen? Unsere Hartnäckigkeit? Wie haben wir die Kinder überredet – die großen Kinder, die Heranwachsenden, die auch damals ihre Flausen im Kopf hatten –, daß sie dablieben, daß sie nicht den Verlockungen der Lichter, des Bieres folgten, daß sie sich nicht dem tanzenden und singenden Volk zugesellten? Offenbar hatten wir etwas sehr Überzeugendes, etwas, das das Kinderherz im Dunkel des litauischen, galizischen oder deutschen Winters zu fesseln vermochte. Aber was?

Für mich bleibt dieses Rätsel ungelöst. Am Ende eines anderen Winters, kurz vor Saisonende in einem Schweizer Wintersportort, nahm ich einmal teil an einem seltsamen Sederabend im Hotel Edelweiß, das schon seit hundert Jahren im Besitz einer streng orthodoxen jüdischen Familie ist. Unter den zahlreichen festlich

gekleideten Großfamilien aus Antwerpen, London und Bne Brak fiel unser Grüppchen mit den sonnengebräunten Gesichtern und den unbedeckten Köpfen besonders auf – säkulare Israelis erster Güte. Am nächsten Tag sahen wir unsere Sedergenossen feiertäglich durch den Ort spazieren, einen weiten Bogen um die Skiliftstation machend, und die Schaufensterauslagen, die verbotenen Kuchen im Café am Marktplatz betrachten. Schwarz gekleidet und bleichgesichtig, die Töchter altmodisch schleifchengeschmückt, bahnten sich unsere Brüder und Schwestern ihren Weg, hindurch durch die Scharen von braungebrannten Schweizer Kindern in ihren kleinen Schneeschuhen, von muskulösen Vätern mit den Skiern über der Schulter und Müttern mit italienischen Sonnenbrillen. Skiläufer sind Menschen ohne Geheimnis: All ihr Tun folgt allein der Schwerkraft. Aber die streng orthodoxen Juden bergen ein unerforschlich großes Geheimnis: Welche Kräfte halten sie von der luft- und sonnenhungrigen Menge fern und ermöglichen es ihnen, sich so sogar den Naturgesetzen zu entziehen? Welches sind nun die anderen Gesetze, die es vermögen, diese Menschen, mein eigen Fleisch und Blut, zusammenzuhalten, sie um die Tradition, das Buch und den Tisch zu versammeln? Folgen das Beharrungsvermögen in Zeiten der Not und die Standhaftigkeit in Zeiten der Fülle den gleichen oder unterschiedlichen Gesetzen? Ist es leichter, Diskriminierung und Verfolgung zu trotzen oder der Freiheit, Vielfalt und Verlockung zu widerstehen?
Gegen Ende dieses langen Wegs haben die Berliner Juden ja nicht mehr widerstanden. Bei der Familie Scholem wurde schon »Weihnachten gefeiert, mit Hasen- oder Gänsebraten, behangenem Weihnachtsbaum«, gekauft auf dem Weihnachtsmarkt an der Kirche. Ein »deutsches Volksfest«, das man »nicht als Juden, sondern als Deutsche« mitfeierte. Eine Tante spielte das schöne christliche Lied »Stille Nacht, heilige Nacht« am Klavier »für die Köchin und das Zimmermädchen«. Zwar wurde nicht weit davon entfernt, bei dem zionistischen Onkel in Friedenau, gerade das Chanukkafest demonstrativ mit allem Prunk begangen. Aber die Geschenke für die beiden Töchter hatte bei Nacht und Nebel »der liebe Cha-

nukkamann« gebracht. Ob wohl auch der Wagen des »Chanukkamanns« von einem glöckchenklingelnden Rentier gezogen wurde? Darüber läßt der große Erforscher der Kabbala uns wieder einmal im ungewissen.

Doch damit war die Geschichte nicht zu Ende. Denn Gershom Scholem sprach in anderer Sache ein klares Wort. Vielleicht hatte er dies nicht beabsichtigt, aber er und Bialik und Agnon sorgten dafür, daß Juden auf Irrwegen wie ich uns nun nicht mehr in den dunklen Gassen, im Trubel der Märkte und im Glockengeläut der europäischen Stadt verlaufen konnten, um auf Nimmerwiedersehen darin zu verschwinden, wie es bei jenen vor uns der Fall gewesen war, die sich hatten taufen lassen. Denn Scholem, Bialik und Agnon verhexten uns Freidenker mit einem derart vertrackten Zauber, daß wir – auch nachdem wir uns in jene Welt verirrt hatten, den Verlockungen ihrer Weihnachtsmärkte, Skihänge und Strände verfallen und Heiden, Kanaaniter oder einfache Säkulare geworden waren – dennoch niemals wieder den Rucksack voller Bücher auf unserem Rücken werden abwerfen können. Denn auch nachdem wir uns verächtlich des Jiddischen entledigt haben, sind wir noch Gefangene des Hebräischen und durch das Hebräische Gefangene der Erinnerung. Und durch die Erinnerung sind wir Gefangene der Doppeldeutigkeit, der doppelten Welten. Selbst wenn wir mit unseren Hunden auf deutschen Waldwegen wandern, kann uns noch das geschehen, was den ersten Chassidim geschehen ist, von denen Buber und Scholem uns erzählten. Jenen Menschen, unseren Ahnen, die Angst vor Hunden hatten und im Dickicht des Waldes versteckte Zeichen fanden, Botschaften entschlüsselten, gewissermaßen unvorbereitet gerade dort die Stimme der göttlichen Gegenwart vernahmen. Denn immer werden wir Bücher auf dem Rücken tragen.

Die Ostdeutschen sind angeblich immer noch leicht zu identifizieren. Nicht unbedingt an ihren Autos, den letzten dünnwandigen Trabis. Viele fahren schon einen VW oder Fiat. Andere haben gar keinen Wagen. Die Jungen folgen demonstrativ den neuesten

Trends. Jeder, der durch Mecklenburg, Brandenburg, Sachsen oder Thüringen fährt, wird jedoch merken, daß »die Wende« den Ostdeutschen noch keineswegs Wohlstand und Freuden kapitalistischen Konsums auf Westniveau beschert hat. Statt dessen hat sie viele Existenzen zerstört, zahlreiche Menschen arbeitslos gemacht, ihnen einiges an Hoffnung und Lebensmut geraubt.

Im Garten des Wissenschaftskollegs, bei Kaffee und Pflaumenkuchen, erklärt mir der Historiker Jürgen Kocka: Die Wiedervereinigung ist noch nicht recht gelungen. Wachsende Arbeitslosigkeit und zunehmende Frustration seit zehn Jahren. Bis heute, fügt er hinzu, halten viele Ostdeutsche und viele Westdeutsche an ihrer Mentalität des »die und nicht wir« fest. Für die Deutsche Demokratische Republik waren die Erben der Verbrechen des Faschismus drüben, im Westen. Der Faschismus wurde vom Kapitalismus abgelöst. Wir sind die Opfer beider Ismen, meinen viele Ostdeutsche. Passiv aus Gewohnheit, verbittert aus Erfahrung, empfinden sie den Westen als neue Kontrollmacht, sanfter und bisweilen arglistiger als die vorigen.

Aber in einem billigen, engen Thai-Restaurant am Prenzlauer Berg erzählt uns Tomáš andere Dinge. Sein Vater ist Ungar, seine Mutter Berlinerin. Tomáš ist in Ost-Berlin aufgewachsen. Mit zwanzig Jahren war er glühender Kommunist und haßte den Kapitalismus aus tiefster Seele. Damals, 1989, als die Mauer wankte und zusammenstürzte, war er Soldat. Wart ihr wütend? Nicht besonders. Wart ihr erschrocken? Nicht sonderlich. Wir waren kein richtiges Militär. Wir sollten die deutsch-polnische Grenze überwachen. Leisteten einfach nur unsere anderthalb Jahre Pflichtdienst ab. Was kann man von Wehrdienstpflichtigen mit anderthalb Jahren Dienstzeit schon groß verlangen, fragt Tomáš und sieht nicht, daß wir still vor uns hinlächeln. No big deal.

In den zehn Jahren seit der Wende aber hat Tomáš seine Ansichten radikal geändert. Er hat hingebungsvoll Englisch gelernt. Er hat an der Humboldt-Universität studiert, hauptsächlich bei Dozenten, die aus dem Westen hier angelandet waren. Er hat die Schmach der Arbeitslosigkeit gekostet. Jetzt, mit wechselnden Jobs, zum Beispiel als Deutschlehrer für Gastakademiker, liebt er den Westen. Er möchte in den USA leben, wo er inzwischen schon einmal gewesen ist.

Die Berliner S-Bahn hat eine ruhige, dörflich anmutende Station im Grunewaldviertel, nahe am Wald. Zwischen dem S-Bahnhof und dem Wald liegen Reihen von Kleingärten, Schrebergärten, jene großartige städtische Erfindung, die sich der Orthopäde D. G. M. Schreber im 19. Jahrhundert ausgedacht hat. Die Bewohner der hohen, düsteren Häuser können hier eine kleine Gartenparzelle pachten oder erwerben und in ihr Blumen, Gemüse, vielleicht sogar ein oder zwei Obstbäume pflanzen. Es ist angenehm, mit der bequemen und schnellen S-Bahn hinauszufahren und dann auf dem sich windenden Waldpfad entlang zum eigenen Gärtchen zu gehen. Auf der anderen Seite der Unterführung befinden sich Lokale mit Biergärten für die Ausflügler, die den Grunewald an den Wochenenden überfluten. Fahrradfahrer, Hunde und Spaziergänger verschwinden im Wald. Ihre Stimmen schallen von fern herüber. Sogar die Unterführung selbst ist relativ sauber. Nur wenige Graffiti, die beim regelmäßigen Kontrollgang noch nicht übertüncht wurden, keine von der üblen Sorte.

Doch die, die sich aufs Lesen verstehen, können hier Dinge entdecken, an denen die, die gut zu Fuß sind, schnell vorübereilen. Dieser Bahnhof war früher einmal sehr viel größer als heute. Nach der Länge der Unterführung und den zugemauerten Öffnungen, die sich an den Wänden abzeichnen, muß es hier einmal mehr Schienenstränge gegeben haben als die beiden Gleise, die heute die Fahrgäste aus diesem angenehmen Waldviertel nach Osten ins Stadtzentrum oder in südwestlicher Richtung nach Potsdam bringen. Oben zwischen der Gleisgabelung stehen stumm Gebäude und Gebäudereste, die einst von einem belebteren Bahnhof genutzt wurden.

Ein schlichtes Schild an der Café-Bäckerei weist nach rechts: »Zum Mahnmal«. Am Ende eines Sandweges, in entgegengesetzter Richtung zu den Schrebergärten und Wanderwegen, hat man ein Seitengleis der Erinnerung gewidmet. Hier sind in Stahlplatten die Daten aller Transporte eingraviert, mit denen die Berliner Juden in den Jahren 1941 bis 1945 von hier aus zunächst nach Lodz, später nach Riga, Ravensbrück und Auschwitz verschleppt wurden. Jede der Inschriften nennt das Datum, den Zielort und die Anzahl der Deportierten eines Transports. Auf diesen Bahnsteigen standen am 29. November 1942 allein und verlassen die drei Kinder der Familie Bobker: Mally, Chaja-Hella und Abraham. Vielleicht haben die beiden großen Schwestern den kleinen Bruder an der Hand gehalten. Ohne Vater und Mutter standen sie dort, und der Zug fuhr ein. Die Nummer des Transports war 23, das Ziel Auschwitz. Am Anfang desselben Jahres war drüben, auf der anderen Seite des Waldes, die Wannsee-Konferenz zu Ende gegangen.

Und das ist die Gunst von Zeit und Ort der Station Grunewald Ende 1999: Heute stehen hier in der grauen Herbstluft keine Kinder mehr ohne Vater und Mutter. Mit Ausnahme der wollbemützten Kleinen, die mit ihren Kindergärtnerinnen zum Waldspaziergang oder mit ihren Lehrern zur Erkundungstour aufbrechen. Und der Zug von heute ist geräumig, hell erleuchtet und hochtechnisiert, er bringt mich quer durch Berlin zum Bahnhof Friedrichstraße im Osten. Für drei Mark und neunzig Pfennige kann man sich an das große, saubere Fenster setzen und die hohen Stadthäuser des Viertels Charlottenburg vorbeifliegen sehen. Den Savignyplatz mit seinen italienischen und japanischen Restaurants und dem englischen Buchladen. Weiter zum Bahnhof Zoo und am Zoo selbst vorbei, dessen hundertfünfzig Jahre alte Gebäude im indischen, chinesischen und afrikanischen Stil entworfen wurden. Und weiter durch die grüne Lunge Berlins, den Tiergarten, einst Jagdpark der Preußenkönige, dann Flanier- und Erholungsort der Berliner Bourgeoisie und noch später ein bequemes, großes Ziel für die Kampfpiloten der Royal Air Force und ihre amerikanischen Konkurrenten. In jenem letzten Kriegssommer bombardierten sie auch den Zoo, und verschreckte Giraffen und verwundete Elefanten galoppierten den Kurfürstendamm hinunter wie in den Weltuntergangsszenarien von Hieronymus Bosch. Heute hausen die

Tiere in ihren Käfigen, als wäre hier nie etwas passiert. Im Winter sind die Bäume des Tiergartens kahl, und man kann die Seen hindurchschimmern sehen. Im Sommer füllen sich die Rasenflächen mit nackten Männern und Frauen.

Und hier steht das Schloß Bellevue, das einstige preußische Lustschloß, das dann als Berliner Amtssitz des Bundespräsidenten diente. Hier im Empfangssaal versuchte Guy Braunstein zum ersten Mal in seinem Leben, Bier zu trinken. Eigentlich war er mit zwei weiteren Schülern des Tel Aviver Violinisten Chaim Taub gekommen, um zu Ehren von Richard von Weizsäcker zu musizieren. Doch Guy war noch ein Kind, und das Bier, das er probiert hatte, war ihm zu Kopf gestiegen. Als Minister und Würdenträger kamen, um ihm nach dem Vorspielen die Hand zu geben, habe sich, so erzählt er mir, um ihn herum alles gedreht und er habe sich zwischen den langen Samtvorhängen an die Wand gelehnt. Als dann auch von Weizsäcker selbst, umringt von Photographen und Presseleuten, auf ihn zukam, begriff er einfach nicht, wer der Mann war, und als der deutsche Bundespräsident ihm die Hand reichte, drückte er sie nicht wie üblich, sondern gab ihm mit der flachen Hand einen kumpelhaften Handschlag. Die anwesenden Israelis wußten vor lauter Verlegenheit nicht, wohin mit sich. Aber als Guy Braunstein zum zweiten Mal für den Bundespräsidenten spielte, war er schon groß, sechzehn Jahre alt, und verhielt sich wohl.

Aus dem Tiergarten springt plötzlich, mit metallischem Dröhnen, der Gerüstewald des neuen deutschen Regierungsviertels hervor. Beiderseits der S-Bahnlinie ragt hier die größte Ansammlung von Baukränen in ganz Europa, vermutlich der ganzen Welt, in die Luft. Der umgebaute Reichstag mit seiner Glaskuppel nimmt sich aus wie eine prächtig ausstaffierte Braut, die auf ihre säumigen Brautjungfern wartet. Gleich neben dem Reichstag, von Baugerüsten umgeben, wachsen das wuchtige Kanzleramtsgebäude, die Ministerien, der Lehrter Bahnhof, neue Spreebrücken und riesige Wohnblöcke für Beamte und Regierungsangestellte, die massenweise aus Bonn übersiedeln, aus dem Boden.

Hier erinnert nichts mehr an die Berliner Mauer, die sich früher hier durchzog und das an sie angrenzende Gebiet in ödes Niemandsland verwandelte. Hier steigt das neue Berlin aus der Erde empor, das ganz Europa den Kopf verdreht, das größenwahnsinnige Berlin, das Helmut Kohl seinen Nachfolgern, dem Sozialdemokraten Gerhard Schröder und dem Grünen Joschka Fischer, aufgezwungen hat. Notgedrungen zogen diese jüngeren Politiker, Veteranen der Studentenrevolte von 1968, in diese monumentalen Schreine ein, die der Christdemokrat ihnen vererbt hatte. Und zugleich gerieten sie in den Einzugsbereich der Anmaßung derer, die behaupten, daß man nun wieder sein Haupt erheben dürfe, daß die Zeit gekommen sei, Deutschland seinen angemessenen Platz einzuräumen, offen und unangefochten zur europäischen Führungsmacht zu werden, wieder stolze Deutsche zu sein.

Kaum jemand mag Kanzler Schröder besonders. Zumindest nicht in dem Umfeld, in dem wir unsere ersten Berliner Monate verbringen. Schröder, der allen alles versprochen hat, hat alle enttäuscht. Die Wirtschafts- und Sozialpolitik des Propheten der »neuen Mitte« enthält keine Botschaft: weder eine begeisternde Marktpolitik noch eine engagierte Sozialpolitik. Arbeitslose und Rentner bangen um ihre Zukunft. Aber im weiteren Verlauf des Jahres reißt sein christdemokratischer Vorgänger Helmut Kohl die meisten führenden Politiker seiner Partei mit in den Strudel eines großen Parteispendenskandals, und Schröder kann erleichtert aufatmen.
Unterdessen geht Kohls ehemaliger Berater, Professor Michael Stürmer, mit dem Ex-Bundeskanzler aus ganz anderen Gründen ins Gericht. Bei einem Mittagessen im Restaurant des Wissenschaftskollegs sagt Stürmer, Kohl habe Berlin in architektonischer Hinsicht ein Danaergeschenk gemacht, eine Zeitbombe, die politisch und kulturell noch einen hohen Preis fordern werde.
Auf Kohls Initiative und in seinem Geist entsteht hier am Spreeufer, im kranbestückten Regierungsviertel, das neue Kanzleramt. Den stärksten Eindruck davon gewinnt man, wenn man per Schiff

daran vorbeifährt. Eine etwas bedrohlich wirkende Muschel, politische Egomanie in Beton gegossen, ein großer, moderner Brokken Machthunger neben dem Reichstag, der unter seiner neuen Glaskuppel anmutig gebändigt wirkt.

Was ist so irritierend am entstehenden Kanzleramt? Soll man es als Sprengsatz an den Fundamenten der Gewaltenteilung in der jungen Berliner Republik, als sonderbare Metapher für das heutige Deutschland begreifen? Angesichts des transparenten, leichten, einladenden Parlamentsgebäudes entsteht hier ein hypermodernes Bollwerk der Exekutive. Ein Tempel des Regierungschefs, umgeben von sich überschneidenden Kreisen von Bürokraten und Aufgängen für Zugang Suchende. Große, verschlossene Türen. Was mag Kanzler Kohl sich dabei gedacht haben? Wollte er den französischen Präsidenten übertreffen? Immerhin, so Michael Stürmer, sei die Front des Kanzleramts breiter als die vom Élysée-Palast, von 10 Downing Street und vom Weißen Haus zusammengenommen.

Michael Stürmer ist ein interessanter Gesprächspartner. Sehr elegant gekleidet, ein weißes Seidentuch in der Tasche der Anzugjacke. Als Historiker war er in den »Historikerstreit« der achtziger Jahre involviert. Als wichtiger Berater der Bundesregierung beeinflußte er die Nahostpolitik des vorigen Kanzlers. Er sagt, er habe Kohl abgeraten, mit dem damaligen amerikanischen Präsidenten Ronald Reagan den Militärfriedhof von Bitburg zu besuchen, auf dem auch SS-Leute begraben liegen, was sich zu einem internationalen Skandal ausweitete. Heute schreibt er für die Tageszeitung *Die Welt* und hegt eine gesunde rechtsliberale Furcht vor einem übermäßigen Erstarken der Exekutive in ihrem neuen Haus in Berlin. Seit gut zwei Jahren ist er mit Dorit Brandwein-Stürmer verheiratet, einer Israelin. Auf einem anderen Friedhof, dem jüdischen Friedhof Weißensee, hat Dorit das Grab ihres Urgroßvaters gefunden, und ihr Herz verfiel Berlin. Und das ihres Mannes ist, wie es scheint, wohl noch in Bayern geblieben.

Zumindest eines müsse man Kanzler Schröder zugute halten, meint er. Schröder verabscheue das neue Kanzleramtsgebäude.

Aber wo ist das politische Berlin? Toby Helm, ein englischer Journalist, der kürzlich im Auftrag des *Daily Telegraph* hier eingetroffen ist, tut sich schwer, das zu finden, was politische Korrespondenten in einer Hauptstadt erwarten. Verglichen mit Brüssel, klagt er, hat das politische Berlin etwas Unklares an sich. Tag für Tag gehe ich in den Reichstag, das heißt in den Bundestag, und frage mich: Wo essen sie zu Mittag, die Abgeordneten, die Sekretärinnen, die Staatssekretäre? Wo kann man sie für ein kurzes Gespräch in der Mitte eines Arbeitstages finden? Es gibt, erwähnt er, ein Lokal am Ende der Friedrichstraße, das der Inhaber eines bekannten Bonner Restaurants hier kürzlich eröffnet hat. Um, so könnte man sagen, den Politikern ein heimisches Gefühl in der Stadt zu vermitteln, in die sie erst letzten Sommer übersiedelt sind. Doch das, was man in Brüssel oder London mit Leichtigkeit findet, diese Lokalitäten, in denen sich Journalisten und führende Politiker mitten an einem Arbeitstag oder an dessen Ende informell treffen können, das finde ich hier nicht.

Eran Tiefenbrunn, Korrespondent der israelischen Tageszeitung *Yediot Achronot*, ist schon fast vier Jahre in Berlin und weiß genau, wohin man geht, wen man anruft und wem man Fragen stellt. Aber auch er findet in Berlin eine seltsame Leere an jenem Raum, in dem in demokratischen Staaten gemeinhin Politiker und Journalisten sich informell begegnen können. Die einen sitzen verborgen im entstehenden »Viertel der Macht«, die anderen bewegen sich zwischen ihren Redaktionen in der Kochstraße und diversen Cafés, immer in der Nähe von Telephon und Internet. Der alltägliche zwischenmenschliche Kontakt, wie er in Israel in der Knesset-Cafeteria stattfindet, jene Zwischenwelt, in der Dinge gesagt werden, die weder zitiert noch erwähnt werden dürfen, sondern strikt »off the record« sind, diese verborgenen demokratischen Bahnen, auf denen diskret Informationen und Klatsch fließen, die sind hier, in der neuen Hauptstadt Berlin, noch nicht recht ausgebildet.

In der Tischrunde von Emma Tucker und Toby Helm geht es um Korruption und vermeintliche Korruption bei europäischen Politikern. Die Engländer sprechen, und die Israelis hören zur Abwechslung einmal aufmerksam zu. Da gibt es eine Geschichte über Margaret Thatcher und ihren Sohn Mark und saudische Gelder, und diese Geschichte kursiert schon lange, und keiner, nicht einmal der *Guardian*, greift die Sache auf. Der riesige Parteispendenskandal von Ex-Kanzler Kohl stellt die britische Affäre allerdings bei weitem in den Schatten. Aber selbst die illegal geflossenen Spendengelder der Christdemokratischen Partei verblassen – so sagt man in Berlin – angesichts der Vergehen des verstorbenen französischen Staatspräsidenten François Mitterrand. Seht euch das Duo Mitterrand–Kohl an, das vierhändig die deutsche Wiedervereinigung zum Wohle der gemeinsamen europäischen Zukunft gemanagt hat. Beide haben sich ihren Platz in der Geschichte Europas gesichert, das läßt sich kaum bezweifeln. Allerdings waren die Arrangements, die sie für die deutsche Einheit trafen, manchmal merkwürdig. Der dickste Fisch der Wirtschaftsvereinigung, die lukrativste Lizenz, die Kohl im Osten erteilte, ist gerade der französischen Erdölgesellschaft Elf Aquitaine ins Netz gegangen. Seht euch an, liebe Touristen, wie viele Elf Aquitaine Tankstellen an den notdürftig ausgebesserten Autobahnen der neuen deutschen Bundesländer stehen. Für welche Gegenleistung hat die deutsche Regierung, mit der Vermittlung der französischen Regierung, gerade diesem Konzern ein so großes Geschenk gemacht? Die Tischrunde nickt stumm. Die genannten Summen klingen auch dann schon phantastisch, wenn man sie nicht in Schekel umrechnet.

Die Deutschen nehmen Kohls Vergehen nicht sich selbst übel, höchstens verübeln sie sie seiner Partei. Ebenso wie Briten und Franzosen ziehen sie aus diesen Korruptionsaffären kaum düstere nationale Schlußfolgerungen, sie verzweifeln nicht an ihrer Regierungskultur im allgemeinen oder an den politischen Traditionen, die sie entwickelt haben. Sie meiden Spekulationen über Nationalcharakter, Mentalität und Gewohnheiten. Ihre israelischen Gesprächspartner beneiden sie um diese Seelenruhe. Vielleicht liegt hierin eine gute europäische Lehre: Wenn das Veruntreuen von

Geldern und Vertrauensmißbrauch in der Natur des Menschen liegen und wenn der Staat eine Einrichtung ist, die viele menschliche Schwächen in die Korridore der Macht einschleust, dann sollte man lieber ständig der Natur des Menschen mißtrauen, als jedesmal von neuem am Staat zu verzweifeln. Unterdessen ist das Gespräch auf ein anderes Thema übergegangen: Unsere Gastgeber sind damit beschäftigt, den Osterurlaub mit ihren Familien in Kreta zu planen.

Am 2. Februar verliert der Winter an Kraft. Die Professorenfrauen geben ein Damenfrühstück. Deutsche, Österreicherinnen und Israelinnen sitzen etwas gekünstelt und verlegen lächelnd in der Runde. Ich erfahre, daß der 2. Februar ein uralter Freudentag ist – Lichtmeß. Das ist der Zeitpunkt, an dem das erfreuliche Längerwerden der Tage anfängt, wirklich fühlbar zu werden. Die Vögel sind besonders aufgeregt, singen aus vollem Hals und beginnen mit dem Nestbau. Am Lichtmeßtag erhielten die Bauern einst ihren Lohn vom Gutsherrn, und die wandernden Landarbeiter durften sich entscheiden, ob sie auf dem Gut bleiben oder weiterziehen wollten.

Am 2. Februar pflegte Frau Bermbachs Großmutter einen alten Spruch aufzusagen:»Heute schlemmen die Reichen vom Morgen bis zum Abend, und die Armen essen, was sie haben.« Und im fernen Israel blühen jetzt die Mandelbäume, steuern wir bei. Bald vergeht die winterliche Schwermut, sagen die deutschen Frauen, ein krankhafter Zustand, an dem ein Viertel aller Deutschen leidet, wie der *Tagesspiegel* kürzlich zu berichten wußte. Es entsteht eine Art lächelnde Solidarität zwischen den Professorengattinnen, den Professorinnen, all den Frauen in der fröhlichen Runde. Und dann ihr warmherziges Interesse an meinen Kindern: Laßt uns auf alterprobte Weise ein Herzensbündnis schließen, dann siegen wir über die Schrecken der Geschichte und auch über das graue Klima.

Ich werde euch antworten, meine Damen, hier und in schriftlicher Form: Ja. Mit Freuden. Und nicht, weil der Kaffee gut schmeckt, das Zimmer hell und gemütlich wirkt und das Stipendium, das man mir hier bewilligt hat, großzügig bemessen ist. Auch nicht wegen des einfältigen neuen Glaubens, daß weibliche Solidarität immer jenes eminent Männliche, den mörderischen Nationalismus, besiegen könnte. Und nicht, weil in jenen Wintern, im Dunkeln, im Schnee, Frauen nicht fähig gewesen wären, anderen Frauen und deren Kindern Schreckliches anzutun. Sondern weil das Wohlwollen von Menschen um einen gedeckten Tisch etwas ist, das immer wiederkehrt, aus neuen Quellen gespeist, in jeder Generation. Selbst wenn diese kleine Runde voll menschlicher Güte satt und träge, schwach und ängstlich sein sollte, unfähig, die Prüfungen von Hunger und Kälte und der Angst vor einem Pochen an der Tür zu bestehen, so existiert sie doch, hell und anziehend. Außerdem bin ich aus Israel. Israel bedeutet, daß es nunmehr zulässig ist, Glühwein zu kosten und sich unters tanzende Volk zu mischen, ja ich darf sogar von Zeit zu Zeit vergessen, wer ich bin und woher ich stamme. Auch das ist nun erlaubt. Die Wonne gelegentlicher Verführung, der Luxus momentanen Vergessens: eine israelische Freiheit im deutschen Vorfrühling.

In der Eingangshalle des Berliner Ensembles, des berühmten Theaters, das Bertolt Brecht und Helene Weigel im Ost-Berlin der fünfziger Jahre leiteten, kommt der Liedermacher und Sänger Wolf Biermann auf uns zu und küßt uns auf beide Wangen. Er fährt leicht mit der Hand über Elis Hemd und verkündet mit feierlicher Stimme vor allen, die an der Kasse anstehen: Du bist der athletischste Jude, dem ich je begegnet bin.
Wolf Biermann darf vieles. Er war erst zwanzig Jahre alt, als Helene Weigel ihn für das Berliner Ensemble engagierte. Später wurde er zum berühmten Liedermacher und scharfzüngigen Dissidenten, ein Rebell mit Gitarre, und die DDR warf ihn schließlich hinaus. So kehrte er in seine Geburtsstadt Hamburg zurück, in der seine Mutter (»die Goja«, sagt er liebevoll) ihn aufgezogen hatte, nachdem sein Vater als Kommunist verhaftet und als Jude in Auschwitz ermordet worden war. Biermann entdeckte Israel – und uns –, als

der Golfkrieg ausbrach. Wieder ließ er die konventionellen Übereinkünfte der deutschen Linken hinter sich und wurde zum Israelfreund.

An diesem Abend, in seinem neuen Programm, wird er ein Lied über die Tel Aviver Ben Jehuda-Straße singen, die »jeckische« Ben Jehuda-Straße, in der es in den dreißiger Jahren noch eine deutsche Leihbücherei und in den achtziger Jahren noch mehrere Geschäfte mit deutschen Büchern gab. Dort, in der Ben Jehuda-Straße sitzt Biermann in einem Café mit einem alten Jecken, der waschechtes Berlinerisch mit ihm redet. Als Biermann mit seiner melodischen Gitarre dann selbst in jenes Berlinerisch verfällt und Silben verschluckt, wird es schwierig, dem Monologfluß seines Jecken zu folgen. Aber man erfährt, daß der Mann in Moabit geboren ist. Ein echter Berliner Junge von einst. Als er im Kibbuz Hasorea ankam und gefragt wurde, ob er aus Zionismus gekommen sei, antwortete er, er komme aus Moabit. Und Moab stehe in der Bibel. Doch bis heute, so singt Biermann, ist sein Deutsch das Berlinerisch jener Jahre.

Biermanns Publikum umfaßt alle Altersstufen. Ein Teil, meist ältere Männer, gibt sich betont proletarisch, andere sind jung und gestylt. Viele schöne Menschen. Ihr deutsch-jüdischer Troubadour aus Hamburg spielt ihnen Heinrich Heine und Rosa Luxemburg, singt Berlin Liebes- und Schmählieder. Findet für sie ihre traurigen, traurigen Wurzeln, den toten Heroismus jenes Sozialismus: Ach, die Vergangenheit, die Vergangenheit. Auch in Tel Aviv findet er ihnen ihre Vergangenheit auf, geläutert, rein, bitter-süß.

In Israel, so erzählte mir Wolf Biermann, habe man ihn vor einigen Jahren mit Meir Ariel bekannt gemacht. Jemand meinte, sie hätten Ähnlichkeit miteinander. Aus seinen Worten ist schwer zu entnehmen, ob sie eine gemeinsame Sprache gefunden haben. Ich versuche in meiner Vorstellung, den inzwischen verstorbenen Meir Ariel mit diesem Klangkörper aus Berlin in Verbindung zu bringen. Welche Perlen hätte Meir Ariel hier wohl für uns heraufholen können. Mittlerweile singt Biermann von einem feiertäglichen Familienausflug an den Wannsee, in die Nähe von »jener Villa«.

Plötzlich hört man von dort Gesang herübertönen, betrunkenes Grölen vom Gartenlokal am See. Und eines der Kinder fragt den Vater: Papa, sind das Nazis? Und er antwortet: »Das sind keine Nazis, mein Kind, that's life!«

Auf die Welt, die dem Liedermacher Wolf Biermann rüde den Laufpaß gab, richteten sich einst große Hoffnungen. So groß waren diese Hoffnungen, daß Juden deswegen nach Deutschland zurückkehrten, kaum daß der Krieg vorbei war, in das reumütige, ideologische, von aller Schuld gereinigte Deutschland. Vielleicht kehrten sie auch eigentlich gar nicht nach Deutschland zurück, sondern – in einem letzten, verzweifelten Versuch – in das große, humanistische, vielfältige Vorkriegseuropa.

Es gab eine Handvoll von Israelis, die in den fünfziger Jahren nach Ost-Berlin übersiedelten, um dort das kommunistische Paradies zu errichten. Ihnen erging es besser als denjenigen, die in den Nachkriegsjahren in die Sowjetunion zurückkehrten. Ihr Judentum unterdrückten sie, ihre israelische Identität verbargen sie, den Schatten des deutschen Verbrechens verdrängten sie nach Westen, auf die andere Seite des immer undurchlässiger werdenden Eisernen Vorhangs. Und im Gegensatz zu vielen anderen, die zu Stalin zurückkehrten, überlebten diese Israelis und begleiteten das Experiment bis zum Ende. Sie lebten relativ sicher in dem Polizeistaat Erich Honeckers, den die Stasi-Befehlshaber von ihren bescheidenen, an Kibbuz-Sekretariate erinnernden Bürostuben aus kontrollierten. Vier Jahrzehnte lang warteten sie darauf, daß ihr egalitärer, fortschrittlicher Garten Eden zwischen Plattenbauten, verstaatlichten Fabriken und großflächigen Landwirtschaftlichen Produktionsgenossenschaften zu blühen und gedeihen beginnen würde. Und nach Ablauf dieser vierzig Jahre wurden auch sie, mit den übrigen Bürgern der Deutschen Demokratischen Republik, in das vereinigte Deutschland überführt, das den Namen der unbestritten siegreichen Bundesrepublik trägt. Diese Israelis hatten auf die falsche Seite Europas gesetzt. Jetzt wurden sie nach Westen gezerrt, zum Kapitalismus, in die zweifelhafte Umarmung jenes Deutschlands, dem sie seit jeher die ganze furchtbare Schuld für all das aufhalsten, was die Nazis den Slawen und den Juden angetan hatten. Ich lernte in Berlin zwei Frauen kennen, die resolut das harte Basishebräisch jeckischer Pionierinnen der dreißiger Jahre sprachen. Beide haben eine sehr zwiespältige Einstellung zum Zionismus und zum Sozialismus. Beide haben das ideologische Scheitern ihres Lebens in einen kompromißlosen, verbissenen Individualismus übersetzt. Und sie blicken von Berlin auf Israel – vielleicht, möchte ich vorsichtig einschränken – wie auf einen Liebhaber, den sie einst wütend und enttäuscht verlassen hatten und den man heute nun von fern im Garten seines Hauses im Kreis seiner Enkel sehen kann.

Die Entscheidung für divergierende Lebenskonzepte hat viele jüdische Familien unerbittlich gespalten – die Entscheidung für Ostdeutschland, für die kommunistische Sowjetunion, für das kapitalistische Amerika oder das zionistische Israel. Yvonne, eine Cousine Ruvik Rosenthals, eine überzeugte Kommunistin und entschiedene Antizionistin, war in Ost-Berlin eine angesehene Journalistin. Sie weigerte sich, ihren Vater, der in Israel lebte, zu sehen. Briefe aus Israel beantwortete sie »mit harten, politischen Noten, gespickt mit Schlagworten gegen den zionistischen Imperialismus«. Aber mit den Jahren, so schreibt Ruvik Rosenthal, wurde sie milder, ebenso ihr Lebenspartner Kolja, ein Nahostexperte.

»Bei einem Deutschlandbesuch 1982 stieg ich in die Berliner U-Bahn hinunter und traf die beiden im Bahnhof Friedrichstraße. Yvonne empfing mich nett, warmherzig. Sie war jetzt Redakteurin einer ostdeutschen Modezeitschrift, die sich bei den Frauen großer Beliebtheit erfreute. ›Genau wie Kurt‹, sagte sie, als sie mich sah. Wir aßen in einem Ost-Berliner Nobelrestaurant Schildkrötensuppe und Braten mit Soße. [Ihre Tochter] Martina war Pressephotographin, und deren Mann hatte eine Ost-Berliner Rockband gegründet. Ihr siebenjähriger Sohn Robi sagte mir, wenn er mal groß wäre, wollte er Arzt werden. Wir fuhren durch die dunklen, bedrückenden Straßen Ost-Berlins, die nichts mit den breiten, glitzernden Straßen des Westteils gemeinsam hatten. In der Woche, in der die Berliner Mauer fiel, war ich dort und besuchte sie. Sie waren verwirrt, schuldbewußt, ärgerlich, aber auch hoffnungsvoll. Der Volvo, den sie als höhere Parteigenossen fuhren, blieb in ihrem Besitz. Auch die Wohnung in der Frankfurter Allee, einer guten Wohngegend höherer Staatsfunktionäre, und die Datscha am See konnten sie behalten. Yvonne und Kolja führen ein ruhiges Leben im offenen, vereinten Berlin, sprechen regelmäßig mit Mutter am Telephon, schreiben Briefe. Die Ideologien hatten sie getrennt, auf eine Art, die einen fast amüsieren könnte. [...] Der Zionismus und der Kommunismus hatten den Faschismus bekämpft und besiegt und waren dann gegeneinander zu Felde gezogen. Heute wirkt dieser Krieg wie ein Ausflug in einen Lagerraum voll rostiger Klischees.«

Am 23. Februar 2000 starb Ofra Haza an den Folgen ihrer Aidserkrankung. In Israel überschatteten Gerüchte über die Art ihrer Krankheit ihren Tod. Im Berliner *Tip Magazin* wird noch am 2. März eine schwere Grippe als Todesursache angegeben. Der Verfasser des Nachrufs erinnerte an ihren vorübergehenden großen europäischen Erfolg: Ganz Europa tanzte im Sommer 1988 zu den Klängen von »Im Nin'alu«. Dieses »religiöse jüdische« Lied, so steht es im *Tip Magazin*, habe Ofra Haza mit einem Schlag an die Spitze der Charts katapultiert. Aber die Ofra Haza Europas, anders als die Ofra Haza Israels, stieg und fiel mit der Welle des Ethno-Rock, vermarktet als »orientalische Rock-Lady«. War sie eine flüchtige Modeerscheinung? Das bedauert das Berliner *Tip Magazin* von ganzem Herzen. Denn ihr sonstiges Repertoire, zum Beispiel der Vokaljazz ihrer letzten CD, habe gezeigt, daß sie, diese »Ofra Haza International«, noch viel mehr zu bieten hatte.
Die israelische Musik ist auf verschlungenen Wegen nach Deutschland gekommen. Nehama Hendel, Esther und Abi Ofarim wanderten nach Deutschland aus und ließen sich in deutschen Städten nieder. Achinoam Nini (Noa) und Dana International sind in Berliner Clubs bestens bekannt. Und einmal, zu sehr später Stunde,

legte der DJ einer bekannten Schwulenbar ein wunderbares Duett auf, gesungen von Shoshana Damari und Boaz Sharabi mit ihren tiefen, nächtlichen Stimmen, und das Lied drang tief in die Seelen der in dieser Lasterhöhle Anwesenden ein, die noch nie etwas von diesen Sängern und ihren Liedern gehört hatten, die Israels emotionale Geschichte vom Unabhängigkeitskrieg bis zur Entführung des Piloten Ron Arad begleitet haben.

Aber in einem Punkt hat unsere Liedkultur Deutschland übergangen. Zu Ehren deutscher Städte hat man keine Lieder gedichtet. Man kann nicht durch Berlin schlendern und dabei wie in anderen europäischen Hauptstädten ein Lied auf diese Stadt summen, etwa mit Chava Alberstein Hanoch Levins »London wartet nicht auf mich« oder mit Corinne Allal »Im Hafen von Amsterdam« (das wir uns von Jacques Brel entlehnt haben) oder mit Arik Einstein »Ein Lied, das ich träumte von Prag«.

Es gibt nur jenes alte, militante Lied von Hanna Marron und Yossi Yadin, »Alle Wege führen nach Rom«, mit der Berlinstrophe, das Yitzhak Yitzhak geschrieben hat. Er schrieb es wahrscheinlich gerade in jenen Tagen, in denen die Jüdische Brigade schon in Rom stand, aber noch nicht bis nach Deutschland vorgerückt war. Nicht ohne Grund ist die bewußte Strophe in Vergessenheit geraten, auch in späteren Aufnahmen des Liedes, sogar in Liederbüchern und Textsammlungen, ist sie kaum zu finden. »Es kommt noch ein Abend im besiegten Berlin«? »Ja, schön ist die Donau, und groß ist der Rhein«? Heimweh aus der Hauptstadt der Nazis nach »unserem Häuschen am See Genezareth«? Als sie dort ankamen, so vermute ich, begriffen sie, daß wir Berlin keine Lieder singen können.

Und bis heute haben wir für Deutschland keine Gedichte, außer den harten, grausamen Versen aus Nathan Altermans *Die siebte Kolumne*: »Gen Osten stürmen die Brigaden, der Don wurde rot vor Blut.« »Er flanierte mit Stiefeln über mein Gesicht, und mit der Peitsche spielte er auf meinem Rücken. Mein Kind rollte er im Staub, und mein Kind umarmte seine Stiefel.«

Und diese Verse waren nicht zur Vertonung gedacht.

Dies markiert vielleicht eine der Grenzen unserer Fähigkeit, uns Deutschland zu öffnen. Um diese Grenze zu verstehen, muß man eines der schönsten und großzügigsten Lieder – ja, das gibt es auf der Welt: großzügige Lieder – hören, eines, das nach dem Krieg in Frankreich geschrieben wurde. Das Lied heißt »Göttingen«, und gesungen wurde es von der französischen Sängerin Barbara, die etwa zwei Jahre vor Ofra Haza gestorben ist. Dieses Lied voll Weichheit, Zartheit und Wärme zeugt von der Fähigkeit der Franzosen, trotz ihrer Erfahrungen mit deutscher Besatzung, mit Haß und Zerstörung, die deutsche Universitätsstadt Göttingen und deren blonde Kinder zu lieben, »Helga und Hans«, die »die Geschichte unserer französischen Könige, glaube ich, besser kennen als wir«. Denn die Märchen unserer Kindheit, die mit »Es war einmal« beginnen, singt Barbara, die beginnen in Göttingen. Das Lied spielt dabei auf die Gebrüder Grimm an, auf Jacob und Wilhelm, die vor zweihundert Jahren hier lebten und lehrten. »Denn die Kinder sind die gleichen, in Paris und in Göttingen.«

Barbaras Chanson ist wunderschön. Aber nein, wir können das nicht. Ein solches Liebeslied, so voller Inspiration, zart und lyrisch und menschlich, ist uns für Deutschland nicht möglich. Kein israelischer Texter oder Sänger könnte solch einen Chanson verfassen. Es gibt auf hebräisch Liebeslieder für Rußland, Griechenland, Arabien, manche israelischen Künstler haben sich mit großer Liebe der christlichen Musik zugewandt. Wie groß aber ist der Abstand zwischen der Möglichkeit, im Vatikan mit der präzisen, einfühlsamen Stimme Achinoam Ninis das »Ave Maria« vorzutragen, und der Unmöglichkeit, über die Ähnlichkeit der Kinder von Jerusalem und Berlin zu singen. Dieses Lied wird nicht gesungen werden, heute nicht und vielleicht auch zukünftig nicht.

Die Franzosen sind zu solcher Großzügigkeit fähig, der Großzügigkeit der Besiegten, die letztlich gesiegt haben. Wie in dem schönen Buch von Romain Gary, *Les cerfs-volants*, sind sie noch fähig, ihre Liebe zu dem Guten, Edlen und Feinen in Deutschland zu bekunden. Doch uns, die wir viel mehr als besetzt und alles andere als Sieger waren, bleiben Lieder wie »Göttingen« versagt.

Wer Lust hat, nackte Deutsche in Mengen zu sehen, braucht nicht weit zu gehen. In den städtischen Schwimmbädern Berlins gibt es mindestens einen FKK-Abend pro Woche. In den Berliner Saunen – allen Saunen, egal ob öffentlichen oder privaten, in Hotels oder Fitneßcentern – ist Nacktheit nicht Recht, sondern Pflicht. Hier sitzt man nicht in Badeanzügen auf den dampfenden Holzbänken: Das verstößt gegen die Hygienevorschriften, erklärte man uns prompt und höflich. Man kann sich also nach Belieben an Frauen und Männern aller Altersstufen und Muskelbeschaffenheiten satt sehen, die am Beckenrand oder in der engen, glühenden Holzkabine ihre Nacktheit völlig natürlich und manchmal auch demonstrativ zur Schau stellen.

Anders als in den angelsächsischen Ländern mustern die Menschen einander hier ganz offen. Hin und wieder schreitet ein echter Exhibitionist – mal ein alter Mann, mal ein hübscher Jüngling – langsam den Beckenrand ab, sein Glied schwingt hin und her wie das Pendel des Metronoms auf dem Klavier. Deutsche Nacktheit interessiert mich. Sie weckt Erinnerungen an die bloßen Brüste skandinavischer Volontärinnen im Kibbuz-Schwimmbad, an die bloße Haut deutscher Touristen unter den Duschen am Strand des Toten Meers. Mit welcher Schnelligkeit haben die Nordeuropäer sich ihrer Kleider entledigt, als die Zügel protestantischer Moral erst einmal gelockert waren. Wie leicht fällt den Nachfahren der Teutonen das Nacktsein. Es ist keine kindlich unschuldige Nacktheit wie in Florida oder Kalifornien, sondern eine sehr physische Nacktheit, spannungsgeladen, archaisch, als sei eine uralte Weisung hier wieder aufgelebt. Etwas, das im Blut liegt.

Ich muß hier einen scharfen, harten Übergang machen, in freier, spontaner Assoziation, der ungestümsten aller Erinnerungsweisen, die sich dem Erinnernden aufzwingen. Man kann sich für den Versuch, diesen Übergang zu dokumentieren, entschuldigen, aber es wäre nicht richtig, ihn zu verdrängen.

Angesichts einer grünen Wiese voll nackter Körper in der Sonne befallen den israelischen Beobachter unwillkürlich, assoziativ, die Bilder reihenweise in den Tod marschierender nackter Menschen in den Vernichtungslagern. Die weiße Haut, die vorstehenden Knochen, die Scham, die Hände, die möglichst viel zu verbergen suchen, die nach vorne gebeugten Schultern. Nacktheit liegt den Juden nicht im Blut. Wir sind kein Volk, das zur Entblößung neigt. Keine Exhibitionisten, zumindest nicht, was das Zur-Schau-Stellen des nackten Körpers betrifft. Kollektive Nacktheit ist für uns ein Ablegen der Menschlichkeit, der Verlust der Gottgleichheit, ein Zeichen des nahen oder des bereits eingetretenen Tods. Nicht so bei den Deutschen, deren Nacktheit, wie die Worte ihrer Sprache, ein weites Spektrum an Bedeutungen umfaßt – die meisten unschuldig, alltäglich, bar jeden Grauens. In dieser neiderregenden Unbekümmertheit liegt die wahre Ungleichheit zwischen den Enkeln der Opfer und den Enkeln der Mörder. Zwischen Unschuldigen und Unschuldigen. Zwischen Erinnernden und Erinnernden.

Denn das Problem ist ja nicht das Erinnern allein: Viele Deutsche erinnern sich sehr wohl, erinnern sich und wissen und lehren es ihre Kinder und werden es nie vergessen. Das Problem liegt im assoziativen Schmerz, beim Entschlüsseln der Zeichen. Euer Alltag, meine deutschen Freunde, die ihr euch zu erinnern wißt, ist voller Dinge, die ihr nicht wahrnehmt, voll einfacher Worte, unschuldiger Bilder und nebensächlicher Dinge, die für mich bedeutungsvoll sind, für mich sind sie unheilverkündend, und für euch nicht: Das ist euer Leben, das ist eure Sprache.

Aber wer, wie ich, wie wir, deutsche Worte durch Shoah-Geschichten gelernt hat, wird ewig darauf gehen wie Andersens Meerjungfrau, die bei jedem Schritt ihrer neuen Füße einen Messerstich in den Sohlen spürte: »Aufmachen«. »Aussteigen«. »Raus«. »Achtung«. »Arbeit«. »Frei«. Jedesmal, wenn wir im Restaurant gefragt werden, ob der Stuhl neben uns »frei« ist, verspüren wir den schneidenden Schmerz der Meerjungfrau. Eure unschuldige Nacktheit am Seestrand im grünen Berliner Sommer läßt uns das dünne, unsichtbare Schleiergewebe von Unheilvollem spüren, das uns umgibt. Dinge, die für euch vollkommen bedeutungslos sind, werden für uns immer die Mahnung sein, die uns wie ein Messerstich durchbohrt.

Im Verlauf des Winters merke ich, daß Berlin voller Geheimnisse und zu entschlüsselnder Zeichen steckt. Suche sie, und sie tauchen allerorten auf. Zwei israelische Frauen, die zwei verschiedenen Generationen angehören, sagen genau dasselbe. Zipora Kagan, Professorin für Literatur an der Universität Haifa, kam im Herbst 1983 hierher, »um die Zeichen richtig zu deuten«. Die Zeichen, die sie suchte, bezogen sich auf das spannungsgeladene Dreigestirn Bialik – Thomas Mann – Kafka in der Zeit des Ersten Weltkriegs und waren wie ein zukunftsweisender Pfeil vor blinden Augen. »Seit fast hundert Jahren tauchten ›Inschriften‹ an den Wänden Berlins auf«, schreibt sie. »Diese Menetekel, die nicht richtig und nicht zur richtigen Zeit gelesen wurden, bestimmten unser Geschick. Und heute muß man herkommen und sie lesen.« Berlin »ist eine Stadt, die wir jahrzehntelang boykottiert haben«, fährt Kagan fort, »und damit boykottierten wir auch einen wichtigen Teil unserer gesellschaftlichen und kulturellen Autobiographie, deren Wurzeln mit tausend Fasern im Boden der Stadt verankert waren, bis der Bruch eintrat«. Zipora Kagan kam, um den Boykott zu brechen – als Literaturwissenschaftlerin kam sie her, als geübte Spurenleserin.
Nirit Ben-Josef wiederum kam nicht, um etwas zu durchbrechen oder zu entschlüsseln. Sie ließ sich wegen ihrer Liebe zu Heinz in Berlin nieder. Studierte Film und gründete eine Familie. Aber nach und nach »zeigte mir die Stadt selbst mit allen möglichen kleinen Überraschungen, die mich im Innersten trafen, ihr wahres Gesicht«. Ein solches Menetekel an der Wand entdeckte sie im Keller ihrer Stammapotheke in Kreuzberg. Denn eines Tages ging der türkische Inhaber mit ihr in den Keller hinunter und zeigte ihr ganze Regale voll alter Arzneiflaschen, Papiere und Urkunden, alles aus der Vorkriegszeit. Und er erzählte ihr, daß eines Tages plötzlich ein alter Jude aus der Schweiz bei ihm aufgetaucht sei, sich mit stummem, traurigem Blick umgeschaut und ihm dann gesagt habe: Nein, ich will nichts wiederhaben, nur die Zusicherung bekommen, daß Sie meine Apotheke nie an Deutsche verkaufen.

Diese Geschichte im Keller bewirkte etwas bei Nirit. Denn plötzlich enthüllten sich ihr weitere Geheimnisse, weitere Zeichen. Als sie mit ihrem Sohn im Kinderwagen auf dem Kreuzberger Friedhof am Mehringdamm spazierenging, sah sie auf einmal Gräber berühmter Juden, solcher, die sich hatten taufen lassen, und auch solcher, die dem Davidstern treu geblieben waren, und fragte sich: Was ist hier eigentlich los? Und sie fing an zu lesen. Sie las und las, und bis heute liest sie nachts, bereitet sich auf jede Gruppe israelischer Touristen vor, als wäre es ihre erste. Für den Fall, daß weitere Wände plötzlich weitere Inschriften freigeben, denn die Stadt ist ja, wie der Wald, ein einziger großer Text.

Das ist etwas, das Berlin, meine ich, den Israelis offenbart: Nichts ist hier einfach und bedeutungslos. Ja, schlimmer noch, auch in unserem Innern ist anscheinend nichts einfach und bedeutungslos. So viele Geheimschriften gilt es zu entziffern, wenn wir die Schrift an der Wand nur als solche erkennen. Mag man sie auch auf vielen Wegen übertüncht, übermalt und verwischt haben, wie in einem alten Brecht-Gedicht, so bleibt die Inschrift doch immer eine Inschrift. Wenn wir nur bereit sind, sie wahrzunehmen. Wenn wir den Code als solchen erkennen.

Metropolis

Wie Jerusalem, wie alle alten Städte, hat auch Berlin Tore: das Brandenburger Tor, das Kottbusser Tor und das Oranienburger Tor – Tore, die einst Bauern und Waren und Soldaten und Reisende von nah und fern in die Stadt ließen. Oft war ein solches Tor, das man passieren mußte, um vom Land in die große Stadt zu gelangen, nach einer anderen Stadt benannt, einer Kreis- oder Bezirksstadt, zu der der Weg in anderer Richtung führte. Auf diese Weise gaben die mittelalterlichen Städte einander Signale über große Entfernungen, über riesige Landstriche hinweg, in denen es keine Städte gab, nur Felder, Dörfer, Brachland, Wälder und Sümpfe.

Nicht so Tel Aviv. Tel Aviv weiß nichts von der uralten Geographie einer Welt, in der Ortschaften spärliche Punkte in einer archaischen Landschaft waren. Diese Stadt, die eines Morgens erfunden und nach dem Titel eines Buches benannt wurde, Israels Metropolis, ist eine Stadt ohne Tore. Tel Aviv kennt von Geburt an das Geheimnis neuer Städte: Die Stadt selbst ist das Tor. Die Stadt führt zum Land, nicht das Land zur Stadt. Ja, die moderne Metropole vergißt zuweilen sogar das Land und führt nur in sich selbst hinein.

Als die Stadt Berlin sich zur modernen Metropole entwickelte, blieb das Brandenburger Tor in ihrer Mitte stehen, als symbolisches Tor, auf dem die Quadriga der Siegesgöttin thronte. Später wurde es zu einem verschlossenen Tor, einem Tor, das den Osten gegen den Westen abriegelte. Heute steht es dem Durchgangsverkehr wieder offen, allerdings nur in Ost-West-Richtung, ein Symbol für das Aufgehen des Ostens im Westen. Aber das Brandenburger Tor führt längst nicht mehr in die Stadt hinein oder aus ihr hinaus. Die Stadt selbst ist das Tor. Ein Tor wohin?

In Fritz Langs Film *Metropolis* dienten die Bewohner des unterirdischen Berlins, Fabrikarbeiter in fleckiger Montur, den Goldkindern des oberirdischen Berlins, für die das Leben immerwährendes Spiel, die Welt ein einziger großer Tennisplatz war. Der Weimarer Liebe zu hypermodernen Formen, mit ihrer Faszination für Maschinen und die Musik der Motoren, jener Liebe, die Herr Grundeis dem naiven Emil preisgibt, ist auch Fritz Lang erlegen. Seine metallische *Metropolis* war viel schöner als die Hölle. Ihre Welt der Aufzüge und Automaten war prächtig wie eine futuristische Multimediaschau. Der Ton, den dieser Film aus der Stummfilmzeit noch gar nicht haben konnte, schwingt dennoch mit und ist aufwühlend wie das, was sich bei einer Acid-Party in den Köpfen der Anwesenden abspielt. Ohne Ton sprach die Berliner Metropolis damals direkt mit Manhattan. Ohne Ton spricht sie heute direkt mit Tel Aviv.

Wenn auch am Ende des Films die Liebe über Kapital und Maschine siegt und die Arbeiter sich mit den Töchtern ihrer Herren in einem phantasierten Triumph des Sozialismus verbinden, dominiert sie doch immer noch das hypermoderne Bühnenbild, das Erich Kettelhut geschaffen hat. Kein Filmmuseum ist vollständig ohne diesen Film. Das war die große Zeit der Berliner Filmkunst, die die Nazis vernichteten, ja trotz Leni Riefenstahl so vollständig vernichtet haben, daß sie nie wieder aufleben konnte. Die Ufa-Studios gingen bei der Produktion von *Metropolis* beinahe in Konkurs: Zehntausende von Statisten wirkten mit, darunter allein tausend kahlgeschorene Männer in einer unvergeßlichen Szene. Von *Metropolis* – so rufen die Wolkenkratzer Fritz Langs, Stahlgebirge über Stahlgebirge – kann kein Weg mehr zurückführen zu Steinhäusern, barocken Gesimsen und Kastanienalleen am Fluß.

Die Stadt wurde zur Metropole, und die Metropole trennte sich von den Feldern und Wäldern und Fluren ringsum, ihre Tore verwandelten sich in bloße Symbole. Die Metropole führt jetzt nur noch zu sich selbst und spricht nur noch mit anderen Metropolen, solchen in Übersee, nicht mehr mit Kreis- und Bezirksstädten. Dieser Akt, die Verwandlung der Metropole in eine Endlosschleife, in ein Fließband, das Waren, Menschen und Kunstwerke in einem schönen, fensterlosen Labyrinth rotieren läßt, war die große Neuerung des modernen Berlins. Aber man muß auch die Möglichkeit in Betracht ziehen, daß Fritz Lang sich geirrt haben könnte. Daß die Moderne ihre eigene Größe überschätzt hat. Schließlich sind die Barockbauten, die Felder und die Kastanienbäume noch da. Und das Tor Berlin führt in viele verschiedene Richtungen, nicht nur in sich selbst hinein. Alle Israelis, mit denen ich in Berlin gesprochen habe, konnten mir sagen, wohin das Tor für sie führt, und die Antworten fielen unterschiedlich aus: in die Geschichte, ins Grauen, in die Komplexität, in die Faszination, in die Liebe, in die Ambivalenz, zu den Texten, in die verborgenen jüdischen Speicher, nach Europa.

In München gibt es viel mehr Israelis, sagt mir Guy Sachar. Einmal haben wir dort eine große Sederfeier organisiert, zu der sind an die zweihundert Israelis gekommen. München ist auch viel geschliffener, verfeinerter, es hat seinen eigenen Stil. Man kleidet sich dort teuer, viel »Schickimicki«. Und München ist auch nicht so langweilig wie Frankfurt. Es hat auch Geschichte: Das »Dritte Reich« hat dort begonnen. Trotzdem hat mich Berlin viel mehr angezogen.

Guy Sachar vertritt in Berlin die israelische Bank Leumi. Er hat die Berliner Vertretung im Jahr 1998 mit aufgebaut. Guy ist in der Pinsker-Straße, mitten in Tel Aviv, aufgewachsen. Sein Vater kommt aus Lodz; sein Fluchtweg führte über Sibirien. Guy studierte Soziologie und Psychologie, leitete ein soziales Projekt, arbeitete für den Knesset-Abgeordneten Gad Yaacobi und wechselte dann in den öffentlichen Dienst über. Nach Deutschland kam er, weil das Land ihn interessierte: wegen der Fortbildungs- und Arbeitsmöglichkeiten und auch wegen des »Dritten Reichs«.

Als sich für ihn die Chance eröffnete, in Berlin arbeiten zu können, war klar, daß er mit seiner Frau und seiner zehnjährigen Tochter hierher übersiedeln würde. Er kam, ließ sich nieder und begann, Stadtrundgänge mitzumachen. Seither saugt er Berlin durstig auf. Denn Berlin steckt voller Geschichte. Seine Wißbegier richtet sich auf das »Dritte Reich«, außerdem interessieren ihn die Berliner Juden von einst, die säkularen Freidenker der Aufklärungszeit. Denn er weiß, daß in Rahel Varnhagens berühmtem Salon des 19. Jahrhunderts, in dem Juden und Deutsche zu Gast waren, ein alles andere als orthodoxer Geist herrschte. Die Juden damals hatten etwas, sagt er. Vielleicht können wir bei ihnen etwas wiederfinden, was heute nur die Religiösen haben, die im Besitz der Überlieferung, der Schriften sind. Und wir säkularen Israelis haben nichts. Wir haben nichts?

Gut, gibt Guy zu, auch bei uns hat sich schon ein gewisses Identitätsbewußtsein herausgebildet, aber das ist noch ganz in seinen Anfängen.

Für Guy Sachar, wie für Nirit Ben-Josef, kann allein die Geschichte dieses Bewußtsein in ein kritisches Bewußtsein verwandeln. Nirit ist manchmal völlig entgeistert über die Indifferenz israelischer Touristen und Tel Aviver Reiseagenten, die mit Berlin nichts anfangen können. Wo liegt Berlin überhaupt, wurde sie gefragt, und wen interessiert es? Und dazu die Ignoranz: Eine der israelischen Hochglanzreisezeitschriften übersetzte »Unter den Linden« mit »Schderat atze ha-limon« – »Allee der Zitronenbäume«. Nirit schaudert es angesichts solcher Nachlässigkeiten. Wer aus Linden Zitronenbäume macht, hat seine Hausaufgaben nicht gemacht. Weder im Fach Deutsch noch im Fach Geschichte. Israelis, die sie privat besuchen, entschuldigen sich manchmal beinahe: Zu Hause hat man uns gefragt, wieso denn Berlin, und wir wußten nicht, was wir antworten sollten.

Guy Sachar kann ihnen sagen, was sie antworten können. In dem Café in der Bleibtreustraße preist er mir Berlin in schnellen, fließenden, fast geschäftsmäßigen Sätzen an, aber nicht wie jemand, der seine Marketingstrategien abspult, sondern wie jemand, der viel über etwas Beunruhigendes nachgedacht hat. München? Dort habe ich mir das Hofbräuhaus angeschaut, in dem Hitler geredet hat. Aber hier – hier war die Gestapozentrale. Von hier gingen die Befehle aus. München hat nur das begonnen, was Berlin dann wirklich ausgeführt hat.

Wenn die Vergangenheit derart fesselnd, derart faszinierend ist, warum lebst du dann nicht in Polen, dem Herkunftsland deines Vaters? frage ich. Guy retourniert die Frage wie ein geübter Tennisspieler den Aufschlag eines Anfängers: Polen ist leer, tot, Tabula rasa. Was willst du dort machen. Außerdem ist die Maschinerie ja von hier aus angelaufen.
Als das Gespräch sich hinzieht und es Abend wird, frage ich Guy Sachar, warum er Berlin liebt, was er Gutes an der Stadt findet. Berlin hat schon gesiegt, antwortet er, hat Deutschland besiegt. Berlin ist eine offene Stadt, sie ist voller Nuancen. Jeder kann so herumlaufen, wie er will, kann in ihr finden, was er sucht. Medien, Kunst, alles. Und das nicht nur, weil Berlin dreieinhalb Millionen Einwohner hat. Selbst wenn andere Städte diese Einwohnerzahl erreichen würden, wären sie noch nicht Berlin. Nur Berlin hat das zusätzliche »gewisse Etwas«. Berlin ist ein bißchen schmuddelig, ein bißchen kaputt, ein bißchen undeutsch. Berlin ist nicht »schikkimicki«. Wir ...
Israelis?
Ja. Wir Israelis brauchen dieses ein bißchen Kaputte.

Im Frühling wird der Tiergarten explosionsartig zu einem betäubend duftenden Blütenmeer. Der Flieder trägt lila Glöckchen, die Kastanien setzen weiße Kerzen auf, als hätte jemand ihnen auf dem nahen Markt, in der Straße des 17. Juni, vorgefertigten Baumschmuck gekauft. Kein Mensch hat uns erzählt, wie schön Berlin eigentlich ist.
Ich bin in Haifa geboren, sagt Michel Assli, aber wir sind dann nach Akko umgezogen. Wir sind acht Geschwister. Mein Zwillingsbruder arbeitet bei der israelischen Discount Bank. Meine Schwester Almasa lebt mit ihrem palästinensischen Ehemann in Jordanien. Sie hat einen jordanischen Paß bekommen, und dann hat man ihr unglaubliche Scherereien gemacht, bis man ihr ihren israelischen Personalausweis wieder ausstellte. Meine Schwester Alia hat in Naharia Modedesign studiert, meine Schwester Ilen in Haifa Elektrotechnik und unterrichtet jetzt Mathematik in der

Jugendstrafanstalt, in der mein Vater stellvertretender Leiter ist.

Michel ist im Alter von neunzehneinhalb Jahren nach Berlin gekommen. Mit dem Segen seiner Eltern. Ein Onkel mütterlicherseits hat hier einmal mit Frau und Tochter gelebt und als Pfleger im Krankenhaus gearbeitet. In Akko hat Michel erst die jüdische Grundschule, dann das polytechnische Gymnasium besucht. Wir wohnten im neuen Teil von Akko, erklärt er, dem mit den großen Wohnblocks, und Mutter wollte, daß wir Kinder keinen weiten Schulweg haben sollten. Michel hat dieses Hin und Her zwischen jüdischer und arabischer Welt zerrissen. Dieser Konflikt hat mich verrückt gemacht, sagt er. Wenn in den besetzten Gebieten etwas passierte, Anschläge, hier Tote und dort Tote. Ich lebte mit den Juden zusammen und gehörte zu den Arabern.

Michel hört mir zu, wenn ich von Israelis in Berlin spreche. Angespannt und konzentriert, ein geübter Leser zwischen den Zeilen, prüft er, durch welchen Spalt er hier hereinschlüpfen soll.

Ich bin Israeli, sagt er, als es ihm zu dumm wird, auf meine entsprechende Frage zu warten. Ich bin Israeli, Punkt. Aber ich bin wie andere Araber, fühle mich nicht wirklich wohl in unserem Land, auch das ist eine Tatsache. Manchmal, wenn die Leute merkten, daß ich Araber bin, hieß es: Aber du siehst doch vollkommen israelisch aus. Was soll das denn heißen? Ich verstehe überhaupt nicht, was das soll.

Wir sitzen im Tiergarten, im Café am Neuen See. Das Wasser ist ganz grün, weil die Bäume sich darin spiegeln, und auch die Farben der Blüten spiegeln sich darin wider, rosa, weiß und violett.

Hat es in der Schule in Akko Rassismus gegeben?

Nur selten. Ich bin ja zusammen mit ihnen aufgewachsen, seit der Kindergartenzeit. In der elften Klasse hat einer mal »stinkender Araber« zu mir gesagt, weil ich ihn nicht abschreiben lassen wollte. Daraufhin hat ihn mein Zwillingsbruder George grün und blau geschlagen. Wir sind keine eineiigen Zwillinge.

Und hier in Berlin, wie ist es hier?

Hier in Berlin sage ich den Leuten, ich bin Israeli. Aha, sagen sie,

dann bist du Jude. Nein, sage ich, ich bin Araber. Aha, sagen sie, dann bist du Moslem. Nein, sage ich, ich bin Christ. Und wenn ich ihnen erkläre, daß ich ein israelisch-arabischer Christ griechisch-orthodoxer Konfession bin, dann wissen sie überhaupt nicht mehr, was sie mit mir anfangen sollen. Sie meinen, ich wäre eine Mixtur aus allem möglichen. Aber ich bin überhaupt keine Mixtur.
Hast du in Berlin Rassismus erlebt? Antisemitismus?
Nicht persönlich, aber mitgekriegt habe ich es schon. Ich saß in der U-Bahn. Dort saßen auch zwei schwarze Frauen. Dann stieg ein deutsches Paar ein. Sie sahen völlig abgefuckt aus, diese Deutschen. Es brach ein Streit aus, und die Deutsche sagte zu der einen Schwarzen, kratz du dir erst mal den Dreck von der Haut. Was hat die mich angeekelt, diese Deutsche.
Überhaupt, fügt Michel hinzu, habe ich Probleme mit der deutschen Mentalität.
Was für Probleme?
Schau sie dir doch an. Nicht hier, hier sind die meisten jung, aber schau sie dir in der U-Bahn an. Kalt. In sich verdorrt. Ihre Gesichter drücken überhaupt nichts Lebendiges mehr aus. Auch ihr Lachen ist trocken. Ich will nicht verallgemeinern, aber trotzdem.
Die Shoah – geht sie dich etwas an?
Sie ist nicht ein Teil meines Lebens. Ich hatte hier in Berlin einen israelischen Bekannten, wenn der mit mir durch die Straßen ging, hat er die ganze Zeit die alten Leute gemustert – was sie früher wohl gemacht haben. Aber ich nicht. Ich habe im Gymnasium einmal eine Arbeit über die Shoah geschrieben, aber es berührt mich nicht persönlich. Nicht besonders.
Michel arbeitet schon seit zwei Jahren im Café Berio, fünf Tage in der Woche, Tagschicht, manchmal auch abends.
Hättest du gerne die deutsche Staatsbürgerschaft?
Ich weiß nicht. Das macht das Leben in Europa einfacher, aber ich würde nicht gern auf die israelische Staatsbürgerschaft verzichten. Ein israelischer Freund von mir hat sie aufgegeben, um sich hier einbürgern zu lassen, und dann ist er nach Israel zurückgegangen, im Status eines »Wiedereinwanderers«. Aber als Araber? »Wieder-

einwanderer«? Nie im Leben lassen sie das zu. Doppelte Staatsbürgerschaft – herzlich gerne, damit wäre ich sehr einverstanden. Möchtest du dein ganzes Leben hier bleiben? Nein, nein, nein, nein. Wirklich nicht. Hier ist es nur eine Zeitlang schön. Und wenn ich Berlin verlasse, dann wahrscheinlich Richtung Israel. Aber ich habe auch nichts gegen die USA.

Berlin nahm den Dialog mit Jerusalem auf, als Moses Mendelssohn 1783 seine Schrift *Jerusalem oder über religiöse Macht und Judentum* veröffentlichte. Von Mendelssohn an blieb Jerusalem am Berliner Sehnsuchtshorizont. Jerusalem hatte seine Anziehungskraft auf das aufgeklärte, das romantische und vor allem das nationalbewußte Berlin. Das ganze 19. Jahrhundert hindurch entsandte Deutschland einen Strom von Reisenden, Forschern, Pilgern und Spinnern in den Vorderen Orient. Jene jedoch, die aus Berlin, der preußischen Hauptstadt, kamen, wahrten stets streng die akademische Vernunft und das realpolitische Kalkül. Nicht aus Berlin kamen die Templer, um im Heiligen Land ein Leben in Reinheit zu führen. Aus dem Süden Deutschlands kam die kollektive pietistische Inbrunst, kamen jene, die die Deutsche Kolonie in Jerusalem gründeten. Von dort gelangte das »Straßendorf« nach Emek Refa'im in Jerusalem, mitsamt seinen klotzigen dreieckigen Steingiebeln und grünen Fensterläden, die Häuser, die Friedrich Ehmann und Friedrich Eberle für die Gründergeneration und – so dachten sie, so glaubten sie – für deren Kinder und Kindeskinder bauten.
Nicht Berlin ist der Herkunftsort des süddeutschen Barocks des Schneller-Areals, des Lepra-Krankenhauses, der Bauten von Conrad Schick. Und bestimmt ist es nicht der Herkunftsort des bombastischen neoromanischen Katholizismus der Dormitio-Kirche auf dem Zionsberg. Die Dormitio-Kirche scheint geradewegs dem mittelalterlichen Dom von Worms, das die Juden Warmaisa nannten, entsprungen und nach Jerusalem gebracht worden zu sein, als seien jene alten Judenverfolger für einen Augenblick ihren Gräbern entstiegen und bis nach Jerusalem gekommen, um das wiedereinzufordern, was die Kreuzritter aufgegeben hatten – mit den

Ungläubigen im Orient und den Abtrünnigen im eigenen Land endgültig abzurechnen.
Denn auch in Jerusalem stehen der deutsche Katholizismus und der deutsche Protestantismus einander in eisigem Schweigen gegenüber. Über ihren Gott und der Wohltätigkeit geweihten Häusern, die die unterschiedlichen Glaubens- und Stilrichtungen aus dem Rhein- und Donautal in Jerusalemer Stein übersetzten, schwebt ihr alter Zwist zwischen vielen weiteren alten Zwisten in der klaren, durchsichtigen Luft.
Jerusalem hat sie alle in die Irre geführt: die Katholiken mit ihren schweren Kutten, die Lutheraner mit ihren verkniffenen Lippen, die Kreuzritter von Emek Refa'im – dem »Gespenstertal«. Hundert Jahre sind vergangen, und ihre Namen sind ausgelöscht, es gibt keinen Ehmann, keinen Eberle mehr. Aber auch die Juden hat Jerusalem ein wenig irregeführt: Jene roten Ziegeldächer haben sich tief in die israelische Seele und die israelische Landschaft eingeprägt, wie der ironische Abdruck einer unsichtbaren Hand, einer Gespensterhand.
All das war nicht nach Berliner Geschmack. Schließlich zeichnete sich Berlin weder durch katholischen Prunk noch durch protestantischen Glaubenseifer aus. Als Hauptstadt des Kaiserreichs machte sich Berlin all dies zu rein weltlichen Zwecken zunutze. Sie streckte andere Fühler nach Palästina aus. Bismarck, der Eiserne Kanzler, der Deutschland einte und Berlin zur Hauptstadt des deutschen Kaiserreichs erhob, wollte Jerusalem auf die deutsche Weltkarte setzen. Bismarck verstand es trefflich, den Nutzwert christlichen Eifers und die wachsende Duldsamkeit der osmanischen Landesherren in sein Kalkül einzubeziehen, denn mit seiner realpolitischen Intuition erfaßte er, daß die Deutschen gut daran täten, in den neuen Jerusalemer Vierteln außerhalb der Altstadtmauern Fuß zu fassen und Flagge zu zeigen.
Im Jahr 1898 ritt Kaiser Wilhelm II. in Jerusalem ein und gründete zu Ehren seiner gnädigen Frau Gemahlin eine Stiftung, aus deren Geldern eine große wohltätige Einrichtung auf dem Ölberg gebaut werden sollte, der Auguste-Viktoria-Hospizkomplex. So

kam Berlin nach Jerusalem und schuf sich dort eine facettenreiche Präsenz zur Wahrnehmung seiner Interessen, Wohltätigkeit, Heilkunde, Diplomatie, eine sanfte Andeutung von gewaltigeren Dingen, die noch folgen sollten. Das Krankenhaus auf dem Ölberg, das den Namen der Kaiserin trug, beherrschte das Stadtbild alsbald im Osten wie der Vorposten einer emporstrebenden Zivilisation. Und auf seiner Front wurde nicht nur der heilige Georg mit seinem besiegten Drachen in Stein gemeißelt, sondern auch ein scharfäugiger deutscher Adler.

Der Drache und der Adler prangen dort immer noch, ein steinernes Denkmal für den Zusammenbruch der deutschen Zivilisation. Wie sehr haben sich Drache und Adler in Theodor Herzl getäuscht, dem Mann, der Kaiser Wilhelms Pferd am Halfter hielt und dem gekrönten Haupt von unten nach oben, in wienerisch gefärbtem Deutsch, kurz seinen politischen Traum darlegte. So stabil wirkte damals, Ende des vorletzten Jahrhunderts, der eiserne imperiale Wille der Deutschen, verglichen mit dem nebeldünnen zionistischen Traum. Die Möglichkeit, daß Deutschland hier, auf dem Rücken der kollabierenden Osmanen, die herrschende Macht werden könnte, schien höchst real, weit realer als die Vorstellung, die Juden könnten hier eine altneue Heimstatt errichten.

Selbst den Traum von der Wiedererrichtung eines jüdischen Heimatlandes haben diese neuen Juden ja von uns, hätte der Kaiser bei sich denken oder von seinen gelehrten Beratern zugeflüstert bekommen können, aus den Schriften Herders, Schillers und Kleists, den Gemälden Caspar David Friedrichs, den Reden Fichtes. Wir sind es, die den Völkern Osteuropas gezeigt haben, was nationales Sehnen bedeutet, und sie haben es den Juden beigebracht. Wir haben ihren Traum erfunden.

Im Berlin jener Jahre zogen die ersten Juden in die ersehnten Hallen der Universität ein, um bei den protestantischen Professoren die neuen Lehren zur Eroberung der Vergangenheit zu studieren: Archäologie, biblische Philologie, vergleichende Rechtsgeschichte. Bei Mommsen und Wellhausen lernten die ersten deutsch-jüdischen Wissenschaftler den geheimen Zauber trockenen, disziplinierten Forschens kennen. Diese trockene Disziplin galt auch für diejenigen, die in der Vergangenheit des heißersehnten Landes der Vorväter stöberten oder die inneren Bezirke des geliebten Buches erkundeten, eines Buches, das schließlich, trotz allem, immer noch heilig war. Denn Wellhausen hörte nie auf, an einen gütigen Gott zu glauben, mit einem kühnen, hingebungsvollen protestantischen Glauben, selbst dann nicht, wenn er wie ein Gynäkologe mit glänzenden Gummihandschuhen das Innere des Alten Testaments untersuchte. Und seine Studenten beider Religionen glaubten – mit jenem Berliner Rationalismus, in dem auch immer geheime Liebe verborgen war –, daß der moderne Mensch nur auf diese Weise das Buch der Bücher weiter studieren könne. Je weiter sich die Berliner Juden vom Toraschrein der Synagoge entfernten, je mehr sie ihn zu etwas Symbolischem und Abstraktem machten, desto mehr zog es das neue akademische Deutschland, einschließlich seiner jüdischen Vertreter, hin zu den Verführungen des Orients, zu historischen Entdeckungsreisen und zur Erforschung des frühen Judentums.

Danach kam der Zionismus nach Berlin. Er kam von außerhalb hierher, aus dem Rußland der frühzionistischen Bewegung Chibbat Zion, »Zionsliebe«, und aus Herzls Wien. Und er brachte das jüdische Berliner Bürgertum in Verlegenheit. Das jüdische Berlin tat sich schwer mit dem realen Jerusalem. Den ersten Zionistenkongreß wollten seine Organisatoren gern in Berlin einberufen, und wenn nicht in Berlin, dann wenigstens in einer anderen deutschen Stadt. Doch gerade die deutschen Juden sprachen sich dagegen aus, und zwar mit klarer Mehrheit. Das Berlin, das Jerusalem einen Korb gab, war ein blühendes und gedeihendes deutsch-jüdisches Berlin, das aber um seinen Status fürchtete. Eine Gemeinde, die sich ständig genötigt sah, die osteuropäischen Juden in ihren schwarzen Kaftanen von sich abzuschütteln. Ihr Deutsch von allem zu reinigen, das an das Jiddische erinnern konnte, vom Akzent, von grammatikalischen Eigenarten, von idiomatischen Redewendungen. Das jüdische Berlin, seit drei Generationen bürgerlich, die Stadt der Enkel von Moses Mendelssohn und der Eltern von Gershom Scholem, empfing den Zionismus nicht mit offenen Armen.

Aber die neue Sehnsucht nach Jerusalem ergriff dennoch einige Herzen, zumal sich nun in Berlin Menschen bewegten, die tatsächlich schon Jerusalemer Boden betreten hatten. Agnon kam von dort nach Berlin. Junge Leute aus den neuen landwirtschaftlichen Siedlungen kamen zum Studium. Reisende kehrten mit Berichten von dort zurück, Maler mit Aquarellen und Ölgemälden. Und für jene Berliner Bürgersöhne und -töchter, die erneuern oder provozieren wollten, ohne jedoch mit den Sozialisten im Umkreis von Rosa Luxemburg und Karl Liebknecht viel anfangen zu können, bot der Zionismus vielfältigen Zauber: lebendiges Judentum, neues jüdisches Nationalbewußtsein, eine Ideologie der Gerechtigkeit und der Erneuerung des Menschen, ein Land der Vorväter, fern und sonnenüberflutet.

So ging der junge Gerhard Scholem – gegen den väterlichen Willen und anders als seine drei Brüder – von den Assimilierten zu den Zionisten über. »Von Berlin nach Jerusalem«.

Der Erste Weltkrieg zerschmetterte die Achse Berlin–Jerusalem nicht, er veränderte sie nur von Grund auf. Die besiegte Hauptstadt einer aufgezwungenen Republik beeinflußte weiterhin den Aufbau jener jüdischen Stadt, die nunmehr unter britischem Mandat stand und in jenem politischen und seelischen Freiraum gedieh, den die Balfour-Erklärung gewährt hatte. Aus einer anderen Konstellation und aus anderen Gründen heraus beschickte Berlin Jerusalem weiter mit Architekten und Grundsätzen, Modellen und Träumen. Die Kontinuität blieb gewahrt. Nur waren die Architekten jetzt jüdische Einwanderer, die erst aus freien Stücken, dann aus Furcht und Angst kamen, und mit ihnen kamen die Bankiers, die Industriellen, die Ärzte, die Landwirte, die Hoteliers und Pensionsbesitzer, die Juristen und die Kinder der Jugendalija von Recha Freier und Henrietta Szold. Keine genau kalkulierte imperiale Präsenz mehr, die auf ihre Stunde lauerte, sondern Wellen von Flüchtenden. Unter ihnen Tausende von Ber-

linern, die gezwungenermaßen zu ehemaligen Berlinern geworden waren.
Das war die Zeit, in der Berlin das Gesicht Jerusalems, Haifas und Tel Avivs veränderte. 125 der 440 in der Mandatszeit tätigen Architekten – so der Historiker Yoav Gelber – waren Jeckes, also Juden aus Deutschland. Die Stadt Berlin entsandte, später vertrieb ihre großen Architekten nach Jerusalem: Richard Kauffmann und Erich Mendelsohn. Und in ihrem Gefolge kamen viele weitere, die den gewaltigen Aufbruch der Weimarer Zeit miterlebt hatten, das Zusammentreffen von Jugendstil und internationaler Moderne, diese Eruptionen von Manifesten, die von Berlin ausgingen und sich später zwangsweise über drei Kontinente verstreuten. Beim Untergang der Weimarer Republik kamen die Flüchtlinge des Bauhauses, das von Weimar nach Dessau und von dort schließlich nach Berlin gewandert war, wo die Nazis es endgültig schlossen.
Der große Durchbruch ereignete sich schon Anfang der zwanziger Jahre. Jerusalem, plötzlich vom osmanischen Gängelband befreit, betraute Richard Kauffmann, der 1920 aus Berlin eingetroffen war, mit der Planung seiner neuen Gartenviertel. Es waren sechs an der Zahl: Talpiot, Kirjat Mosche, Bajit Vagan, Bet Hakerem, Makor Chaim und Rechavia. In Rechavia verwandelte sich Kauffmanns Konzept in ein lebendiges Gemeinwesen. Rechavia wurde ein ethnisch homogenes Wohnviertel. Seine Häuser, Grünanlagen, Cafés und das Gymnasium waren ganz vom Geist des deutschen Bürgertums getragen. Sogar die Innenhöfe der großen Wohnblöcke verzweigten sich in getrennte Wege, die zu separaten Eingängen führten, zu einer häuslichen Privatsphäre, die den üblichen sozialistischen Bauten in Palästina völlig abging.
Kauffmanns Wirken ließ die Standesunterschiede und ideologischen Gegensätze, die Deutschland in jenem Jahrzehnt spalteten und vergifteten, weniger kraß erscheinen. Die neue erez-israelische Stadt kommunizierte damals in einer Weise mit den Genossenschaftssiedlungen – Kibbuzim und Moschawim –, wie schon lange Städte und Dörfer nicht mehr miteinander kommuniziert hatten. Derselbe Mann, der Rechavia und die Villa Aghion ent-

warf, die 1974, in Rabins erster Regierungszeit, die Residenz des Ministerpräsidenten wurde, derselbe Richard Kauffmann entwarf auch den fast kreisrunden Grundriß des Moschaws Nahalal.
In den dreißiger Jahren wurde das Bauhaus endgültig aus Deutschland vertrieben. Es wurde vertrieben nach Haifa, nach Tel Aviv, nach Jerusalem. Erich Mendelsohn baute das Hadassa-Krankenhaus auf dem Skopusberg so, daß es sich trotz seines modernen, geometrischen Stils harmonisch in die umgebende Landschaft einfügte. Und damit den wilhelminischen Dünkel des nahen Auguste-Viktoria-Komplexes der Lächerlichkeit preisgab. Mendelsohn erlaubte sich, entgegen seinen Prinzipien, dem Krankenhausgebäude drei runde Kuppeln im orientalischen Stil aufzusetzen, den er sonst tief verachtete – orientalischer als bei den schlimmsten englischen Romantikern. Auf der einen Seite lag das »zivilisierte« Jerusalem, und auf der anderen Seite erstreckte sich die judäische Wüste, die, wie Mendelsohn schrieb, »geradewegs in die Ewigkeit« führte. Selbst der rigoroseste Jecke mußte hier eine gewisse Ergriffenheit eingestehen. Doch andernorts blieb Mendelsohn dem internationalen Stil treu, der auch in der liebevollen Umarmung des Jerusalemsteins noch geradlinig, gläsern und metallisch blieb. Das Wohnhaus und die Bibliothek, die er für Salman Schocken baute, speziell die Bibliothek, sind in strengen und geraden Linien gehalten. Nur das große runde Fenster im Erker des ersten Stocks – eine Anspielung auf die Kontur des Kaufhauses, das Mendelsohn für Schocken zehn Jahre zuvor in Stuttgart entworfen hatte, als alles noch ganz anders aussah – unterbrach die rechteckige weiße Wand mit den kleinen rechteckigen Fenstern, auf die die Jerusalemer Sonne mit Macht prallte.
Zu den architektonischen Hinterlassenschaften Deutschlands in Jerusalem gehören die weichen und verschlungenen Ornamente des Jugendstils und die moderne Sachlichkeit. Aber auch die sentimentalen Liebhaber »einer Rückkehr zum Orient« fehlten nicht in dieser großen Einwanderungswelle. In Rechavia, der sogenannten »preußischen Insel im orientalischen Meer«, sprach man Deutsch in vielen Dialekten und Tonfällen. Jene Architekten, wie auch die

vielen anderen Jeckes oder vermeintlichen Jeckes, kamen aus verschiedenen Regionen Mittel- und Osteuropas. So erbauten nicht nur Kinder Berlins das neue Jerusalem, nicht nur aus den Charlottenburger Architektenbüros kamen während der Zeit des britischen Mandats Anregungen für die außerhalb der Altstadtmauern größer werdende Stadt.

Doch die Vielzahl der Schulen, die miteinander wetteiferten, sich gegenseitig verurteilten und zitierten, das Gärende, die Anmaßung und der Schwung – das kam aus Berlin. Nur dieses Metropolis der Weimarer Zeit konnte, wie ein facettenreicher Kristall, die aus Europa nach Palästina übersiedelten architektonischen Stile bündeln und streuen: moderne und orientalische, internationale und eklektische Stilrichtungen. In dieser Ära der vielfältigen Möglichkeiten, die Jerusalem zu dem gemacht haben, was es – unter der Hülle von Staub, Schmutz und Verschleiß – noch heute ist, hat Berlin mit Jerusalem letztmals in mehr als einer Stimme gesprochen.

Im Oktober 1942, zu der Zeit, als ein anonymer Beamter in Adolf Eichmanns Büro eine alphabetische Liste der Insassen des Kinderheims in der Hermannstraße erstellte, war die Wehrmacht auf dem Marsch von Berlin nach Jerusalem beziehungsweise – um Jerusalems Bedeutung ja nicht überzubewerten – auf dem Vormarsch nach Kleinasien, um dort in einer Zangenbewegung auf die eigenen Truppen zu treffen, die zur Schwarzmeerküste vorstießen und von dort weiter dem Kaspischen Meer zustrebten.

Das nationalsozialistische Berlin gelangte nicht nach Jerusalem. Vielleicht aufgrund göttlicher Intervention zugunsten Großbritanniens, eine von vielen seit dem Vorschlag William Blakes, »Jerusalem auf dem schönen grünen Boden Englands neu zu errichten«. Oder vielleicht, weil Montgomerys 8. Armee Generalfeldmarschall Erwin Rommel auf wundersame Weise zu täuschen vermochte und ihn mit Hilfe von Panzerattrappen und falschen Radiomeldungen dazu brachte, seine 21. Panzerdivision nun gerade im südlichen Abschnitt der Front zu postieren. Oder vielleicht dank des reinen Herzens des Dudelsackspielers Duncan McIntyre, dessen neunzehnjährigen Körper drei italienische Scharfschützen mit Kugeln durchlöcherten, während seine Finger noch die Pfeifen seines Dudelsacks drückten. Oder vielleicht, weil die ägyptische Wüste das Afrikakorps derart aushungerte und austrocknete und die Ruhr unter den deutschen und italienischen Soldaten so übel wütete, daß sogar Feldmarschall Friedrich von Mellenthin fiebernd nach Europa ausgeflogen werden mußte. Oder vielleicht, weil die kleine Gruppe jüdischer Pioniere in Palästina mit ihrem wahnwitzigen »Massadaplan« für eine letzte verzweifelte Verschanzung die Pforten des Himmels öffnete. Oder vielleicht, weil Rommel – in dem Moment, in dem er und sein Feldmarschall Siegfried Westphal den Führerbefehl in Stücke rissen, der forderte, alle feindlichen Soldaten zu töten, auch jene, die bereit waren, sich zu ergeben – begriff, nur acht bis zehn Panzertage von Jerusalem entfernt, daß es Berlin war, das fallen würde.

Von dem Soldatenethos Rommels hatten die Kinder in der Hermannstraße nichts. Auch der Heldenmut von Montys Wüstenratten half ihnen nichts. Jene Kinder wurden noch im November desselben Jahres ermordet.

Das Berlin Rommels fiel zwar, erstand aber wie ein fleißiger Phönix wieder aus Ruinen. Kaum eine Generation später wetteiferten Architekten aus aller Welt schon darum, die Stadt zum Ruhm neuer Generationen aufzubauen. Nicht zum Wiederaufbau Stalingrads haben Aldo Rossi und Renzo Piano, Norman Foster und Jean Nouvel, Richard Rogers und Daniel Libeskind ihre schönen Entwürfe erarbeitet, auch nicht für die Sanierung von Port Said, sondern für den Wiederaufbau Berlins.

Was zum Teufel habt ihr euch eigentlich gedacht, frage ich O., plötzlich wütend, während wir gerade über etwas völlig anderes sprechen. Wozu mußtet ihr die halbe Welt erobern und zerstören?

Wer, fragt O., verlegen und verwirrt über das Wort »you«, das ich verwendet hatte. Ich?

Nein. Ihr.

Die Deutschen?

Ja.
Damals?
Ja.
Schweigen.
Ich kann dir darauf keine Antwort geben, sagt O. leise. Ich kann darin nur den kollektiven Wahnsinn einer ganzen Generation erkennen. Ich sehe die Filme und höre die Tonaufnahmen und kann es nicht glauben. Ich höre jenes nationalistische Deutsch von damals, mit diesem rollenden R. Und es waren ja nicht nur die Nazis, sondern auch die Linken und die Boheme, die dieses gekünstelte, lächerlich schneidige Deutsch gesprochen haben. Hör dir Peter Lorre in Fritz Langs Film *M* an, hör dir Aufnahmen an von Max Reinhardt, Schauspieler, Regisseur und Jude. Auch sie sprachen ja dieses maskuline Deutsch der Nazis, im selben Tonfall, mit denselben Worten. »Die höchste Pflicht deutscher Knaben und Jünglinge ist es, zu deutschen Männern heranzuwachsen«, imitiert O. mit seiner klaren, schönen Stimme das bewußte rollende R, beobachtet lächelnd meinen Gesichtsausdruck und wird ernst. Was soll dieser Satz überhaupt bedeuten? Sie waren alle komplett verrückt.
Und dein Großvater, der Nazi, nicht der, der insgeheim dagegen war, sondern der Nazi – war der verrückt?
Er antwortet nicht gleich. Überlegt. Und dann, sehr konzentriert, sagt er mit der strengen, sturen Ehrlichkeit seiner lutherischen Vorfahren: Ich weiß es nicht. Die Sowjets haben ihn gleich nach dem Krieg umgebracht. Was er war, wie er war, werde ich niemals wissen.

Schon in den zwanziger Jahren – als ich Berlin zum letzten Mal gesehen habe – war es eine Kunst- und Kulturmetropole, schreibt uns Chaim Cohn, ehemals Richter am obersten israelischen Gerichtshof, aus Jerusalem. Und wer nicht *Die Fledermaus* in Max Reinhardts Regie gesehen habe, habe noch nie gutes Theater erlebt.

Es gibt Momente, so rar wie Momente wahrer Inspiration, in denen einen in Berlin Grauen überfällt. Selbst wenn alle Gebäude der Stadt Mahnmale für die Ermordung der Juden wären und alle Bäume des Waldes Rollen von Beweismaterial, würde dies nicht das in einem bewirken können, was das unvoraussehbare, völlig unerwartete Auftreten solcher Momente des Entsetzens zu bewirken vermag. Doch wenn ein solcher Moment kommt – vor einer Gebäudefront mit rechteckigen Fenstern, die noch Einschußlöcher aufweist, angesichts eines blau beschuhten Kinderfußes auf der U-Bahn-Treppe, angesichts des derben, viehischen Gesichts einer Frau auf dem Parkplatz –, dann empfindet man Vereisung und Grauen und Haß und Trauer und anderes, was keinen Namen hat. Der Moment des Entsetzens ist ein Moment der Eingebung: Etwas hat die Jahre und die Deutungen und die Mahnmale übersprungen. Etwas hat es geschafft, dich direkt zu berühren.

Dort, wo einst die Achse Berlin–Jerusalem verlief, ist jetzt eine Kluft. Die Berliner Mauer wuchs wie eine deformierte, bösartige Kruste, sie war weit künstlicher, willkürlicher und grausamer als die Mauern der Jerusalemer Altstadt. Und nichts tat sich zwischen Berlin und Jerusalem, denn nicht aus Berlin kam Konrad Adenauer, um in Yad Vashem einen Kranz niederzulegen. Israelische Berlin-Besucher fanden jedoch Sinn, Ordnung und sogar Trost in dieser Mauer. So wähnte sich Molcho, A. B. Jehoschuas Romanheld in *Die fünf Jahreszeiten des Molcho*, nur wenige Jahre vor dem Fall der Mauer ihrer Dauerhaftigkeit sicher. Als Tagestourist in Ost-Berlin suchte Molcho das Brandenburger Tor und die Mauer auf. »Bald stand er auch schon davor, konnte aus der Nähe die Mauer mit ihren Wachtürmen besichtigen, die er im vergangenen Winter von Westen her gesehen hatte, und ebenso wie damals gefiel ihm dieser Anblick, wobei das schwarze Reichstagsgebäude auf der anderen Seite ihm gut in dieses Ensemble ausgetilgten Grauens zu passen schien. Dieser Schnitt, an dem das deutsche Volk entzweigerissen worden war, fand seine volle Zustimmung, denn diese häßliche, streng bewachte Narbe würde auch in hundert Jah-

ren noch einfache Touristen wie ihn eindringlich an das erinnern, was man hier so gern vergessen wollte.«
Es verging kein Jahrzehnt, bis sich herausstellen sollte, daß Molcho sich geirrt hatte.

Im neunzehnten Stockwerk des Axel-Springer-Hochhauses in der Axel-Springer-Straße, Ecke Kochstraße, bietet Friede Springer mir grünen Tee an. Ernst Cramer, Aufsichtsratsmitglied des Springer Verlags und im Vorstand der Axel-Springer-Stiftung, sitzt bei uns. Cramer, ein deutscher Jude, war als amerikanischer Soldat mit der Besatzungsmacht zurückgekehrt und hatte sich dann entschlossen, wieder in Deutschland zu leben.
Frau Springer freut sich, mir behilflich sein zu können. Israelische Freunde? Die habe ihr Mann viele gehabt. Gideon Rafael, Meir Weisgal, Asher Ben Nathan. Und die Namen der Israelis, die er hier, in dem berühmten Hochhaus mit Blick auf die Mauer, empfangen habe, ließen sich gar nicht alle aufzählen. Erst kürzlich hätten sie hier eine Konferenz zum Europäisch-Israelischen Dialog veranstaltet, unter der Schirmherrschaft des publizistischen Flaggschiffs des Konzerns, der *Welt*. Yael Tamir und Shimon Peres sprachen im vollen Saal vor Presse- und Fernsehjournalisten. Denn Axel Springer, der rechtspopulistische Pressemogul Nachkriegsdeutschlands, der Mann, der hier direkt bei der Berliner Mauer einen vergoldeten Turm des erfolgreichen Kapitalismus errichtet hatte, damit der Osten schauen und sich fürchten möge, der Mann, der ein rotes Tuch für Gewerkschaften, Sozialisten und 68er war und der auf der Abschußliste der Baader-Meinhof-Terroristen stand – dieser Mann liebte Israel von ganzem Herzen.
Zuvor hatten mir Redakteure der *Welt* die von Axel Springer aufgestellten verlegerischen Maximen gezeigt, die auch in jedem Redakteurvertrag festgehalten sind. Das zweite dieser vier Leitprinzipien – nach demjenigen, das das unbedingte Eintreten für den freiheitlichen Rechtsstaat Deutschland als Mitglied der westlichen Staatengemeinschaft und die Förderung der Einigungsbemühungen der Völker Europas zum Grundsatz macht, und noch

vor denjenigen zur Ablehnung jeglicher Art von politischem Totalitarismus und zur Verteidigung der freien sozialen Marktwirtschaft – ist »das Herbeiführen einer Aussöhnung zwischen Juden und Deutschen; hierzu gehört auch die Unterstützung der Lebensrechte des israelischen Volkes«.
Wer das nicht unterschreibt, kann hier nicht arbeiten.
Dazu die Photos an den Wänden des Axel-Springer-Hauses und in Axel Springers Buch: Hier ist David Ben Gurion, etwas mürrisch unterstreicht er etwas, das er sagt, mit einer Handbewegung, während der deutsche Förderer ihn konzentriert, mit gefurchter Stirn, über eine offene Zigarrenschachtel hinweg anblickt. Da ist Golda Meir, verschanzt hinter ihrem Schreibtisch im Ministerpräsidentenamt in Jerusalem, wobei Springers Blick über ihren Kopf hinweg zu den Bänden der *Hebräischen Enzyklopädie* in ihren sandgelben Schutzumschlägen schweift. Dort sitzt Moshe Dayan neben Axel Springer auf dem Sofa, beide in legerer Herrscherpose hingegossen, und das nun gerade unter einem düsteren, flämisch anmutenden Bild einer Frau, die sich über eine Handarbeit beugt. Rembrandt? Vermeer? Jerusalem? Berlin? (Im kleineren Bildausschnitt der deutschen Ausgabe fehlt dieses Gemälde.)
Den Grundstein von Axel Springers Liebe für Israel legten Jerusalem und Teddy Kollek. 1966 kam Springer zum ersten Mal in das geteilte Jerusalem. Zuvor hatte man ihn durch Tel Aviv und Haifa geführt. Der Bürgermeister von Haifa, Abba Chuschi, hatte sich besonders um ihn bemüht, erzählt mir Ernst Cramer. Abba Chuschi zeigte Axel Springer Haifa, deutete auf den Standort, an dem die Universität entstehen sollte, aber Springer blieb kühl. Doch dann, in Jerusalem, sprang der Funke über. Springer besuchte Kollek im Rathaus. Kollek wußte nicht, wer dieser Mann war. Ein wichtiger Deutscher, hatte man ihm gesagt. Die beiden standen am Fenster des Rathauses (Cramers Version) oder auf dessen Dach (Kolleks Version in seinem Vorwort zur hebräischen Ausgabe von Springers Buch, *Von Berlin aus gesehen*) und blickten nach Osten zur 150 Meter entfernten Mauer, die den jüdischen und den arabischen Teil Jerusalems voneinander trennte.

Und dann, erzählt Cramer weiter, sagte Teddy in seinem wienerisch gefärbten Deutsch: Man hat mir gesagt, man müßte das Rathaus weiter nach Westen verlegen. Aber ich habe nein gesagt. Ich bleibe hier.
Warum? fragte Axel Springer.
Um an dem Tag, an dem die Mauer sich öffnet, genau hier, an Ort und Stelle zu sein, sagte Teddy.
(In Teddy Kolleks Vorwort zur hebräischen Ausgabe von Springers Buch klingt das weit blumiger: Weil ich es, »in dem tiefen Vertrauen, daß Jerusalem eines Tages wiedervereinigt werden würde, nicht für moralisch hielt, in Anbetracht der vielen Einwohner, vor allem der Neueinwanderer, die auch entlang der Grenze leben müssen«.)
Und da, erzählt Cramer, breitete Axel Springer weit die Arme aus. Herr Bürgermeister, sagte er, ich muß Sie umarmen. Denn ich bin wie Sie. Auch ich sitze an der Mauer und warte.
Danach führte Kollek ihn ins Israel-Museum, und dort, auf dem Hügel, sagte er, das Museum brauche eine Bibliothek und ein Auditorium. Herr Bürgermeister, das finanziere ich, erwiderte Springer, ohne nachzufragen, was es ihn kosten würde. (Es hat ihn, nach einer Internet-Information, 3,6 Millionen Mark gekostet.)
Und als Springer später erfuhr, daß sich im Aufsichtsrat des Museums einige dagegen aussprachen, deutsches Geld anzunehmen und einen solch zentralen Teil des Museums nach einem deutschen Stifter zu benennen, und seine Berater zu Hause daraufhin sagten, »Lassen Sie es doch«, ging Springer in sein Büro und gab das berühmte Telegramm auf: Mithelfen zu dürfen ist mir eine Freude. Und das Gebäude muß nicht nach mir benannt werden. Ich muß nicht genannt werden. Diese Dinge sind in die Geschichte des neuen Jerusalems eingegangen, in die dieser Stadt eigenen Heldengeschichten der spendablen Freunde und Förderer.
Dann kam Teddy Kollek hierher, nach Berlin, fährt Cramer fort und schildert mir, wie sie an den großen Fenstern im neunzehnten Stock gestanden hätten, den Fenstern, die Springer so hatte ausrichten lassen, daß man zur einen Seite den erleuchteten Westen,

zur anderen den grauen Osten überblickte. Und wieder standen sie zusammen und sprachen und wiederholten in Cramers Beisein jenes Gespräch, das sie in Jerusalem geführt hatten.

Hier halte ich den Film an. Dies soll mein Erinnerungsbild sein. Für immer sollen sie hier in ihren grauen Anzügen hoch über der Mauer stehen, der hochgewachsene Pressemogul aus Berlin und der runde Bürgermeister aus Jerusalem. Zwei Männer, die sich zum Verwundern sicher sind, ihrer selbst sicher, ihrer gerechten Sache sicher, ihrer moralischen Kraft sicher, der Richtigkeit ihrer Geschichtsdeutung sicher. Beide sehr deutsch in ihrer praktischen Sentimentalität, unter deren Einfluß sie beide eine Stadt zugunsten einer anderen aufgegeben haben: Der Mann aus Wien hat sich Jerusalems, der Mann aus Hamburg-Altona Berlins angenommen. Denn beide brauchen eine Stadt, deren Größe und Tiefe ihrer Armspanne entsprechen, ihrer Liebe zum Aufbauen, Leiten und auch Siegen. So stehen sie auf meinem Dia, jeder über die Mauer gebeugt, die seine mächtige Stadt zweiteilt. Zwei Wachsoldaten am Ende der westlichen Welt. Und beide blicken sie nach Osten.

Die Stadt ist der Schlüssel. Sie läßt zu, was das Land nicht zuläßt. Denn die Freundschaft zwischen Teddy Kollek und Axel Springer, die in demselben Jahrzehnt, in dem Eichmann in Israel der Prozeß gemacht wurde, begann, ein Jahr nach Aufnahme voller diplomatischer Beziehungen zwischen den beiden Staaten, war seinerzeit nur möglich, weil sie aus städtischen, metropolitanischen Fäden gewoben wurde. Aus einer sonderbaren Ähnlichkeit der Schicksale beider Städte heraus, die für einige Augenblicke fast wie Zwillingsstädte wirkten. Beim Aufblühen der Freundschaft zwischen Kollek und Springer konnte man leicht vergessen – oder vielleicht ignorieren –, daß die Jerusalemer Mauer anderes voneinander trennte als die Berliner Mauer. Daß in Jerusalem zwei gegnerische Nationen lebten, in Berlin aber nur eine besiegte Nation. Daß die Wiedervereinigung Berlins eine offene Wunde schloß, Jerusalems politische Einigung jedoch nur früheren Verletzungen eine weitere Verletzung hinzufügte.

Die Analogien zwischen Jerusalem und Berlin waren letztlich willkürlicher, blinder, opportunistischer Art. Aber vielleicht war das der einzige Weg, die trennenden Gegensätze dieser keineswegs verschwisterten Nationen, der diese beiden Städte angehörten, zu suspendieren. »Als Bürgermeister«, schreibt Teddy Kollek, »beeindruckten mich vor allem seine große Liebe zu Berlin, seine Hoffnung auf die Wiedervereinigung der geteilten Stadt und sein Wille, bis zu jenem Tag unermüdlich für das Wohl und die Verbesserung des kulturellen Ansehens seiner Stadt zu arbeiten«. Liebe zu Berlin war 1966 schon gestattet, Liebe zu Deutschland nicht. Von Haß ganz zu schweigen: Wieviel leichter haßt man ein Land als eine Stadt.

Aus Liebe zur Stadt Jerusalem, für deren Ausbau der Berliner Freund und Förderer nicht wenig beisteuerte, war Teddy Kollek bereit, Axel Springer mit Worten zu verteidigen, die einen heute verlegen machen. Er versuchte, die Sympathie seiner israelischen Leser für den deutschen Wohltäter zu gewinnen, indem er Axel Springer als Zionisten ohne Wenn und Aber darstellte. »Das Eintreten seiner Zeitungen für unseren jungen Staat«, schrieb Kollek, war »ein weiterer Grund für die krankhafte Feindschaft seiner ›avantgardistischen‹ Gegner«, wobei die Anführungszeichen schon im Original stehen. Axel Springer aber halte seinen Angreifern unerschütterlich stand, seiner Liebe zu Israel wegen. Jeder Israeli werde das anerkennen und schätzen, schloß Kollek.

Beide hätten ja das Verdikt nicht akzeptiert, sagt Cramer leidenschaftlich. Nicht das Verdikt der Mauer, nicht das Verdikt, der Rand der westlichen Welt zu sein. Axel Springer und ich sind einen Tag nach Ende des Sechstagekriegs nach Jerusalem gekommen, und sofort ging Teddy mit uns in die Altstadt, die völlig verlassen war. (Völlig verlassen? Ich bin versucht, darüber mit Ernst Cramer, mit Springers Geist in eine Diskussion einzutreten. Trennt die Jerusalemer Mauer tatsächlich das, was die Berliner Mauer früher getrennt hat?)

1989, als die Mauer endgültig fiel, was Axel Springer nicht mehr hat erleben dürfen, sagt Ernst Cramer, bin ich an seiner

Stelle hinuntergegangen und habe die fallende Mauer überquert, immer wieder, hin und her. Mit lebhaften Gesten untermalt Cramer seinen Bericht von jenem Tag, vom Rauschzustand jenes Tages.

Ostdeutschland verdunkelt noch immer die schönen Räume des Springer-Hochhauses. Und zwar sehr. Wußten Sie, fragen mich meine Gastgeber, daß die Ausbildungslager der DDR für palästinensische Terroristen noch bis Ende der achtziger Jahre bestanden? Bis zum letzten Augenblick. Und heute, sagt Friede Springer, heute fliegen die Ostdeutschen vom Flughafen Schönefeld nach Israel. Sie sind so neugierig darauf, das Land kennenzulernen.

Die Konstellation Berlin – Jerusalem ist seit je gekennzeichnet von gewaltigen Um- und Durchbrüchen. Moses Mendelssohn wollte die Mauer zwischen dem jüdischen Haus und dem öffentlichen Raum der Aufklärung einreißen. Nach dem Scheitern von Mendelssohns Konzept schlug Gershom Scholem eine Schneise zum zionistischen Jerusalem. Richard Kauffmann spannte grüne Linien von Grunewald nach Talpiot. Und nun die Konstellation Kollek – Springer: ein Durchbruch an der Front der westlichen Kultur, der unter Umgehung von Staat und Regierung erfolgte, auf großstädtischer Basis. Denn Kollek und Springer betrachteten die Städte Jerusalem und Berlin ja als Bollwerke der westlichen Zivilisation in ihrem Krieg gegen eine feindliche Macht – die östlich der Mauer.

Die Geschichte Berlins nach dem Mauerfall gleicht daher dem Hinüberwechseln von Jerusalem nach Tel Aviv, vom kampfbereiten Grenzposten zum Basar voller Lust und Neugier, von einer belagerten Stadt zu einer offenen, freien, liederlichen Stadt, von einer Frontstadt zu einer Weltstadt.

Hätte Axel Springer das neue, wiedervereinigte Berlin noch erlebt, hätte er sich vielleicht sehr nach dem früheren Berlin zurückgesehnt, dem Grenzposten am Rand der westlichen Welt. Denn Tel Aviv hatte ihn ja, allen Berichten zufolge, in keiner Weise angesprochen.

Das Tel Aviver Tor

Potsdamer Platz. Dieser Platz, vor dem Zweiten Weltkrieg einer der belebtesten der Welt, war nach ihm bis vor zehn Jahren ödes Niemandsland, voller Disteln und böser Erinnerungen. Über dem Führerbunker wuchs Gras um trübe Pfützen. Hier drehte Wim Wenders 1987 den Film, den viele Israelis liebten: *Der Himmel über Berlin* (der hebräische Titel war *Engel am Berliner Himmel*). Dieser Film ließ für uns ein neues, leises Berlin entstehen, das in seiner Gebrochenheit zart wirkte. »Eine fast heilige Stadt«, schrieb der Kritiker Benny Ziffer. Wenders wählte Peter Falk, der den sehr menschlichen amerikanischen Detektiv Columbo gespielt hatte, für die Rolle des Engels am Himmel über Berlin: eine brillante Besetzung. Jetzt, bei der Eröffnung der Berlinale 2000 am Potsdamer Platz, steht Wim Wenders im Mittelpunkt der Aufmerksamkeit. Sein neuer Film erhält zwar keinen Goldenen Bären, aber besondere Publicity. Nein, antwortet Wenders seinen Interviewern, ich habe keine Sehnsucht nach dem Potsdamer Platz von damals.
Heute ist der Platz bebaut. Am nördlichen Teil, nahe dem Reichstag, hat sich Sony angesiedelt. Den südlichen Teil erhielt der Daimler-Benz-Konzern. Die Gebäude sind hoch, eindrucksvoll, millenniumsgerecht. Manche sind sehr schön, innen wie außen. Sony hatte einen Stararchitekten betraut, Daimler-Benz gleich mehrere international bekannte Architekten. Einer der Konzernchefs soll angesichts der von Kinos gesäumten Piazza inmitten seines Areals gesagt haben: Und wenn sie sich alle zum Teufel scheren, aber dieser Platz wird nach Marlene Dietrich benannt. Und so geschah es.
Endlich verzeihen sie ihr ein bißchen, der unvergeßlichen Marlene Dietrich, der Marlene aus *Der blaue Engel*. Wer könnte sie vergessen, wie sie da auf dem hohen Barhocker saß – mit dem schräg auf-

gesetzten Zylinder, das Gesicht im Halbprofil, beinahe im richtigen Winkel für ein deutsches Paßphoto – und der Kamera und der Welt ein frivoles, kluges Lächeln zeigte. Doch Marlene war kein blauer Engel: Das war nur der Name des Nachtclubs oder des Bordells, in dem Marlene Dietrich in ihrer Filmrolle den grimmigen Professor vom städtischen Gymnasium, gespielt von Emil Jannings, verführte. Die Dietrich spielte – ja erfand – die ultimative Frau der Weimarer Zeit, eine Göttin und Hure, mit rauchiger Stimme, verrucht und sarkastisch. Bis sie den legendären Babelsberger Studios untreu wurde, das zusehends mit Hakenkreuzfahnen verhängte Berlin verließ, nach Westen ging und sich in den Dienst der alliierten Streitkräfte stellte. Das vermochten ihr selbst jene, die sich von Anfang an dem »Dritten Reich« widersetzten, nur schwer zu verzeihen: Wie konnte sie nur.

Vielleicht liegt die Zukunft im Fehlen von Vergangenheit. Im gestylten elektronischen Vergessen. Der Potsdamer Platz ist die Stadt der Zukunft, ganz Stahl und Glas und scharfe rechte Winkel, was besonders eindrucksvoll wirkt, wenn der Himmel sehr blau ist, der Himmel über Berlin.

Um den Sushi-Kreisel dort am Potsdamer Platz sitzen Berliner und Touristen. Lautes Amerikanisch ist zu hören. Die *Berliner Zeitung* und Programmhefte der Berlinale liegen auf der kreisförmigen Theke aus. Ich widme einige Minuten dem Andenken an Emil Jannings. Einen Mann wie Jannings werden wir zu unseren Lebzeiten nicht mehr auf der Leinwand sehen. Die Gegenwart gehört Robert de Niro, der hier mit königlichen Ehren empfangen werden sollte, dann aber im letzten Moment absagte, und die Zukunft gehört dem unschuldig dreinblickenden Leonardo di Caprio.

Hunde dürfen hinein in den Tierpark in Ost-Berlin, weltweit der einzige Zoo, in dem Hunde zugelassen sind. Nur mit Halsband und Leine, aber immerhin. Die vielen Pudel und Dackel erinnern an europäische Parks von einst, aber das Restaurant stammt aus DDR-Zeiten. Es hat frappierende Ähnlichkeit mit einem großen Kibbuz-Speisesaal. Nur trinkt man hier Bier zu heißen Würstchen

mit Schrippen. Auf dem großen gepflasterten Platz tollen blonde Kinder herum, weit modischer gekleidet als ihre Eltern. Folgendes Gespräch einer israelischen Familie auf dem Platz vor dem Restaurant im Tierpark habe ich mir notiert:
Seht ihr die lieben, süßen Kinder hier? Ihr müßt wissen, daß einige von ihnen sehr böse Großväter gehabt haben.
Wieso waren sie böse?
Sie waren bereit, viele Juden zu ermorden.
Warum?
Weil sie uns nicht mochten.
(Schweigen.)
Und wenn ihre Enkel nun Juden werden wollen?
An diese Möglichkeit haben sie anscheinend nicht gedacht.
Sie waren böse?
Ja.
Dann gibt es also böse Menschen auf der Welt?
Ja.
Die Kinder der zweiten Generation in Israel stellen vieles auf den Kopf. Diese Kinder erschüttern alles von Grund auf: die Konzepte von Elternschaft, Identität, Zionismus. Aber es gibt Dinge, die die Phantasie nicht zuläßt: das Einfügen der Gesichter deiner eigenen Kinder in die Reihen der Kinder von damals.
Das befällt einen plötzlich in einer Unterhaltung über Roberto Benignis Film *Das Leben ist schön*, eine Shoah-Komödie. In Berlin, wie in New York, verabscheuten viele diesen Film. Sie waren entsetzt über die humoristische, märchenhafte, unrealistische Weise, wie in diesem Film von dem Vater, der seinem Sohn im Konzentrationslager die kindliche Arglosigkeit erhalten möchte, erzählt wird. Hier in Deutschland tut man sich mit jeder Art von Shoah-Humor schwer, sei es der schwarze Humor der Israelis oder Benignis tragikomisches Lächeln. Auch in Israel gab es kritische Stimmen, der Publizist Kobi Niv forderte, man solle Benignis Philosemitismus in seine düsteren Bestandteile zerlegen. Trotzdem ist in diesem Film etwas Wichtiges und Tiefgreifendes verborgen. In einer heruntergekommenen Kneipe in Ost-Berlin, in der schä-

bigen, grauen, wieder zu neuem Leben erwachenden Prenzlauer Allee, sprechen Israelis meiner Generation über Benignis Film, der den unfaßbaren Schnittpunkt von Shoah und Elternschaft berührt – und uns damit unmittelbar trifft. Denn bis wir Eltern wurden, sagt einer meiner Gesprächspartner, sind wir doch alle durch die Kanalisationstunnel auf die arische Seite geflüchtet. Wir alle sind aus den Zugfenstern gesprungen und haben uns den Partisanen angeschlossen. Von dem Tag an, da wir, noch in der Grundschule, unser israelisches Bewußtsein ausgebildet hatten, als Teil unserer israelischen Sozialisation, waren wir doch damit beschäftigt, mit einem kühnen Sprung vom fahrenden Zug abzuspringen, in den Wald hinein. In die bekannte, Sicherheit bietende Welt freier Menschen, die eine Waffe in der Hand haben.

Bis wir Eltern wurden. Denn die ewige Elternfrage – wie werden wir von nun an unser ganzes Leben lang dieses Kind auf unserem Rücken tragen, wie werden wir nun lebenslang die Geiseln seines Glückes sein – erhält bei uns eine zusätzliche, besondere Bedeutung. Diese Frage hat uns die Zugfenster verrammelt. Während der Shoah Eltern zu sein ist noch einmal eine ganz andere Geschichte. Eine Extremform von Elternschaft und eine Extremform der Shoah. Du trägst den kleinen Körper deines Kindes auf den Schultern, es ist von stärkerem Gewicht als dein eigener Körper, eine Mahnung daran, mit welch ungeheurer Leichtigkeit Menschen einander schaden können, weil Körper so zart und verletzlich sind. Die Zugfenster verschließen sich, die Partisanen weichen in die Tiefen der Wälder zurück: Abspringen geht nicht mehr.

Der Touristenführer erklärt euch: Hier ist die »Neue Synagoge« in der Oranienburger Straße. Sie wurde im maurisch-romantischen Stil erbaut und 1866 eingeweiht, sie war Mittelpunkt einer wachsenden und gedeihenden bürgerlichen jüdischen Gemeinde. In der Pogromnacht im November 1938 wurde sie zerstört, 1958 trug man die letzten Trümmer ab. Aber jetzt ist sie mit erstaunlicher Sorgfalt wiederaufgebaut und mit der berühmten goldenen Kuppel gekrönt, ein markantes Wahrzeichen in der Silhouette Berlins,

ein Signal und Symbol dafür, daß es wieder eine jüdische Gemeinde in Berlin gibt. 1995 ist sie wiedereröffnet worden, als »Centrum Judaicum«, ein Museum und Kulturzentrum.
Stärkeren Stoff bietet Gershom Scholem. Scholem, der Sohn assimilierter Juden, bei dem zu Hause die traditionelle Schabbat-Zeremonie am Freitag abend niemanden daran hinderte, »daß man sich nachher an den Sabbatlichtern eine Zigarette oder Zigarre anzündete«, schreibt: »Boshafte Gemüter pflegten in den Jahren vor dem Ersten Weltkrieg zu erzählen, daß in dem bekannten Restaurant neben der liberalen und mit einer Orgel ausgestatteten Großen Synagoge in der Oranienburger Straße, Ecke Artilleriestraße, der Oberkellner am Versöhnungstag im Eingang stehe und sich an die feiertäglich gekleideten Gäste wandte: ›Für die Herren Fastenden wird im Hinterzimmer serviert.‹«
Eine Orgel in der Synagoge? Das war auch in den Jahren jener großen Umbruchzeit in der zweiten Hälfte des 19. Jahrhunderts keine Selbstverständlichkeit, jener Zeit, als der Kantor Louis Lewandowski, Absolvent der Berliner Akademie der Künste, im Ringen mit den Hütern der Tradition Unterschriften von Rabbinern sammelte, um im Gefolge des großen Wiener Kollegen Salomon Sulzer die musikalische Ausgestaltung des jüdischen Gottesdienstes zu revolutionieren. Die Melodien, die er komponierte, wurden bis in die kleinsten Bethäuser in Litauen und in der Ukraine weitergetragen. Doch hier, in der Oranienburger Straße, entflammte ein großstädtischer Kampf um die jüdische Seele: Die Gemeinde der Austrittsorthodoxie, Adass Jisroel, in der Artilleriestraße wie auch die kühnen Reformer, die einen wie die anderen wirkten in unmittelbarer Nähe der riesigen Synagoge mit der goldenen Kuppel, deren zylinderbehütete Betende einen Mittelweg wählten, der Lewandowkis Orgel und die neue Gottesdienstordnung akzeptierte. Hier, in Berlin, hat das Judentum eine Vielzahl von Möglichkeiten des Dialogs mit der Moderne ausprobiert. Berlin war eine große Stadt, und viele Register ließen sich in ihr ziehen. Und die Zukunft, so dachten sie, lag ja noch vor ihnen. Die Zeit wird es weisen.

Diese verschwenderische Vielfalt an Möglichkeiten haben wir verloren. Tel Aviv und Jerusalem haben inzwischen, aus jeweils eigenen Gründen, das abgelehnt, was hier in der Neuen Synagoge versucht worden war. Und Berlin zeigt heute nur noch Skelette des einst Gewesenen: Die liberale Synagoge in der Pestalozzistraße hat eine Orgel. Reformjuden haben einen Gebetsraum in der Oranienburger Straße. Die übrigen Berliner Synagogen sind streng orthodox. Witze über Essen an Jom Kippur? Völlig undenkbar, sowohl in den Veröffentlichungen des jüdischen Berlins wie in den Lehrplänen des Erziehungsministeriums in Jerusalem. Und eine zögerliche Annäherung an die christliche Umwelt – um Gottes willen! Doch meine Schwiegermutter Lotte erzählte mir, wie bei ihnen daheim in Frankfurt, im Hause Wreschner, wo peinlich genau die Speisegesetze und die Feiertage eingehalten wurden, die erste Frau ihres Vaters im Chor der lutherischen Kirche gesungen und ihr Vater Leo dieses Steckenpferd von ganzem Herzen unterstützt habe, denn seine Frau Friederike hatte ja eine schöne Stimme.

Aber wo ist denn nun die Artilleriestraße, die einst eine Ecke mit der Oranienburger Straße hatte? Etwas steigt in meiner Erinnerung auf: Anton Gast, Pünktchens und Erich Kästners Anton, dort wohnte er doch, in der Artilleriestraße, nur einen Steinwurf, buchstäblich nur einen Steinwurf weit entfernt von der großen Synagoge in der Oranienburger Straße. Antons Straße ist heute nach dem Schriftsteller Kurt Tucholsky benannt. Die Gemeindebüros von Adass Jisroel sind heute wieder dort untergebracht, aber mit wem wollte man jetzt hier streiten, in welche Synagoge würde man nun nie und nimmer einen Fuß setzen, wen sollte man noch als Abtrünnige beschimpfen, weil sie eigenmächtig die Rückkehr ins Land Israel betrieben, statt auf den Messias zu warten?

Hier, in der Nähe dieser Straße, in der Gegend, die einst das Herz des jüdischen Berlins war, entsteht heute ein Klein-Israel. Ähnlich wie im jüdisch-israelischen Teil des Pariser Marais, ähnlich wie um den schönen Platz, der im Krakauer Viertel Kazimierz wiedererstanden ist, lebt auch das Berliner Klein-Israel fast ausschließlich von der Bewirtung von Touristen. Das Spektrum reicht von dem streng koscheren Beth Café bis zu den ziemlich angesagten Restaurants Oren und Rimon. Neben diesen, in unmittelbarer Nähe der Synagoge, befindet sich auch Sushi Silberstein mit dem wunderlichen Namen und den russischsprachigen Kellnern. Ein Stück weiter oben an der Straße haben avantgardistische Künstler bald nach dem Mauerfall ein Ausstellungs- und Veranstaltungszentrum namens Tacheles eröffnet, benannt nach einem jiddischen Wort, das in den Berliner Jargon eingegangen ist. Aber hier, im Berliner Klein-Israel, findet sich nichts, aber auch gar nichts, von der über viele Jahre gewachsenen Immigrantenkultur des jüdisch-israelisch-sefardisch-aschkenasischen Milieus um das Restaurant Jo Goldenberg in Paris. Und es findet sich auch nichts von der Schtetl-Atmosphäre der kleinen Synagogen in Krakau. Im Berliner Klein-Israel wird vor allem Essen verkauft.

Deshalb müssen wir hier unser Abstraktionsvermögen bemühen, unsere Erinnerung, die sich aus unseren Bücherschränken speist und uns an andere Tische führt, zu anderen Menschen. Unser intimes Berlin. Der zerstörte, kleine Bezirk Berlin-Mitte. Die zerbombten Straßen mit den ausgelöschten Namen, die sich jetzt nur noch in der Archäologie der Erinnerung kreuzen. Der Rauch der Bombardements und der Rauch der dicken, duftenden Zigarren, der sich in Gershom Scholems Memoiren mit der Flamme der Schabbatkerzen vermischt. In jenem ferngerückten Milieu der bürgerlichen Berliner Juden, in all seiner Süße, aß der kleine Gerhard gern Bonbons mit Schokoladenfüllung und Mohnplätzchen. Pünktchen und Anton fuhren mit Herrn Direktor Pogge nach Charlottenhof, um Windbeutel zu essen, und das Kindermädchen Fräulein Andacht tanzte dort mit ihrem Bräutigam, dem Gauner.

Im Februar 2000 äußert ein Rechtsanwalt und Tel Aviver Kolumnist gegenüber einem Journalisten der Tageszeitung *Ha'aretz*, heute führen Israelis auch zum Sex nach Deutschland. Nach meinen Informationen hat er recht, obwohl seine Worte zur Bekräftigung einer Behauptung dienten (»Deutschland ist ein tolles Land«), gegen die ich teilweise Widerspruch anmelden würde. Die vielen Berichte über israelisch-deutschen Sex, die sich auf meinem Tisch häufen, müssen mit einigem Mißtrauen geprüft werden, ehe wir ihre komplizierten emotionalen Aspekte angehen. Vor allem wegen des bekannten israelischen Problems: der Glaubwürdigkeit der Zeugnisse. Nicht jede Aussage in der ersten Person ist glaubwürdig, nicht jeder Bericht in der dritten Person ist ausreichend hieb- und stichfest, um darauf zu bauen. Aber hin und wieder schimmert doch etwas Wahres durch.

Nehmen wir beispielsweise meinen guten Freund K., einen Mann, der gelegentlich Geschäfte in Berlin tätigte und die Stadt von ganzem Herzen liebt. Einmal, Mitte der achtziger Jahre, war K. mit dem Zug von oder nach Berlin unterwegs. Mit von der Partie war sein damaliger Geschäftspartner. Schau mal, sagte dieser in dem nicht abgedämpften Hebräisch von Israelis auf Auslandsreise, die Deutsche da drüben läßt dich nicht aus den Augen. K. blickte prüfend hinüber und sagte zu seinem Partner, wow, stimmt. Während sie noch miteinander redeten, stand die Frau auf – sie war keineswegs unattraktiv, versichert mir K. –, gab ihm einen Wink mit den Augen und trat auf den Gang hinaus. Er folgte ihr. Sie ging in die Toilettenkabine. Er ihr nach. Sie schlossen die Tür ab, blickten einander an. Eine gemeinsame Sprache hatten sie nicht. Sie verstand fast kein Englisch, er kannte vielleicht zehn deutsche Worte. Auch das Rattern der Räder auf den Schienen, das man in der Toilette durch das Loch im Becken stärker hört, begünstigte nicht gerade das Führen eines Gesprächs. Was habt ihr gemacht, frage ich. (Ich höre diese Geschichte zehn Jahre später in einem Tel Aviver Café.) Es war nicht viel Platz dort, sagt K. und breitet die Arme aus, sei es entschuldigend, sei es, um den beengten Raum zu illustrieren. Deshalb hab ich sie runterdirigiert, damit sie mir einen bläst. Hinterher hat sie erregt etwas gesagt, und ich habe verstanden, daß sie mich einlädt, sie in Karlsruhe zu besuchen. Sie schrieb mir Anschrift und Telefonnummer auf einen Zettel. An der nächsten Station ist sie ausgestiegen. Das ist eine meiner stärksten Erinnerungen an Deutschland.

Ich erinnere mich hier in Berlin mit einer gewissen Sympathie an K.s Eisenbahnepisode. Erstens ist in ihr etwas erfrischend Einfaches, etwas erfreulich Untragisches. Zweitens neige ich dazu, K. zu glauben, daß die Sache tatsächlich passiert ist. Nicht weil die Eroberungsgeschichten meiner israelischen Landsleute mir immer von vornherein glaubwürdig erschienen, sondern weil in dieser Geschichte ganz zufällig ein recht überzeugendes Indiz enthalten ist, ein Beweis, der in den geschilderten Begleitumständen liegt. Dieser Beweis ist Karlsruhe, eine Industrie- und Forschungsstadt am Rand des Schwarzwalds, am Fuß des Jagd- und Lustschlosses, das sich einst Markgraf Karl-Wilhelm von Baden-Durlach erbaut hatte. Karlsruhe ist auch Sitz des Bundesverfassungsgerichts, das der Versuchung widerstanden hat, nach Berlin umzuziehen, und der Gewaltenteilung daher weiterhin auch auf der deutschen Landkarte Ausdruck verleiht. Es ist eine ehrwürdige, aber graue und biedere Stadt. Kein Mensch würde dieses Karlsruhe in irgendeine Geschichte einbauen, es sei denn, es wäre tatsächlich Bestandteil dieser Geschichte.

Die israelisch-deutsche Erotik trieb frühe Blüten beim Eintreffen der ersten deutschen Volontäre in jenen Kibbuzim, die in den sechziger und siebziger Jahren bereit waren, sie aufzunehmen. Unter diesen sonnenliebenden jungen Leuten mit dem wachen Gewissen gab es einige, die so stereotyp wirkten, daß es geradezu verlegen machte, schmerzte, faszinierte. Hellhaarig und schnell sonnengebräunt, preschten diese Helmuts und Sabinen auf den Traktoren los, die verdutzte Kibbuzfunktionäre ihnen anvertraut hatten. Und manche verliebten sich in den Kibbuz oder in Bewohner des Kibbuz mit derselben unreifen Vehemenz, mit der sich ihre Altersgenossen für lateinamerikanische Guerillakämpfer begeisterten.

Aber nun hat sich das Blatt gewendet, und Israelis sind es, die nach München und Berlin kommen, auch um sich zu verlieben, auch als Sextouristen. Und zwar ganz bewußt. Das ist ein Teil meiner Geschichte.

Am Neujahrsmorgen des Jahres 2000 starren im Café Berio, nicht weit vom »rosa Dreieck« um Motz- und Martin-Luther-Straße, müde Gäste in ihre Gläser. In der Luft des neuen Millenniums wabert der altbekannte Duft von Marihuana. Draußen liegen noch die Reste der Feuerwerkskörper, die die neblige, frenetisch gefeierte Silvesternacht bis hin zum Reichstagsgebäude und weiter bis zur Siegessäule erleuchtet hatten. Für eine Woche haben wir M. und H. aus Jerusalem zu Gast, ein verliebtes Paar, das sich gegenseitig volle Freiheit läßt. So hatten sie in den vergangenen Nächten, jeder für sich, lustvoll die Freuden der Sauna Apollo, des Nachtclubs Scheune und des legendären Darkroom in Tom's Bar entdeckt. Wir trinken Berliner Weiße, eine Berliner Bierspezialität, und gehen ein bißchen ins Detail. Was machst du dort gern, im Darkroom? frage ich M., dem keine Form der Männerliebe fremd ist. Hier in Deutschland? antwortet er mit einem Blitzen in den Augen. Hier in Deutschland ist das ein anderes Spiel. Hier bin ich nur Top. Und nicht nur das – ich genieße es auch sehr, sie zu schlagen und sie zu demütigen und sie zu ficken. Genieße es so sehr, bei diesen blonden Buben.

Erzählst du ihnen, daß du Israeli bist?

Nicht immer wird geredet, erklärt er mir lächelnd. Aber einem oder zweien hab ich's gesagt. Manchmal turnt es sie auch an.

Die Berliner Weiße wird in einem Drittelliterglas serviert, Bier, mit einem »Schuß« rotglühenden Himbeersirups, ein für Berlin typisches rötliches Getränk, wird euch jeder Touristenführer erklären. Ich starre schweigend in mein Glas: Erstens mag ich Berliner Weiße nicht besonders. Zweitens sind die Dinge, die meine Freunde mir erzählen, nicht trivial. Die Beschäftigung mit den vielfältigen Kombinationsarten von Sex und Gewalt hat in Berlin Tradition. Ihre Wurzeln reichen in die zwanziger Jahre zurück, aber sie war nie so offen, so selbstverständlich wie heute. Clubs wie der KitKat Club, Tom's Bar und das Club Culture Houze gewähren nur im entsprechenden Outfit Einlaß in ihre schummrigen Räume – etwa »Leder oder minimales Schwarz« – und lassen ihre Gäste miteinander treiben, was sie wollen, sie können es aber auch lassen. »Alles ist möglich, aber nichts muß sein.«

Lea Goldberg war schon vor einem Dreiviertel Jahrhundert hier und hat alles gesehen, zumindest die erbarmungslose Seite dieses Metropolis, das auch im Schummerlicht führend war. »Im Norden der Stadt und auf dem Nollendorfplatz flanieren geschminkte, herausgeputzte Knaben und warten auf Kundschaft. Sie könnten noch Mutters Märchen von der Rache der Ziege am Wolf lauschen, und glauben, daß es ehrliche und siegreiche Ziegen auf der Welt gibt. Sie könnten noch auf der Schulbank sitzen und die erste Abhandlung über den Anarchismus lesen ...« So beklagte Lea Goldberg die käufliche Schönheit der minderjährigen Weimarer Strichjungen. Aber die Liebe sah sie nicht. Nicht die Arglosen oder die Mutigen oder die über alles Verliebten, die gegen Staat und Gesetz und die eigenen Eltern zusammenhielten, bis man sie nach Buchenwald in den Tod schickte.

Die Nazis verwüsteten diese Clubs in der Motzstraße und am Nollendorfplatz, verhafteten ihre Gäste, hefteten ihnen einen rosa Winkel an und liquidierten sie. Aber die »Szene« erhob sich wie ein Phönix aus der Asche. Denn die nicht den Gesetzen der biologischen Fortpflanzung unterworfene »gay nation« hat einen Vorteil: Sie regeneriert sich nicht durch eigene Nachkommen, und daher kann der eigene Tod sie nicht ausrotten. Anders als die Juden oder die Sinti und Roma, die, um weiterzubestehen, Kinder in die Welt setzen müssen. Der Vergleich ist vielleicht weit hergeholt, aber bei näherer Betrachtung schlagend: Die jüdischen Stätten Berlins sind heute zumeist Museen, während die Orte der Schwulen voller Leben sind und stolz Flagge zeigen.

Und die Flagge ist hier nicht nur das Tuch in Regenbogenfarben, jenes fröhliche Banner kalifornischer Naivität, sondern auch die faszinierende dunkle Flagge der Gewalt mit Einwilligung. Wie sagte doch unser Freund, der Hamburger Jurist, als wir in der Nacht des Jahrtausendwechsels durch Berlin-Mitte schwebten, vorbei an Flaschenscherben, Feuerwerkskörpern und angespannten Polizisten in ihren Polizeiwagen? »Ach, Männer in Uniform.«

Dieses Thema verdient aus folgendem Grund Aufmerksamkeit. Im Verlauf des 20. Jahrhunderts kam es bei Historikern, Philosophen und sogar Politikern zusehends zu einer Ernüchterung hinsichtlich der rauschhaften Benutzung des Begriffs »Fortschritt«. Gibt es so etwas wie Fortschritt in der Geschichte der Menschheit? Die Menschen in der Zeit der Aufklärung neigten dieser Auffassung zu. Sie glaubten an ein ethisches Voranschreiten, ein optimistisches, ja sogar utopisches Modell einer schrittweisen Verbesserung der menschlichen Natur. Auschwitz hat diese naive Fortschrittsgläubigkeit restlos zunichte gemacht. Die Gesellschaftstheoretiker unserer Zeit hüten sich vor Fortschrittsmodellen wie gebrannte Kinder vor dem Feuer. Auch die heutigen Erben der Aufklärung, die gemäßigten, liberalen Denker, ringen mit der Frage, ob wir tatsächlich weitergekommen sind, und was das bedeutet, weiterkommen.

Nun, wie die Dinge von hier aus aussehen, sind wir weitergekommen. Hier, bei einem Glas Berliner Weiße, gebe ich euch zu bedenken, daß es möglicherweise doch einen Fortschritt gibt, eine schrittweise Verbesserung des menschlichen Handelns, wenn auch nicht der menschlichen Natur. Bedenkt, liebe Staatsphilosophen: Während des größten Teils der Menschengeschichte allerorten war Sex häufig die Fortsetzung der Gewalt mit anderen Mitteln. Man benutzte Sex, um zu herrschen, versklavte sexuell, vergewaltigte, um gewaltsam zu unterwerfen. Dies hat sich bis in einige der heutigen Kriege erhalten, nicht in allen, aber im Kosovo und in Bosnien schon. Und doch, beachtet, verehrte Historiker, daß es heute auch andersherum ist. In Amsterdam, in Berlin, in New York und an einigen Orten in Tel Aviv ist heute die Gewalt zur willigen Dienerin des Sex geworden, zu einem weiteren seiner Spielzeuge, zum einverständlichen Spiel von Erwachsenen, die die Menschenrechte achten. Wenn das kein Fortschritt ist, so nimmt die Frage Form an, als der Abend des 1. Januar 2000 die hohen Fenster des Café Berio in Schöneberg verdunkelt, was sollte dann Fortschritt sein?

Wir bitten um die Rechnung. Der Kater der Millenniumsnacht macht sich bei uns deutlich bemerkbar – doch wen erblicken wir plötzlich, wer fällt uns da um den Hals, wenn nicht Michel aus Akko, den wir von einer Party auf dem Karmel in Haifa vor ein paar Jahren in Erinnerung haben. Michel ist gekommen, um seine Abendschicht hier anzutreten. Wie klein ist doch die Welt.

Bei der Geschichte von K. geht es nicht nur um oralen Sex in der Eisenbahn. Sie sollte Geschichtsstudenten ebenso interessieren wie Juristen, die sich mit Beweisfragen beschäftigen. Sie ist interessant, weil das in ihr verborgene Indiz für die Glaubwürdigkeit – das schwerlich zu erfindende Karlsruhe – die Hoffnung nährt, daß es doch noch eine Chance geben könnte, der »historischen Wahrheit« nahezukommen, die Hoffnung, daß etwas wirklich so und nicht anders gewesen ist.

In Deutschland ist die historische Wahrheit noch ein wichtiges Thema. Es gibt eine postmoderne Forderung, das Bestehen einer Vielzahl von »Narrativen« anzuerkennen, und so verschieden und sogar gegensätzlich sie auch sein mögen und je mehr es sind – desto besser. Dies läßt sich nur unter großen Vorbehalten auf Deutschland übertragen. Vor einigen Jahren warf man meinem Freund, dem Historiker Ilan Pappe, vor, nach seinem Ansatz müsse das Prinzip unterschiedlicher Narrative auch für die Shoah gelten. Es ist nicht leicht, sich mit diesem Vorwurf auseinanderzusetzen. Es ist jedoch eine Sache, die unterschiedlichen Versionen eines palästinensischen Vertriebenen und eines israelischen Soldaten zu akzeptieren, und eine ganz andere Sache, die gleiche Übung mit einem Wehrmachtsangehörigen und einer Shoah-Überlebenden durchzuziehen.

Im Frühjahr 2000 spricht ein englisches Gericht die Historikerin Deborah Lipstadt und den Penguin Verlag von dem Verleumdungsvorwurf frei, den David Irving erhoben hatte, weil Lipstadt ihn in ihrem Buch als Holocaust-Leugner bezeichnet hatte. Der Prozeß erregte in Deutschland weit mehr Aufsehen als in der israelischen Presse, die erst spät aufwachte. Die Tageszeitung *Ha'aretz* konnte sich sogar nur schwer von der Auffassung trennen, Professor Lipstadt sei ein Mann. Aber gleich nach der Urteilsverkündung zitierte *Die Welt* den israelischen Publizisten und Historiker Tom Segev, der Irvings Verurteilung als »Sieg über eine Randerschei-

nung« bezeichnet hatte. Ein Israeli, der das Phänomen der Holocaust-Leugner auf die leichte Schulter nimmt, hat Nachrichtenwert.
Jener anmaßende, selbstsichere Anspruch des Historikers Leopold von Ranke, herauszufinden, »wie es eigentlich gewesen«, ist in Rankes Heimatland unverzichtbar. Dieser Anspruch, über den sich Generationen scharfsinniger Forscher mokiert haben, ist das einzige, worauf man hier hoffen kann. Die Wahrheit ist die letzte Zuflucht für anständige Menschen überall dort, wo Blut vergossen wurde. Wirkliches Blut – nicht das fiktive Blut von Sherlock-Holmes-Geschichten und nicht das ästhetische Blut aus Quentin Tarantinos Filmen –, wirkliches Blut läßt wenig Variationen zu. Nur vier Geschichten kann man über vergossenes Blut erzählen: die des Mörders, die der Hinterbliebenen des Opfers, die derjenigen, die den Mord aufklären wollen, und die derjenigen, die den Mord zu leugnen suchen. Wenn mir auferlegt werden sollte, mich in eine der vier Positionen zu versetzen, dann würde ich mich immer an den strengen, preußisch-nationalen Historiker Ranke halten.

Manchmal tut sich ein Spalt auf, durch den eine harte, üble Stimme in unser Ohr dringt: Menschen werden laut auf der Straße, auf dem Parkplatz, gegenüber Lubitsch, der unvorschriftsmäßig von seiner Hundeleine befreit worden ist, und wissen nicht, welchen Haß sie plötzlich bei uns auslösen, wieviel Wut und Abscheu sie erregen.
Andererseits tritt ebenso plötzlich die Freundlichkeit anderer zutage. In einem unerwarteten Schneeschauer im Vorfrühling sagt ein älterer Mann mit Tirolerhut und gewinnendem Lächeln zu mir: Was für eine Kälte auf einmal, nicht wahr? Fremde ziehen uns immer wieder ins Gespräch, im Umkleideraum des Schwimmbads, vor der Kindergartentür, im Bus.
Berlin kehrt Aggression, Freundlichkeit und weitere einfache Triebe nach außen. Beim Friseur im Storkwinkel 4 liegt das Januarheft der Zeitschrift *Success* aus, einer Zeitschrift für die erfolgreichen Friseure und Friseurinnen. Der Artikel des innovativen Her-

stellers für Haarpflegemittel – sein lächelndes Konterfei prangt mitten auf der Seite – geht von der Feststellung aus, wir befänden uns nicht mehr im Zeitalter des Entweder-Oder, sondern in dem des Sowohl-als-Auch. Die Kundin des neuen Millenniums, erklärt er, verstehe es, anspruchsvoll zu sein, und bekomme alle ihre Wünsche erfüllt. Nicht die Qual der Wahl, sondern die Lust am Aufeinander-Abstimmen sei für sie charakteristisch. Und noch mehr als das: ihre Fähigkeit, sich immer wieder zu wandeln. Im nächsten Sommer könne sie ihre Frisur verändern, wann immer sie wolle, alle paar Wochen. Aus den abgedruckten Modelphotos weht einen ein Hauch der trendigen, erlesenen Achse Köln–München–Mailand an.

Hier wirkt das ein bißchen fremd, wie eine Ausgabe der *Vogue* bei einem Friseur in Kirjat Ata bei Haifa. Guy Sachar hat recht: Berlin bewahrt, mehr als andere reiche Städte des Westens, die Erinnerung an vergangene Not und eine Unzufriedenheit mit der Gegenwart. Es gibt hier Menschen mit geringem Einkommen, Berliner aus dem weniger satten Osten, Arbeitslose aus ganz Brandenburg. Man kann sie noch leicht in den Westbezirken der Stadt identifizieren, im Zoo, auf dem Kurfürstendamm, an ihrer glänzenden synthetischen Kleidung oder den schlechten Imitationen von Nobelmarken. Hier gibt es viele Menschen, die den Preis der Niederlage noch lange Zeit nach dem Sommer 1945 gezahlt haben.

Auf den Ehrenmalen in märkischen Dörfern sind die Gefallenen des Ersten Weltkriegs noch für »Heimat und Vaterland« gefallen. Aber die sehr viel zahlreicheren Toten des Zweiten Weltkriegs, deren Namen in kleineren Lettern an die Ränder oder auf die Rückseite gezwängt stehen, sind »auf dem Schlachtfeld oder in Lagern« gestorben, auch noch 1947 und 1952. Die Sowjets haben sie erschossen oder mit Schwerarbeit zu Tode geschunden, manchmal nur wenige Kilometer vom Heimatort entfernt. Ihre Söhne und Töchter gehen wie Fremde auf dem Kurfürstendamm. Ihr Kleidungsstil, ihre Gesichter oder ihre Haltung verraten ihre Herkunft. Vor den Schaufenstern von Bally, Versace und Uli Knecht hat ihr Blick noch etwas von dem ersten Staunen, dem Staunen von vor zehn Jahren, als sie entdeckten, in welchem Maße der kapitalistische Westen, nach ihrer Anschauung Erbe der faschistischen Schuld, geringer bestraft worden war als sie.

Im Wissenschaftskolleg finden deutsche Kollegen es natürlich, mit israelischen Fellows über ein brennend aktuelles Thema zu sprechen: die Debatte über das Holocaust-Mahnmal, das in unmittelbarer Nähe des Reichstagsgebäudes entstehen soll. Wieviel Tinte ist schon darüber vergossen worden. Wie groß war die Erschütterung, als der Regierende Bürgermeister Berlins der Grundsteinlegung fernblieb. Ein Israeli wird sofort eingeladen, sich an der Diskussion zu beteiligen: Schließlich ist er unmittelbar betroffen, nicht wahr?

Der Rektor des Wissenschaftskollegs, der Soziologe Wolf Lepenies, erzählt mir, daß er gegen diese Mahnmalsidee gewesen sei. Ebenso wie viele andere Intellektuelle sah er darin eine letztlich zum Schaden gereichende Zentralisierung der Erinnerung an die Schuld. Vor einiger Zeit war Elie Wiesel in Berlin. Als dieser auf das Holocaust-Mahnmal zu sprechen kam, fragte ihn Wolf Lepenies, ob er denn die »kleinen Mahnmale« kenne: Die »Versunkene Bibliothek«, das unterirdische Mahnmal, das Micha Ullman am Bebelplatz geschaffen hat, mit den leeren weißen Bücherregalen. Die kleinen Schilder im Bayerischen Viertel, die einschlägige Paragraphen der Nürnberger Gesetze und ähnliche Bestimmungen zitieren. Das Mahnmal mit den Daten der Transporte beim Bahnhof Grunewald. Vielleicht ist es richtig, viele Mahnmale zu schaffen, die an die Shoah erinnern, über die Stadt verstreut, integriert ins Alltagsleben der Berliner. Soviel ich weiß, sagt Lepenies, hat sich noch kein Einwohner des Bayerischen Viertels über die in seiner Wohngegend verteilten und in die Augen stechenden Schilder mit den harten, peinigenden Texten beschwert: Juden dürfen keine Hunde halten, keine christlichen Dienstboten beschäftigen, keinen Intimverkehr mit Ariern haben.

Ich frage, ob der Standort des umstrittenen Holocaust-Mahnmals neben dem Reichstag zusammenhänge mit der neuen Konzentration der Regierungseinrichtungen, die jetzt in dem engen Geviert zwischen Brandenburger Tor, Spree und Tiergarten entsteht, der wohl geschäftigsten Baustelle der Berliner Republik. Wolf Lepenies bestätigt mir die Abneigung, die hier viele gegen die arrogante Architektur der Regierungsgebäude hegen.

Und noch etwas klingt in dem Gespräch an: die Befürchtung, das Gedenken könnte Beamtensache werden. Ich habe einmal gelesen, im Rheinland hätten Leute den amerikanischen und englischen Soldaten, die über ihre zerbombten Straßen gen Osten strömten, zugesungen: »Lieber Tommy, zieh weiter, zieh weiter. Nicht wir haben das getan, sondern die dort, in Berlin.« Und was, wenn man hier in Berlin eines Tages sagte: Liebe Touristen, zieht weiter, zieht weiter. Nicht wir, sondern die dort im Regierungsviertel sind zuständig. Sie verwalten das Gedenken, und sie sind die Hüter der Schuld. Geht zum Reichstag, zum Kanzleramt, zu den Ministerien, dort ist man für die Mahnmale verantwortlich.

Das Holocaust-Mahnmal, sage ich zu Wolf Lepenies, interessiert die Israelis eigentlich nicht. Sie betrachten diese Debatte – so sie sie überhaupt kennen – als interne deutsche Angelegenheit. Wir haben genug mit unseren eigenen Denk- und Ehrenmalen zu tun, mehr als genug.

Aber als die Gerichte Neonazis erlauben, sich im Januar und dann wieder im März am Brandenburger Tor zu versammeln, steht Berlin kopf. Gegen 500 Mitglieder und Sympathisanten rechtsradikaler Parteien, darunter viele Skinheads, ziehen 5000 Gegendemonstranten auf, zumeist Linksradikale und Anarchisten, wird berichtet. Für die Liberalen, die für die Bürgerrechte eintreten und gesetzestreue Berliner sind, liegt der Skandal in der Ortswahl: Wie kann ein Gericht den Rechtsradikalen gestatten, genau vor dem Reichstag zu demonstrieren. Für das entstehende zentrale Regierungsviertel zeichnet sich also eine neue politisch-psychologische Aufgabe ab: Es wird die sensible Stelle Berlins sein, gewissermaßen die weiche Bauchseite. Ob dieser Bauch muskulös oder schlaff ist, wird sich noch herausstellen.

Claus Leggewie, Politikwissenschaftler, Linker, Ex-68er, ist nicht

bang vor dem neuen Regierungsviertel. Er nimmt eine Papierserviette und skizziert mir darauf das neue offizielle Berlin. Hier ist die Nordsüdachse, von den neuen Beamtenwohnungen Richtung Moabit durch das Regierungsviertel. Da ist der Reichstag, und da das Brandenburger Tor. Aber die neue Bebauungslinie verläuft weiter nach Süden hin zum Potsdamer Platz, zu den Stahltürmen von Sony und Daimler-Benz. Die skizzierte Linie ist lang genug, zugänglich für Ost- und West-Berlin, nicht in sich selbst verschlungen wie eine Schlange, kein abgeschotteter Korridor der Macht. Leggewie sieht hier keine gefährliche Konzentration, sondern ein vernünftiges, wohlausgewogenes Gleichgewicht zwischen Regierung und Wirtschaft, öffentlichem und privatem Raum. Ich möchte nicht noch eine weitere vorgefertigte Meinung aufdrängen, sagt er, aber das ist das, was ich denke.
Ich lausche dieser internen deutschen Debatte mit großem Interesse. Schließlich ist keine Debatte ja wirklich intern. Hat die von John Locke und dem Baron de Montesquieu propagierte Gewaltentrennung heute noch Bestand, oder bedarf sie einer gründlichen Überarbeitung? Vielleicht gibt es mitten im Berliner Regierungsviertel nicht nur Platz für internationale Konzerne, sondern auch für freie Rundfunksender, für ein Theater, für ein Gymnasium. Und vielleicht ist für den Regierungssitz die gute Nachbarschaft mit einem Museum und einem Universitätscampus wünschenswert, wie in Jerusalem, wo die Knesset in unmittelbarer Nähe zum Givat-Ram-Campus der Hebräischen Universität und zum Israel-Museum liegt.
Wie dem auch sei, mein Interesse an dem neuen Regierungsviertel in Berlin dreht sich nicht um das Holocaust-Mahnmal. Macht dieses Mahnmal nicht zu meiner Sache. Würde es euch überraschen, wenn ich hier nun gerade eine nichtjüdische Meinung verträte, wenn meine Stimme nicht aus dem Gedenkbereich, dem Bereich der Opfer käme?

Vom sechsten Stock des KaDeWe erfuhr ich zum ersten Mal durch meinen Freund K., den Liebhaber angenehmer Dinge.

In den achtziger Jahren besichtigte K. Ost-Berlin, doch sein Herz blieb im Westen, am Kurfürstendamm, im Café Kranzler mit den goldenen Gesimsen, das auf die von Menschen wimmelnden Bürgersteige herabblickt. Und in der Lebensmittelabteilung des KaDeWe: Ach, ach, ach, die darfst du dir nicht entgehen lassen. Diese Etage ist so eingerichtet, daß man sich in ihr verläuft, wie im Wald. Aber sie ist nicht nur ein Wald: Sie ist auch das Hexenhäuschen von Hänsel und Gretel, angefüllt mit Naschwerk, Leckereien und Schleckereien aller Art. Ein verrückter Architekt hat das Knusperhäuschen genommen und zu einem Labyrinth von Gängen, Plätzen und Ständen ausgebaut. Hier gibt es weder Anfang noch Ende. Ob ihr nun mit einem der gläsernen oder normalen Aufzüge heraufkommt oder mit einer Rolltreppe aus der Porzellan- und Kristallabteilung im fünften Stock anrollt – ihr befindet euch an einer beliebigen Stelle, in irgendeinem Gang des verwunschenen Labyrinths. Und wenn ihr euch dann für eine Richtung entscheidet, einem verlockenden Anblick oder einem starken Duft nachgeht, findet ihr nie mehr denselben Weg zurück. Vielleicht landet ihr im sich weit erstreckenden Wurstland: Kalbs-, Hühner-, Leber- und Speckwurst, Würste mit Rosinen und Pistazien, Pfeffer- und Senfkörnern, Wiener und Frankfurter Würstchen und die rundlichen, bläßlichen bayrischen Weißwürste, die man morgens verzehrt. Aber vielleicht bringt euch die Rolltreppe aus der Unterwelt nun in den Schokoladenhimmel. Dort wetteifern belgische Pralinen mit den Kreationen deutscher Hersteller, die exquisite dunkle Schokolade mit Alkohol füllen, konkurrieren mit den riesigen Schokoladentafeln der Marken Nestlé und Lindt und mit kleinen französischen Trüffeln, die auf der Zunge zergehen. Starke Kaffeedüfte schweben durch die Gänge des Labyrinths. Dann die Champagnertheken: Moët & Chandon, Veuve Cliquot. Die Brotstände verströmen warmen Duft: Baguette einfach, geflochten, mit Sesam bestreut; Kümmelbrot, Zwiebelbrot, Kartoffelbrot, Gerstenbrot, Sauerteigbrot, Siebenkornbrot, Walnußbrot, Dörrpflaumenbrot mit Nüssen; elf Sorten Croissants, siebzehn Brötchensorten.

Auf Irrwegen, ohne bewußtes Suchen, landen Glückspilze bei den kleinen Wunderwerken, die an der Wand des Knusperhäuschens aufgebaut sind. Ein Mosaik aus Petits fours. Französischer Roquefort, deutscher und holländischer Hering und dänischer Matjes auf Längsscheiben von sauren Gurken, im Schachbrettmuster abwechselnd gekrönt von einer Scheibe Ei oder einem Häufchen rotem Kaviar. Vielerlei Pasteten. Türme von Oliven und Käsewürfeln. Welch eine Präzision, welch sichere Hand und welch liebevolles Auge sind nötig, um jeden Morgen diese einfallsreichen Miniaturen zu schaffen, von denen einige Stückchen jetzt, bei einem Glas Rotwein, in den Schlünden zweier stattlicher deutscher Männer verschwinden. Mit Krawatte, das üppige graue Haar sorgfältig gekämmt, Brauen und Oberlippenbart gepflegt, sehen sie aus wie zwei Handwerksmeister in einem Kinderfilm oder wie Bürgermeister aus dem Märchen oder wie zwei Kompagnons einer Anwaltskanzlei in der Budapester Straße von damals, in der Zwischenkriegszeit.

Ethnomusik erklingt in der Mitte des Raums, bei einem Stand, der hundertvierzig Sorten Tee feilbietet. Das KaDeWe hat diese Woche eine Indianergruppe aus Oklahoma zu Gast. Sie trommeln und tanzen im Federschmuck. Die Kunden umdrängen sie, Deutsche jeden Alters, strahlend vor Sattheit, Wohlbefinden und Interesse. Eine ältere, bebrillte Indianerin tanzt jetzt allein im Kreis. Ihre Kleider sind mit Plastikperlen besetzt. Ihre Lippen wirken schmal, lang und sehr verbittert.

Die Lebensmittelabteilung scheut keine Mühe, ihre Kunden zu unterhalten. Vorbei an hochaufgetürmten Muscheln, vorbei an Regalen mit kanadischem, schottischem, irischem und norwegischem Lachs ziehen jetzt zwei sichtlich erschöpfte osteuropäische Musiker. Der eine trägt eine Balalaika, der andere schleppt sich mit einem Kontrabaß ab. Vielleicht haben sie sich geirrt und sind am falschen Tag gekommen, am Oklahoma-Tag. Ich hoffe, die Direktion wird sie hier irgendwo an einem Stand mit einem Gläschen Schnaps und einem großen Pökelfleischbrötchen entschädigen.

Nach ein paar Minuten, einigen Schlucken kühlen Weißweins und einem Teller mit Fischhäppchen auf dünnem, dunklem Brot, beginne ich mich mit der Lebensmittelabteilung des KaDeWe und dem, was sie repräsentiert, zu versöhnen. Was repräsentiert sie eigentlich? Was ist das vom Bezeichnenden Bezeichnete, um einen Ausdruck Ferdinand de Saussures zu zitieren, den einige meiner Freunde in Tel Aviv sehr schätzen? Es ist ein Lebensmittelmarkt. Laßt euch da nicht durch Lachs und Kaviar, Marzipankuchen und Atlantikmuscheln verwirren. Und ein Lebensmittelmarkt ist im Grunde eine einfache Angelegenheit. Da ist es wichtiger, sich die Dutzende Sorten Schwarzbrot anzuschauen, die Pflaumenkonfitüren, die auf zehnerlei Weise in sieben verschiedenen Ländern eingekocht wurden. Viele Sprachen mischen sich hier zwischen den Ständen. Viele Gesichter beugen sich über die Preisschildchen, vergleichen umsichtig, suchen Sonderangebote, das saisonbedingt Günstige.

Auch hier wohnt eine Art Erinnerung, hier ehrt man die Macht der Tradition, hier kennt man die richtigen, nicht beliebigen Kombinationen, die man belächeln, aber nicht außer acht lassen darf: daß man neben dem Kaviar die Blini auftürmen muß, daß am Wurststand nur Bier ausgeschenkt wird und daß zu den Bistro-Gerichten junger Rotwein gut paßt.

Anscheinend wird hier ständig irgendwo Hebräisch gesprochen. Wann immer ich herkomme, wehen mir von diesem oder jenem Stand Fetzen meiner Muttersprache zu. Diesmal sagt ein Mann zu seinem Gefährten: »Dort werden Hähnchen gegrillt.« Vielleicht waren sie morgens im Reichstag, vielleicht sind sie hallenden Schritts durch das leere Labyrinth des Jüdischen Museums gestreift, vom Exil-Garten zum Holocaust-Turm, vielleicht haben sie eine Stadtführung mitgemacht, vom Führerbunker zum Checkpoint Charlie. Jetzt geben sie sich den Sinnesfreuden der Lebensmittelabteilung hin, staunen über die Stände mit Meeresgetier, sind entgeistert über die Gemüsepreise.

Dieser Berliner Freßtempel lehrt einiges über das israelische Talent – wundersam und fragwürdig zugleich in meinen Augen –,

Schreckliches mit Sinnlichem, Abstraktes mit Konsum, Gedenksirenen mit Grillen im Freien zu verbinden. Berlin bündelt Eigenschaften, die israelischen Touristen in aller Welt oft nachgesagt werden, zum Beispiel den maßlosen Appetit, alles zu sehen, zu nehmen und es uns anzuformen. Das gilt besonders in Europa, wo für uns unter dem Sehnen und Staunen, der Arroganz und den häufigen Ausbrüchen von Vergleichssucht eine dumpfe Abneigung brodelt. Es ist ein eigenartiges Gefühl, Tourist zu sein, in vierundzwanzig Stunden Markt, Schloß und Museum in sich aufzunehmen. Und noch siebenmal seltsamer ist es, Tourist in Berlin zu sein, zwischen Grauen und Genuß hin- und hergeworfen zu werden.

Aber selbst wenn das Hinüberwechseln vom Bunker zum Kaufhaus mit einem schlimmen Makel behaftet wäre, wenn das kurzatmige Hüpfen von Göring zu Versace etwas moralisch zutiefst Verwerfliches an sich hätte, stände der moralisierende Beobachter doch machtlos vor dem Verdauungsvermögen, der Flexibilität und Vermengungskraft des Zweitagetouristen. Denn die menschliche Natur steht, wenn ich mich nicht irre, diesem Touristen hier zur Seite.

Außerdem ist es, von hier aus betrachtet, doch völlig klar, daß die Kräfte des Markts gesiegt haben, grübele ich leicht benebelt auf meinem hohen Barhocker. Aber der siegreiche Markt ist nicht der herzlose, freie Markt des Kapitals, sondern der sinnliche Basar, dessen Kunden mit glänzenden Augen die vielfältige, farbenprächtige Ware betasten, der Ort, an dem Gier und Appetit, Kauflust und Geldgier mit der Liebe zur Schönheit und der Freude am lärmenden Treiben aufeinandertreffen. Und auch mit der Fähigkeit, zu vergessen, zu versinken und zu genießen.

Nathan Alterman hat Handelsstädte einmal als taub und schmerzvoll bezeichnet. Aber nein: Handelsstädte sind nicht taub und schmerzvoll. Garnisonsstädte sind schmerzvoll, Industriestädte und Bergbaustädtchen. Die Städte der Kaufleute dagegen, die Basare und die Straßen, die Rathausplätze an Markttagen sind ganz Augen und Ohren und Hände. Und das wußte Nathan Alterman sehr wohl. Er wußte, daß es auf dem Markt alles gibt. Ein üppiges Angebot an allen menschlichen Dingen. Und deshalb werden Menschen, solange es einen Markt gibt, ihn immer aufsuchen. Und mittels des Markts wird die Großstadt weiter mit ihren eigenen Vorstufen kommunizieren, mit der Kreisstadt und mit der Bezirksstadt. Metropolis wird weiterhin menschlich, spannend und faszinierend bleiben, wird den Bewohnern der Kleinstädte weiterhin etwas zu bieten haben, wird die Ausgestoßenen und die Ehrgeizigen, die Ruhelosen und die Gierigen unter den Kleinstädtern weiter in ihren Zauberbann ziehen.

Warum Berlin, wiederholt N. meine Frage. Er nimmt einen Schluck Cola. (»Ich trinke prinzipiell keinen Alkohol«, erklärt er.) Weil Bekannte von uns ihre Söhne zum Studium nach Berlin geschickt hatten. Meine Eltern haben mich dazu ermuntert. Haben gemeint, ich sollte mal hinfahren und sehen, wie es ist. Sollte es mal versuchen.
Um uns herum trinken alle Bier. Es ist furchtbar heiß. Sogar die Magnolienbäume im Garten der Kneipe, die mein Gesprächspartner ausgewählt hat, werfen schon ihre violetten Blüten ab, die erst vor zwei Wochen aufgeblüht sind.
Aber das war nicht der wahre Grund, sagt N. Es gab einen inneren Antrieb, der mir sagte: Mach dich auf und gehe. Und dieser Antrieb war sexueller Natur.
Denn hier gibt es keine Eltern. Sie sehen nicht, was ich treibe. Ich bin mit einem Studentenvisum hergekommen, habe im Goethe-Institut Deutsch gelernt, was grauenhaft war. Dann habe ich mich immatrikuliert. Aber einen deutschen Professor zu verstehen war schwer. Denn am leichtesten kann ich mich im Hebräischen ausdrücken. Das fällt mir sogar noch leichter als Arabisch. In Hebräisch brauche ich nicht zweimal nachzudenken, wie man ein Wort schreibt. Und dann habe ich hier das Leben der Schwulen kennengelernt, habe mich mitten hineinbegeben.
Zum ersten Mal?
Nein, auch in Israel habe ich nichts anbrennen lassen. Aber hier

war das anders. Ich habe vieles ausprobiert. Wenn man ein neues Spielzeug in die Hand bekommt, möchte man alle Knöpfe mal drücken. Und hier habe ich viele Knöpfe ausprobiert, sagt er lächelnd, alle.

Später stand in einem Zeitungsartikel, man könnte einen Partnerschaftsvertrag unter Männern abschließen und daraufhin eine Aufenthaltserlaubnis bekommen. Ich bin mit einem Freund zum Anwalt gegangen, wir haben einen Vertrag geschlossen, gemeinsames Eigentum und alles. Das Ausländeramt hat eine Aufenthaltserlaubnis für zwei Jahre ausgestellt, und das Arbeitsamt – das nicht mit dem Ausländeramt abgestimmt ist – hat mir eine unbefristete Arbeitserlaubnis erteilt. Seither arbeite ich in allen möglichen Jobs, zum Beispiel als Barmann.

So ist N. nach Berlin ausgewandert: eine Emigration aus sexuellen Gründen. Mach dich auf und gehe.

Ich trinke einen weiteren Schluck Bier. Ringsum gibt es viele schöne Männer. Wir tauschen unsere Eindrücke aus. N. mag die mit dunklem Teint. Orientalen, sagt er lachend.

Wie viele israelische Schwule leben in Berlin, was meinst du?

N. zählt sie an den Fingern ab. Nennt Vornamen. Kommt auf sieben. Kennt aber mindestens fünfzehn. Und selbst er, der in der Szene zu Hause ist, kennt sicher nicht alle.

Sind auch israelische Frauen dabei?

Kenne keine.

Drei feste Freunde hat er gehabt, zwei Deutsche, der letzte war Italiener. Sein Territorium ist Schöneberg und Kreuzberg. Der angesagte glitzernde Osten ist nicht sein Fall. Die netteste Party findet seiner Ansicht nach in Kreuzberg statt (SO 36, präzisiert er für meine Leser), einmal im Monat. Das Lokal nennt sich »Gayhane«, das türkische »Hane« bedeutet »Haus«. Eine tolle Party, sagt er, wirklich.

An den Zapfhähnen steht ein blonder junger Mann in einem T-Shirt mit einem Aufdruck in der heiligen Sprache: »Mach mich nicht an, ich bin vergeben.« N. wirft ihm einen herablassenden Blick zu. Wer will das denn überhaupt, wirft er ihm in lautem

Sabre-Hebräisch hin. Aber der andere verzieht keine Miene. Vermutlich hat er es nicht verstanden.

Zum Schluß landet man in Tel Aviv.
Im Gespräch mit Israelis kommt die Rede immer wieder auf Tel Aviv. Ein Geflecht von Inspirationen und Vergleichen verbindet diese Stadt mit Berlin. Hätte Berlin heute noch wirkliche Tore, solche, die nach anderen Städten benannt sind, zu denen die Landstraße durch dieses Tor über Felder und Fluren und Brachland führt, hätte es vielleicht auch ein Tor in Richtung Tel Aviv. Tel Aviver Tor würde es dann heißen.
Denn der Dialog, den Tel Aviv mit Berlin führt, geht über das Selbstverständliche hinaus. Das heißt, er beschränkt sich nicht allein auf die Bauhaus-Architektur, auf die »weiße Stadt«, die aus Deutschland eingewanderte jüdische Architekten im Gefolge von Richard Kauffmann und Erich Mendelsohn in den dreißiger Jahren in Tel Aviv schufen. Tel Aviv redet, zumindest in den letzten beiden Jahrzehnten, über den Kopf des Bauhauses hinweg mit Berlin. Durch die bildende Kunst, durch Videoclips und Installationen. Durch klassische Musik und Jazz, House und Techno. Gemeinsam ist ihnen der Hochmut einer Weltstadt, die zu ihrem Leidwesen von der Welt noch als Provinzstadt betrachtet wird. Beide tragen eine gleiche Last. Tel Aviv wie auch Berlin haben ein ganzes Land auf den Schultern, ein problematisches, geschichtsreiches Land. Und wie Berlin möchte Tel Aviv zu jenen globalen Höhen durchstarten, in denen Städte scheinbar ohne Länder auf den Schultern existieren können.
Mehr als fünfzig Filme hat Israel seit Anfang der achtziger Jahre zur Berlinale geschickt. Die meisten davon entsandte eigentlich Tel Aviv. Allein Amos Gitai hat sechs Filme auf der Berlinale vorgestellt. Viele Filmtitel legen Zeugnis ab von dem Dialog, den Tel Aviv mit Berlin führt, sie sind gewissermaßen die Aufzeichnung einer Seite des Gesprächs, eines lauten, eindringlichen Gesprächs. *Tel Aviv–Berlin* von Tzipi Tropé. *Wahl und Schicksal* von Tsipi Reibenbach. *Wird meine Mutter nach Berlin zurückkehren?* von

Micha Peled. *Kommt mir nicht zu nahe mit der Shoah* von Asher Tlalim.

Aber auch andere Filme passieren mit Leichtigkeit diese Achse Tel Aviv – Berlin. Filme, die eine Großstadt der anderen schickt, Metropolis-Filme. *Das Leben nach Agfa* von Assi Dayan wurde auf der Berlinale ausgezeichnet. Auch Eytan Fox hat hier Eindruck gemacht. Und es kamen *Befallen* von Amos Gutman, *Die Milchstraße* von Ali Nassar und *Herzlichen Glückwunsch zum Geburtstag, Herr Mograbi* von Avi Mograbi, einer der Filme, denen es gelang, deutsche Zuschauer zu verblüffen und ihr allzu festgefügtes Bild von den Israelis zu erschüttern.

Diese Tel Aviver Vielstimmigkeit ist besonders hier in Berlin wichtig. Denn in den Augen der Rundbebrillten in Schöneberg und Kreuzberg war der Israeli viel zu lange eine verschwommene und zweigeteilte Figur: der Unterdrücker der Palästinenser und Erbe des widerlichen militaristischen Faschismus oder Nachfahre der Opfer, der nicht zu irren vermag – ein Klischee, erstarrt in lauter politischer Korrektheit und guten Absichten. Was Tel Aviv Berlin zu bieten hat, ist genau das, was Berlin zur Weimarer Zeit dem Land Israel geschenkt hat: die Gabe der Vielfalt. Ich bin nicht nur die einzige Bauhaus-Stadt der Welt, sagt Tel Aviv, nicht nur die Stadt von Shoah-Überlebenden und deren Kindern, auch nicht nur die Stadt von Besatzern in Uniform, sondern eine Weltstadt. Ein Metropolis vis-à-vis. Und deshalb besteht Tel Aviv auf seinem Recht, die Welt – und vor allem Berlin – mit mehr als einer Stimme anzusprechen.

Es gibt natürlich auch einfachere Dinge. Ich liebe Berlin, weil es mich an Tel Aviv erinnert, sagt Guy Sachar. Es gibt hier zum Beispiel die King-George-Straße. Wo genau? Am Ludwigkirchplatz, in der Augsburger Straße. Diese Gegenden von Wilmersdorf sind für mich King George. Und Ost-Berlin hat überhaupt viel Ähnlichkeit mit Tel Aviv. Die Gegend der Hackeschen Höfe in Berlin-Mitte. Sogar die Provisorien haben etwas Tel Avivisches: Nimm das Roseneck, das ist doch so eine Art Café Alexander. Häßlich, gewöhnlich.

Aber am meisten begeistert sich Guy für das jüdische Dreieck der Vorkriegszeit: Auguststraße, Oranienburger Straße, Große Hamburger Straße. Dort war früher einmal das pulsierende Zentrum des jüdischen Berlins. Und die Juden der Kaiserzeit und der Weimarer Republik waren ganz anders als die von heute. Denn der Berliner Jude von einst, meint Guy Sachar, war in Wirklichkeit Tel Aviver.

Und Michel Assli, am Holztisch am Seeufer im Tiergarten, sagt: Im Prinzip könnte ich auch in Israel kellnern. Aber dort ist das Leben teurer, und die Gehälter sind nicht so besonders. Hier bekomme ich, mit Trinkgeldern, vielleicht zweitausend, vielleicht zweitausendachthundert Mark pro Monat. Aber wenn man mir in Tel Aviv eine Chance gäbe, wenn ich dort Arbeit hätte, gleich morgen früh würde ich dort hingehen. Sogar zu Fuß.

Die Bahn
und der Wald

Als wir nach Berlin kamen, sagt Dorit Brandwein-Stürmer, hatte ich das Gefühl, daß ich hier einmal wohnen würde. Daß sich mir hier etwas enthüllen würde. Und das ist auch geschehen. Auf dem jüdischen Friedhof Weißensee fanden wir das Grab meines Urgroßvaters. Erst kürzlich erfuhr ich, daß er hier begraben liegt. Und da habe ich zu Michael gesagt: Wie seltsam – wir sind uns begegnet, haben geheiratet, sind nach Berlin gezogen, und so habe ich das Grab meines Urgroßvaters gefunden.
Es ist sehr still in ihrer hellen Wohnung in Zehlendorf. Der Wald beginnt jenseits der Straße. Hohe Bäume blühen in den Gärten. Nur selten gesellt sich leises Motorengeräusch dem Vogelgezwitscher und Blätterrauschen hinzu. Und wie viel grünes Laub es hier gibt. Ganze Quadratkilometer von Blattwerk, durchzogen von zarten, zwei Wochen alten Adern, bewegen sich im Wind.
Dorit hat Michael Stürmer vor zwei Jahren in Ebenhausen geheiratet, dem Ort, in dem er viele Jahre lang ein staatliches Forschungsinstitut für Internationale Politik und Sicherheit leitete. Als die beiden dieses Jahr nach Berlin übersiedelten und nach Weißensee gingen, war es Michael, der den kleinen Grabstein entdeckte, der umgestürzt am Fuß des größeren, prächtigeren lag. Auf dem größeren stand »Abraham, Sohn des Rabbi Jesaja Brandwein«. Das war der Großvater von Dorits Vater. Und auf dem kleinen, umgestürzten Grabstein stand »Chaja Brandwein-Ortner«. Das war Abrahams Witwe, die in schlechteren Zeiten gestorben war und unter einem bescheideneren Stein begraben wurde. Mit der Vorderseite nach unten lag der Grabstein der Urgroßmutter und Rabbinersfrau, und so fand Michael Stürmer ihn, moosüberwuchert.
Wie wenig wußte ich doch über meine Familie, sagt Dorit. Und

von den Kindern in der Hermannstraße wußte ich überhaupt nichts. Aber schau, wie eigenartig: Die Hermannstraße ist gleich hier, nur zwei Straßen von unserer Wohnung entfernt. Laß mich noch einen Anruf machen, dann gehen wir zu Fuß hin.

Das Berliner Philharmonische Orchester hat erst Anfang der neunziger Jahre zum ersten Mal in Israel gastiert, sagt Guy Braunstein, erst als Herbert von Karajan das Orchester verlassen hatte. Zu Karajans Zeiten sind sie nicht nach Israel gekommen. Dabei war das Orchester in den zwanziger und dreißiger Jahren voller Juden. Sie waren da – und sind dann woandershin gegangen, fügt er mit hintergründigem Sabre-Lächeln hinzu.
Doch vor vielen Jahren, fährt er fort, hat jemand mir einmal eine Kassette mit Beethovens Neunter vorgespielt. Es war eine Aufnahme von sehr schlechter Tonqualität, aus den frühen vierziger Jahren. Es spielten die Berliner Philharmoniker, zum Geburtstag von dem da, what's his name. Kurz gesagt, diese Musik kam aus der abstoßendsten, widerwärtigsten Umgebung, die man sich nur vorstellen kann. Das habe ich erst später erfahren. Aber es war so schön. Sie haben so schön gespielt.
Guy Braunstein ist achtundzwanzig Jahre alt. In Ramat Efal bei Tel Aviv aufgewachsen. Seit Januar 2000 ist er erster Geiger im Berliner Philharmonischen Orchester. Konzertmeister. Bis dahin war er Solist, gehörte nicht fest einem Orchester an. Nachdem er bei Chaim Taub, Glenn Dicterow und Pinchas Zuckermann studiert hatte, tourte er durch die Welt und spielte mit allen großen Orchestern. Aber als Berlin ihn zum Probespiel einlud, war er aufgeregt. Und als er den Posten erhielt, war er noch aufgeregter. Berlin, das ist nicht nur ein Sound, erklärt Guy, das ist ein Label.
Und die Reaktion in Israel?
Viele Leute sagten mir, das sei vielleicht das beste Orchester der Welt. *Der* Ort. *Der* Posten. Aber bei manchen leuchtete bei Berlin ein Warnlicht auf.
Hat dich das gestört, dieses Warnlicht?
Nein.

Macht dir die Geschichte dieses Orchesters etwas aus? Karajan und überhaupt?

Überhaupt nichts. Auf französisch klingt das besser: Rien de rien.

Wir sitzen in der Cafeteria der Philharmoniker. Ein überraschend verlotterter Raum, der sich auf Gänge hin öffnet, die mit Kartons vollgestapelt sind, dazwischen etwas Großes, das aussieht wie ein Kontrabaßkasten. Ein über und über mit Zetteln bedecktes Schwarzes Brett. Von der Theke her weht erdrückender Fettgeruch. Guy hat mir Bier und sich ein alkoholfreies Getränk geholt. Es ist Mittagspause, zwischen den Proben. Geprobt wird von zehn bis zwölf und von sechzehn bis achtzehn Uhr. Dazwischen kann man sich in einem Raum hier ausruhen. Meist lohnt es sich nicht, extra ins Hotel zurückzukehren.

Am 27. Januar fand eine Shoah-Gedenkfeier im Reichstag statt, fährt er nach ein paar Minuten fort. Mit Elie Wiesel. Ich kehre noch manchmal übers Wochenende nach Paris zurück, noch habe ich hier kein Zuhause, aber in diesem Fall hat man mich gebeten, wenn möglich einen Tag länger hierzubleiben. Um bei der Gedenkfeier im Reichstag zu spielen. Ich habe den Orchesterleiter gefragt: In welcher Eigenschaft sprechen Sie mich an? Als Konzertmeister, antwortete er. Ist das alles? habe ich gefragt. Was soll ich repräsentieren? Nichts, sagte er, nur das Orchester. Da konnte ich mich nicht länger beherrschen, sondern habe zu ihm gesagt: Ihr habt kein Schamgefühl.

Hast du das Gefühl, sie gehen schon damit hausieren, daß du Israeli bist?

Ich versuche, mich nicht damit zu befassen. Ich habe hier meine eigene kleine Welt. Nazis gibt es hier ja keine mehr. Und wie soll man wissen, fragt er mich mit blitzenden Augen, während er sich eine Zigarette anzündet, ob jemand hier Nazi geworden wäre, wenn er die Möglichkeit gehabt hätte?

Die schöne, ruhige Klopstockstraße führt in den Fischerhüttenweg, eine Allee, die hundert Meter weiter plötzlich ihre Häuser ablegt und sich in einen Waldweg verwandelt. Also das waren die

Eltern meines Großvaters, sagt Dorit Stürmer. Sie hatten eine Tochter, Golda, mit deutschem Namen Guste, die Chaim Schwalbe heiratete. Golda und Chaim fuhren nach Amerika, dort kam ihre Tochter Jenny auf die Welt. Aber Golda sehnte sich nach ihren Eltern, die damals noch in der schlesischen Stadt Jaroslaw lebten, und überredete Chaim, zurückzukehren. 1906 kamen sie mit der zweijährigen Jenny zurück, aber nicht nach Schlesien. Sondern nach Berlin. Denn Chaim hatte nur unter dieser Bedingung zugestimmt: wenn Europa – dann Berlin.

Auch der Fischerhüttenweg ist ruhig. Nur am Wochenende drängen sich hier die Autos der Ausflügler, derer, die hierherkommen, um spazierenzugehen, zu radeln und zu baden. Wenn Europa – dann Berlin. Berlin ist nicht nur ein Sound, sondern auch ein Label.

Und die Familie hat Glück, fährt Dorit fort: Auch Goldas Eltern übersiedeln hierher, nach Berlin, denn Abraham bekommt eine Stelle als Rabbiner und Lehrer an der Synagoge in der Rykestraße. Sie finden eine Wohnung nicht weit von hier. Die Jahre vergehen, Goldas Eltern gingen von dieser Welt. Golda und Chaim Schwalbe ziehen Jenny und ihre vier Brüder groß, die alle vier ins Land Israel auswandern. Jenny heiratet in Berlin einen Mann namens Chaim Bobker. Auch sie ziehen ihre Kinder auf: Mally, Hella-Chaja, Abraham und Kurt. Und 1939 geht sie zur amerikanischen Botschaft ...

Moment, falle ich Dorit ins Wort. Wir überqueren die Allee bei einem vorschriftsmäßig geparkten blauen BMW, auf den Fliederblüten niederrieseln. Plötzlich sind wir schon im Jahr 1939? Bis 1939 hat sie gewartet?

Ja. Sie besaß ja die amerikanische Staatsangehörigkeit. Und als amerikanische Staatsbürgerin wollte sie mit Mann, Kindern und Eltern ausreisen. Doch es hieß: nicht alle auf einmal. Nehmen Sie ein Kind mit und fahren Sie. Später werden wir weitersehen.

Ich bin viel in der Welt herumgekommen, sagt Guy Braunstein. Bis diesen Januar gehörte ich ja nicht fest zu einem bestimmten

Orchester. Ich bin in Kirchen gegangen: wegen des visuellen Aspekts, der Architektur, den Gemälden. Aber nicht in Synagogen. Die bieten keine visuelle Schönheit. Mit zwei Ausnahmen.
Er kommt in Fahrt, zieht an seiner Zigarette.
Außer der Synagoge in Florenz. Die ist schön, wirklich schön. Und auch die Synagoge in Prag. Neben Kafkas Haus.
Welche meinst du? frage ich. Dort gibt es mehrere Synagogen. Die Deutschen haben sie stehenlassen. Himmler wollte dort ein Museum der »ausgestorbenen jüdischen Rasse« einrichten.
In Prag, fährt Guy fort, ohne auf meine Frage einzugehen, in Prag kann der weltlichste Mensch nicht gleichgültig bleiben. Wer in Prag nichts für Synagogen übrig hat, muß mal in die Mikrowelle.
Ein Musikerkollege, Japaner dem Aussehen nach, winkt ihm im Vorübergehen zu. Guy lächelt ihm zu. Wir schweigen. Nicht Guy Braunsteins Berühmtheit erschwert mir dieses Gespräch, sondern die sonderbare Diskrepanz zwischen unserer gemeinsamen Herkunft als aschkenasische Sabres und dem überraschend deutlichen Generationenunterschied – gerade einmal elf Jahre Altersunterschied und doch eine Generation auseinander.
Er erzählt mir von dem erhebenden Moment, in dem man ihm, gleich nach dem Probespiel, sagte, daß er die Stelle bekäme. Man hatte es ihm auf deutsch gesagt, und er hatte es nicht richtig verstanden, war ins Zimmer gegangen, hatte sich eine Zigarette angezündet. Dann kam jemand vorbei und erklärte ihm, daß er der neue Konzertmeister sei, doch Guy lächelte nicht einmal, denn am Vortag hatte er eine Wurzelbehandlung gehabt. Später wurde er durch einen Anruf aus Israel aus dem Schlaf gerissen, vom zweiten Programm des israelischen Radios, doch er kann sich nicht erinnern, was er gesagt hat. Danach hat er lustlos der *Berliner Morgenpost* ein Interview gegeben, denn ihm würden ja immer haargenau die gleichen Fragen gestellt, und natürlich auch die Millionenfrage: Ob er immer schon davon geträumt habe, mit Claudio Abbado bei den Berliner Philharmonikern zu spielen? Guy überlegte, wie man sich diplomatisch aus der Affäre ziehen könnte, und antwortete schließlich: Nein, ich habe immer davon geträumt, mit Michael

Jordan bei den Chicago Bulls zu spielen. Zwei Tage später kam er zur Arbeit und sah alle um die Zeitung geschart: Die Antwort bezüglich der Chicago Bulls stand als Aufmacher über dem Interview.
Was wolltest du denn, frage ich, sollten sie dich etwa fragen, ob man Brahms besser spielen kann, wenn man Gras geraucht hat?
Hilft nichts, antwortet Guy prompt. Beim Spielen braucht man schnelle Reflexe, Aufmerksamkeit für die kleinsten Einzelheiten. Wie beim Autofahren. Den Kopf volldröhnen hilft da nichts.

Sie hat dem natürlich nicht zugestimmt, fährt Dorit Stürmer fort. Aber der Botschafter persönlich hat ihr versprochen: Nehmen Sie ein Kind und fahren Sie. Die übrigen schicken wir Ihnen nach. Das versichere ich Ihnen. Sie hatte keine andere Wahl.
Wir biegen jetzt vom Fischerhüttenweg in die Hermannstraße ein. Große Häuser mit Garten, teils in geräumige Wohnungen unterteilt, teils noch Einfamilienvillen. Die Gartenmöbel stehen schon wieder für den Sommer draußen: Im Gegensatz zu Herzlija hat man hier in Zehlendorf die weißen Plastikstühle noch nicht ausrangiert. Hier und da dreht sich schon ein Rasensprenger. Also nahm Jenny, die schwanger war, ihren Jüngsten, Kurt, mit nach Amerika. Die anderen blieben mit Vater Chaim und den Großeltern in Berlin. Die Amerikaner holten sie nicht heraus. Vielleicht konnten sie es schon nicht mehr. Vielleicht wollten sie es auch nicht.
Dann bekam Chaim, man weiß nicht wie, eine Gelegenheit, nach London zu reisen. Und er entschloß sich zu fahren, um von dort aus zu versuchen, die drei Kinder herauszuholen, ihnen englische Visa zu besorgen. Mally, Chaja-Hella und Abraham blieben also ohne Eltern zurück und kamen ins Kinderheim. Und dieses Kinderheim befand sich genau hier, Hermannstraße 11, ein paar Häuser weiter. Der Krieg brach aus. Als Chaim in London ankam, wurde er sofort interniert, als deutscher Staatsbürger – da halfen keine Erklärungen – und nach Australien deportiert. Und das ist das Ende. Nun kann keiner den Kindern mehr helfen. Aber noch drei Jahre haben sie hier gelebt, in dieser Straße.

Wir sind angekommen. Dorit war schon einige Male hier. Das Gebäude ist hoch, unauffällig, mit Giebeldach. Ein Seitenpfad führt zum Haus dahinter, einem zweistöckigen Wohnhaus in einem Garten. Keinerlei Zeichen, keinerlei Spuren, keine Gedenktafel. Nur Vögel singen so aus vollen Kehlen, daß ich plötzlich hoffe, daß die drei es hier gut gehabt haben, in diesem Kinderheim, in ihren drei letzten Jahren, daß sie nicht geweint haben, als sie hergebracht wurden, die Dreizehnjährige und die Achtjährige und der Sechsjährige, und daß man sie hier gut versorgt hat. Sie hatten ja auch noch Großvater und Großmutter in Berlin, die sie sicherlich besucht und übers Wochenende zu sich in die Rykestraße geholt haben, bis sie im Oktober 1941 mit dem Transport Nummer 2 nach Lodz deportiert wurden. Wir wissen sogar das genaue Todesdatum des Großvaters, der mit den übrigen Daten in der Datenbank des Berliner Gedenkbuchs verzeichnet steht: 2. Mai 1942. Todesort: Litzmannstadt, Lodz. Aber seine Enkelkinder lebten noch hier in diesem Haus, als letzte der Familie in Berlin, nachdem die Erwachsenen ihnen entschwunden waren, einer nach dem andern.
Gerade über diese Großeltern steht eine Zeile in einem Buch, das hier kürzlich erschienen und ein Bestseller geworden ist, sagt Dorit. Es heißt *Aimée & Jaguar* und erzählt eine andere deutsch-jüdische Geschichte. Dort steht: »Herr Schwalbe wurde eines Abends von zwei Beamten mitsamt seiner ganzen Familie abgeholt«.

Es gibt Dinge, sagt Guy Braunstein, wenn man vor denen flieht, kommen sie im Rückwärtsgang zurück. In Berlin gebe ich mich nicht mit jüdischen Empfindlichkeiten ab. Wenn welche da sind, dann passiv. Bei meinen ersten Deutschlandaufenthalten war ich wirklich noch ein Kind. Mit zwölf Jahren hat man mich zu einem Sommerkurs an den Rhein geschickt, nach Rolandseck, bei Bonn. Ich wollte nicht. Allein schon die deutsche Sprache sträubte mir sämtliche Härchen, die ich damals noch gar nicht hatte, auf den Armen. Ich sagte, um Himmels willen, dieses Land betrete ich nicht. Aber das sind alles nur Reflexe.

Und deine häufigen Deutschlandbesuche haben diese Reflexe abgemildert?
Ja.
Wie ist das, Israeli in Berlin zu sein?
Ich wohne noch nicht hier, ich arbeite hier nur. Noch habe ich die Wohnung in Paris. Hier bin ich in der Wohnung von jemand anderem untergekommen. Wie die Israelis in New York sagen: Ich wohne in sublet. Als Untermieter eines Mieters. Im Sommer, wenn ich hierherziehe, werde ich dir eine Antwort geben.
Dann überschattet die Shoah nicht dein Leben?
Nein.
Und dann fügt Guy hinzu: Schade, daß man im Buch nicht den Ton wiedergeben kann, in dem ein Wort gesagt wird. Darum beneiden uns die Schriftsteller. Bei uns hört man den präzisen Ton.

Ein deutscher Mann, vielleicht um die sechzig, parkt seinen Wagen im Seitenpfad der Hermannstraße 11, steigt aus und betrachtet uns mit unverhohlenem Mißtrauen. Auf dem Balkon steht eine Frau, die uns ebenfalls fixiert. Sprich ihn doch an und frag ihn, ob er weiß, was hier mal war, meine ich zu Dorit. Sie zögert, ja, vielleicht wirklich, aber er ist schon ins Haus gegangen, und auch die Frau ist vom Balkon verschwunden. Also, das wär's, sagt Dorit. Christiane Schütz vom Centrum Judaicum, die heute Chana Schütz heißt, hat für mich alle Daten über diese Familie aus der Datenbank des Berliner Gedenkbuchs herausgesucht. Und wir wissen nun, daß Mally, Chaja-Hella und Abraham von hier ab Bahnhof Grunewald mit dem Transport Nummer 23 am 29. November 1942 nach Auschwitz verschleppt worden sind.

Genau fünf Jahre, nur fünf Jahre nachdem der Transport Nummer 23 den Bahnhof Grunewald Richtung Auschwitz verlassen hatte, wurde die UN-Resolution zur Teilung Palästinas in einen jüdischen und arabischen Staat verabschiedet – am 29. November 1947. Ein Datum, das alle israelischen Schulkinder auswendig wissen. *Kaw-tet be-November*, wiederhole ich auf hebräisch das Datum 29. November, um das Schweigen zu brechen, denn auf dem

Rückweg ist die Stille in der Hermannstraße nun schon völlig unerträglich.
Ja, in der Datenbank steht, daß die Kinder drei Jahre in diesem Kinderheim waren, »unter der Aufsicht von Kapellaner«. Wer war Kapellaner? Vielleicht läßt sich das feststellen. Vielleicht wissen es die Leute, die wir gesehen haben. Aber das halte ich für unwahrscheinlich. Und vier Tage vorher, am 25. November, hat man ihnen eine »Vermögenserklärung« abverlangt. Verstehst du? Man hat geprüft, wieviel sie noch haben. Auch die Sammelstelle, zu der man sie am Tag der Deportation gebracht hat, steht in der Datenbank: Große Hamburger Straße 26.
Große Hamburger Straße 26, denke ich beim Wiedereinbiegen in die Klopstockstraße – Klopstock war im 18. Jahrhundert ein beliebter deutscher Dichter, er war es, der Goethe und die Romantiker lehrte, von den geheimsten Gefühlen des einzelnen zu dichten –, diese Adresse ist doch in Berlin-Mitte, am anderen Ende der Stadt. Wie hat man sie von hier nach dort gebracht? Mit der S-Bahn? Mit dem Bus? Und was empfanden sie da, die Kinder? Und nachher auf dem Bahnsteig? Ob die Großen den Kleinen an die Hand genommen haben? Nach dem Krieg, sagt Dorit, ist Chaim aus Australien nach New York gekommen und lebte dort dann mit Jenny und mit Kurt und mit dem kleinen Harry, der schon dort geboren worden war. Ich habe sie alle kennengelernt, als sie in Israel zu Besuch waren. Jenny hat sich geweigert, Entschädigungsgelder anzunehmen. Wenigstens Kurt hat sie gerettet. Jennys Wahl. *Jenny's choice.*

Ich kann mit diesem ganzen Reden über Jude-Sein und Israeli-Sein überhaupt nichts anfangen, sagt Guy Braunstein. Was ist das, ein Israeli. Was bin ich mehr. Bestehst du darauf, daß ich wähle? Nein.
Jude. Denn was Israeli-Sein bedeutet, ist mir völlig schleierhaft. Was ist das? Wie definierst du das?
Guys Frage trifft mich unvorbereitet.
Ich sage: Ich habe keine fertige Definition parat, was Israeli-Sein

bedeutet, aber ich kann dir sagen, was zwei Israelis-Sein bedeutet. Zwei Israelis zu sein ist eine Art Sparprogramm. Wenn ich mit dir in der Cafeteria der Berliner Philharmoniker sitze, gibt es einige Dinge, die wir beide bestens wissen, so daß wir sie einander nicht erst sagen, erklären oder übersetzen müssen. Weil wir beide Israelis sind, bleibt uns einiges an Transferarbeit erspart. Zwei Israelis zu sein, das heißt, ganz viel Bekanntes zu teilen, zum Teil sehr Subtiles.

Guy bleibt unbeeindruckt. Mich ängstigt die infantile Definition, die ich in Israel 1996 gehört habe, nach Netanjahus Wahlsieg, sagt er. Daß die Juden nun über die Israelis gesiegt hätten, Jerusalem über Tel Aviv. Das hat mir Angst gemacht. Vielleicht ist gerade das mein Shoah-Instinkt.

Und weiter sagt er: Vor nationalistischem Lokalpatriotismus nehme ich Reißaus. In dieser Hinsicht besteht keinerlei Unterschied zwischen Zionismus und Faschismus. Ortsverbundenheit? Gemeinsame Codes? Alles dieselbe Sequenz. Was soll daran anders sein.

Und wenn Israelis stolz auf dich sind – berührt dich das?

Ja. Aber das ändert nichts an meinem Leben, und es ändert nicht das geringste an der Art, wie ich spiele.

Und man fragt mich sogar, sagt er, ob ich hier spiele, »um es ihnen zu zeigen«.

Ärgern dich solche Fragen, oder lassen sie dich kalt?

Kommt drauf an, antwortet Guy Braunstein, wie ich morgens aufgestanden bin.

Der Zwang zurückzukehren geht von Worten aus. Worte zwingen einen, sich an Dinge zu erinnern, die einem nie passiert sind. An das, was anderen geschehen ist. Wir können uns niemals an einen Duft oder Geschmack erinnern, den eine entfernte Cousine als Kind in einem anderen Land gekannt hat. Nur Worte drängen uns Leben und Tod jener Cousine auf. An einem herrlichen märkischen Frühlingstag, auf der Wiese am See, können dich nur Worte zwingen, in das Dunkel von Leben und Tod fremder Menschen zurückzukehren. Fliegt nämlich ein Schmetterling vorbei, ein Zitronenfalter von Anfang April, wird jeder, der in den sechziger oder siebziger Jahren auf eine israelische Schule gegangen ist, sich an jene Zeile aus dem Ghetto erinnern, »Es gibt keine Schmetterlinge hier«, und zu sich sagen: Schau, es gibt doch Schmetterlinge hier.

Und bei einer Ausflugsfahrt mit dem Spreedampfer, bei einem Glas Glühwein und in nettem Gespräch, verschwimmen einem plötzlich die vertrauten Gesichtszüge seines Gesprächspartners, der einem beispielsweise einen Besuch des Türkenmarkts in Kreuzberg empfiehlt. Denn auf einer hinteren Bewußtseinsbahn ziehen Worte vorbei. Worte, die von einem Fluß sprechen. Nathan Altermans Worte über einen anderen deutschen Fluß. Die Erinnerung zieht sie hervor:

»Gen Osten stürmen die Brigaden,
Doch sie wissen: Es naht der Tag,
An dem andere Flüsse rein werden,
Nur der Rhein fließt weiter rot.«

Nur der Rhein, Nathan Alterman? Oder warst du hier ein bißchen zu großzügig, zugunsten von Symbolik, Versmaß und hebräischem Reim? Was ist mit der Elbe, mit dem Main, mit dem schönen Nekkarstrand? Was ist mit Oder und Spree? Vor allem mit der Spree. Denn sie floß am Reichsführerhauptamt vorbei und netzte – was Flüsse ja bekanntlich tun: sie netzen – die Gestapozentrale und das Hotel Adlon, in dem die hohen Offiziere gern zechten.

Solche Gedanken drängen sich dem genießenden Touristen auf, befallen den, der mit offenen Sinnen reist. Und diese Gedanken bestehen ja letztlich aus Worten. Aus dem, was Worte unserer Erinnerung aufzwingen. Deshalb können wir nur durch die Worte, die wir einmal gehört haben, durch Zeilen, die man uns einmal zum Lesen aufgegeben hat, manchmal jenen raren Moment der Eingebung erleben, jenen Augenblick wahren Grauens, der nicht mehr der Worte bedarf, nicht mehr das Gerüst der Sprache braucht, den Moment des Aufschreis in Płaszów.

Mittags im Literaturhaus mit dem Historiker Moshe Zuckermann aus Tel Aviv. Moshe hat das Jahr zuvor ein Sabbatical am Wissenschaftskolleg verbracht und ebenfalls ein anderes Buch als eigentlich geplant geschrieben. In seinem Buch *Gedenken und Kulturindustrie* mit dem Untertitel *Ein Essay zur neuen deutschen Normalität* polemisiert er gegen den Schriftsteller Martin Walser, den Historiker Hans-Ulrich Wehler und den Dichter und Essayisten Hans Magnus Enzensberger. Sein Buch hat in Deutschland Beachtung gefunden, und das nicht ohne Grund. Jeder dieser deutschen Intellektuellen hat letzthin, jeweils auf seine eigene Weise, behauptet, in unserer Generation dürften die Deutschen schon zur Normalität zurückkehren. Zuckermann ist empört über das scheinheilige Element in dieser Argumentation, die auf eine vermeintliche Symmetrie des Opfer-Seins rekurriert. Die Juden als Opfer der Deutschen, die Deutschen als Opfer ihrer Eltern.

Der Schriftsteller Martin Walser ist der Hauptgegner. Walser hat einen Entrüstungssturm in Deutschland ausgelöst – Israel zuckte kaum mit der Wimper –, als er bei der Verleihung des Friedenspreises des Deutschen Buchhandels während der Frankfurter Buchmesse im Oktober 1998 sagte, man müsse von der Shoah ablassen, es gehe nicht an, sie bei jeder öffentlichen Debatte ins Spiel zu bringen, man solle sie nicht bei jeder Gelegenheit vor sich hertragen. Später verstieg er sich noch weiter. Die *Frankfurter Allgemeine Zeitung* stürzte sich auf die Affäre und veranstaltete ein medienwirksames Gipfeltreffen Walsers mit dem damaligen Vorsitzenden des Zentralrats der Juden in Deutschland, Ignatz Bubis, der bald darauf verstarb. Bekannte erzählen mir empört von diesem im Fernsehen übertragenen Gespräch, von Walsers unterkühlter Körpersprache, während Bubis sich Walser zugeneigt, versöhnliche Töne angeschlagen und den Versuch gemacht habe, bei seinem Gesprächspartner Verständnis zu finden. Der denkwürdigste Moment war der, in dem Walser in fast tadelndem Ton zu Bubis sagte, er, Walser, habe sich längst vor Bubis mit der Shoah beschäftigt.

Bei diesem Gespräch, sagt mir Moshe Zuckermann, erklärte Ignatz Bubis, warum er in seiner Jugend das Gefühl gehabt hatte, auf Abstand zu seinen Shoah-Erinnerungen gehen zu müssen: »Ich hätte nicht leben können. Ich hätte nicht weiterleben können, wenn ich mich damit früher beschäftigt hätte«, sagte Bubis.

»Und ich mußte, um weiterleben zu können, mich damit beschäftigen«, erwiderte Walser im triumphierenden Ton des starken Mannes, der sich im Recht weiß.

Was für eine Symmetrie ist das denn, sagt Moshe zu mir. Zwischen den Alpträumen der Opfer und denen der Täter.

Es ist angenehm im Literaturhaus. Das Café, der Buchladen, die Räume, in denen Schriftsteller vor einem ernsten und aufmerksamen Publikum aus ihren Büchern lesen, der blühende Garten – all das auf einem weitläufigen Gelände, auf dem ein Bauunternehmer im Großraum Tel Aviv ohne Zögern ein mittleres Einkaufszentrum hochziehen würde. Draußen beschatten die Kastanienbäume die Fasanenstraße, eben die Straße, in der Agnon während des Ersten Weltkriegs, wie er schrieb, in einer kleinen Pension ein Zimmer mit Balkon gefunden hatte.

Man serviert uns Obstsalat und erstklassigen Schokoladenkuchen, das Tagesangebot. Ringsum unterhalten sich bücherliebende Berliner, lesen Zeitungen – diese Zeitungen an Holzstäben, die das europäische oder eigentlich das Wiener Kaffeehaus der Welt geschenkt hat. Die Umsitzenden sehen genau so aus, wie man sich Theaterregisseure, Filmkritiker und Dichter vorstellt.

Deutschland allein, schrieb Agnon vor achtzig Jahren, publiziert in einem einzigen Jahr rund halb so viele Bücher, wie wir, das Volk des Buches, insgesamt besitzen.

Noch heute ist etwas Beeindruckendes und Neiderregendes an der deutschen Liebe zum Buch, an dieser großen Buchindustrie. Aber der Schriftsteller Agnon hatte hierzu noch etwas mehr zu sagen. In seinem Roman *Bis hierher*, als der Erzähler den Bibliographen Isaak Mittel in Leipzig besucht, erzählt ihm dieser, er sei ersucht worden, jüdische heilige Bücher zu prüfen, die deutsche Soldaten als Kriegsbeute aus Polen mitgebracht hatten. Und plötzlich zeigt sich Dr. Mittel aufgewühlt:

»Ich nehme ein anderes Buch zur Hand, und mir ist, als wolle mir meine Seele entschwinden. Kleine Städtchen, von keinem Landkartenzeichner für würdig erachtet, erwähnt zu werden, haben jüdische Bücher gedruckt, zu einer Zeit, als ihre nichtjüdischen Nachbarn noch nicht einmal die Form eines Buchstabens kannten. Wenn ich Ihnen im Vertrauen etwas zuflüstern darf: Manchmal sage ich mir, die Juden haben schon vor Gutenberg Bücher gedruckt. Denn die Mongolen haben ja gedruckte Bücher aus dem Land China mitgebracht, wo man die Kunst des Druckens erfunden hatte, noch bevor man sie in Europa kannte. Und sollte es denn möglich sein, daß die Juden diese Erfindung sahen und sich keine Bücher druckten? Für das Schießpulver, das die Mongolen aus dem Land China mitbrachten, dafür hatten die Juden keinen Bedarf, und deshalb haben sie es den Deutschen überlassen, es zu erfinden. Aber Bücher, mein Freund, Bücher, selbstverständlich haben Juden sie gedruckt.«

Und genau deswegen, wegen Agnon, wegen des Bibliographen Mittel und wegen der jüdischen Bücher hat Micha Ullman gut daran getan, in das Pflaster des Bebelplatzes sein Mahnmal in Form einer weißen Grube, gesäumt von leeren weißen Bücherregalen einzulassen. Genau dort, an der Stelle, an der sich heute Touristen drängen und mit gebeugtem Kopf Ullmans »Versunkene Bibliothek« bestaunen, hatten die Nazis die Bücher der Juden und andere gefährliche Bücher zu einem großen Haufen aufgeschichtet und unter großem Jubel verbrannt.

Doch vielleicht, mein verehrter Samuel Josef Agnon, wäre es besser gewesen, wenn die Juden Europas von den Mongolen nicht nur die Geheimnisse der Kunst des Buchdrucks, sondern auch ein Quentchen Schießpulver oder zwei übernommen hätten?

Im Winter 1999 war hier, in dem Veranstaltungsraum über dem Café, A. B. Jehoschua zu Gast. Er war gekommen, um über sein Buch *Die Reise ins Jahr Tausend* zu sprechen, das gerade auf deutsch erschienen war. Ein Schauspieler las mit angenehmer, geschulter Stimme ein ganzes Kapitel vor. Es war das Kapitel über den Prozeß, den der Jude aus dem Süden, der Ehemann zweier Frauen, gegen seine Pariser Verwandten und Geschäftspartner führte. Ein Historiker für Mittelalterliche Geschichte und eine elegante Berliner Dichterin vervollständigten die Runde auf dem Podium. Der Raum war bis auf den letzten Platz besetzt, aber es lag ein gewisses Unbehagen in der Luft. Das deutsche Publikum, Jüngere und Ältere, denen jüdische Belange Herzenssache waren, hatten vielleicht Seminararbeiten über Martin Buber, Walter Benjamin oder Rahel Varnhagen geschrieben und waren nun etwas verlegen. Das Kapitel, das sie zu hören bekamen, barg in sich irritierende Kontroversen.

Dort, in einem Dorf der Île-de-France im Jahr 999, stritten Juden erbittert mit Juden, Sefardim mit Aschkenasim, Sefardim untereinander. Auch der Protagonist mit seinen zwei Frauen ist innerlich gespalten. Die feinen ethnischen Differenzen, die talmudischen Haarspaltereien, die aschkenasischen Juden, die es trotz ihrer geringeren Gelehrsamkeit wagten, die Bigamie ihres Bruders aus dem kultivierten Tanger anzuprangern, der schriftgelehrte sefardische Rabbiner, die Bibelzitate, Jehoschuas unterschwellige Verweise auf die gegenwärtigen Verwirrungen der israelischen Identität. Doch hier sitzt ein Publikum, das sich eine große, dampfende Portion mittelalterlicher Judaica erhofft hatte. Diese bitterscharfe israelische Kost, dieses sefardisch-aschkenasische Durcheinander, verstörte die das Judentum liebenden Berliner Zuhörer zutiefst. Vielleicht gibt die Übersetzung den Fluß des Originals nicht richtig wieder, sagte man mir hinterher.

Aber verdächtigt nicht voreilig die Übersetzer. Zwischen Kulturen und Sprachen liegen immer noch Gebirgsketten. Der wahre Reisende braucht festes Schuhwerk. Und zwischen Israel und Deutschland braucht es weit mehr als das. Hier ist besonders gute Kletterausrüstung vonnöten. Wer sich auf Reisen zwischen verschiedenen Kulturen begibt, muß gut bewandert sein, aufmerksam zu lesen wissen und ein feines Gehör besitzen. Das beherzigt der Held in Jehoschuas Roman *Die Reise ins Jahr Tausend*. Und was ist mit uns, den Israelis und den Berlinern, die hier im Literaturhaus zusammengekommen sind, auf der Reise ins Jahr Zweitausend? Nicht viele Deutsche sehen den Israeli jenseits des Juden oder die Juden in ihrer Vielfalt. Und wenige Israelis sehen die Deutschen wirklich aus nächster Nähe, in dem Zwischenraum zwischen den Schatten der Erinnerung und den Scheinwerfern des Stereotyps.

Vielleicht ist letztlich doch etwas Richtiges an Martin Walsers Vorschlag? Laßt das Grauen auf sich beruhen und haltet es aus den Alltagspolemiken, aus der guten grauen Routine demokratischer Politik heraus. Sagen das nicht auch viele Israelis über die Vergleiche mit der Shoah, die polemischen Gleichsetzungen mit Nazis, die unwürdigen Instrumentalisierungen, die gelegentlich den öffentlichen Diskurs in Israel erschüttern? Worin unterscheidet sich Martin Walser von Amos Oz, der Menachem Begin in der Zeit, als die israelische Armee in Beirut nach Belieben waltete, mit den Worten rügte: »Hitler ist schon tot, Herr Ministerpräsident«? Vielleicht hat Walsers berüchtigte Friedenspreisrede die Israelis nicht ohne Grund fast völlig gleichgültig gelassen?
Der Historiker Jürgen Kocka, der zumeist ein freundliches Lächeln zeigt, schaut finster, wenn er den Namen Walser hört. Ich habe Jürgen Kocka nie so empört erlebt wie in dem Moment, als er auf die Rede des Schriftstellers seiner Generation zu sprechen kam. Sicherlich, räumt er ein, ich bin auch der Ansicht, daß man in Sachen Erinnerung und Gedenken in bester Absicht übertreiben kann und daß das Maximum nicht immer das Optimum ist. Aber was Walser gesagt hat, der Zeitpunkt, an dem er es sagte, und das Forum, vor dem er es sagte, sind unverzeihlich. Dabei weiß Walser mit Worten umzugehen. Nicht zufällig hat er diese Worte gerade bei der Verleihung des Friedenspreises, während der Frankfurter Buchmesse, in der Paulskirche vor laufenden Kameras gesprochen.
Das, was Jürgen Kocka sagt, verdeutlicht mir Walsers Handeln in seinem größeren Zusammenhang. Im öffentlichen Diskurs in Deutschland wurden in den letzten Jahren noch und noch Versuchsballons losgelassen: Darf man schon wagen, das laut auszu-

sprechen, was viele am Stammtisch, unter sich, ohne Mikrophon und Kamera sagen? Darf man schon sagen, daß zwei Generationen völlig unschuldiger Deutscher endlich die Last der Übersensibilität in bezug auf die Geschichte abwerfen dürfen, die Last der politischen Korrektheit deutscher Machart? Jetzt, da die meisten Wunden des Krieges hier abgeheilt sind, die Mauer gefallen ist, Amerikaner, Briten und Franzosen längst Freunde und die slawischen Länder Geschäftspartner und Anwärter auf die Mitgliedschaft in der Europäischen Union sind – wie lange sollen sie jetzt noch dazu verdammt sein, mit dem Mord an den Juden allein zu bleiben, mit dem ewig ungesühnten Verbrechen, das jede öffentliche Handlung in diesem Land belastet, einem Land, das schon zwei Generationen lang unschuldig ist? Ist es nicht Zeit, wieder normal zu werden, endlich normal?

Die Normalität wird zu Kleingeld gemacht, wobei das einzelne Wort die kleinste Münze ist. Die meisten Deutschen verstehen nicht, was ihre Sprache, die Alltagssprache, dem daran nicht gewöhnten israelischen Ohr antut. In dem ersten deutschen Haus, in dem man mich als Studentin aufnahm – sehr freundlich aufnahm –, hatte die Mutter der Familie, eine würdige, grauhaarige Frau, die Angewohnheit, mit resoluter Stimme »jawohl« zu sagen. Und ein ums andere Mal jagte mir dieses Wort einen Schauder über den Rücken. Aber wie soll man guten Menschen, die ihre Muttersprache sprechen, erklären, daß diese voller radioaktiver Worte ist. Und daß wir – nur wir, nicht sie – auch im ganz normalen Alltag dem ständigen, bedrückenden Einfließen des giftigen Stoffes in unsere Venen ausgesetzt sind.
Die Schläge der Alltagssprache sind klein, überraschend, banal. Im Aufenthaltsraum des Wissenschaftskollegs, mit Blick auf den Halensee, suche ich im Kulturteil der Wochenendausgabe der *Süddeutschen Zeitung* eine Geschichte, die mein Berliner Freund Oliver Sturm geschrieben hat. Doch beim Blättern in der Zeitung, auf der Suche nach dem Kulturteil, der hier »Feuilleton« genannt wird, fällt mein Blick auf die Seiten mit den Kleinanzeigen. Der Immo-

bilien-Markt.«3 und 3 ½ Zimmer Angebote Umland München«. Und dann schwarz auf weiß: »Dachau! Zum Wohnen oder als Kapitalanlage. Wohnobjekt in guter, verkehrsgünstiger Lage. Auch stilvolle Dachwohnungen. Preisbeispiel: Drei Zimmer, 71 qm, 365 000 DM.«
Moshe Zuckermanns Argumentation berührt auch diesen Punkt. Von welchem Deutschen, und sei er mit noch so ausgeprägtem Gewissen und Gedächtnis begabt, kann man verlangen, daß ihm in seiner Alltagsroutine, in seiner Alltagssprache eine solche Anzeige einen kleinen Stromstoß des Grauens versetzt. Doch wir, welchen Stromstoß erhalten wir, wenn unser Blick zufällig auf solch eine gewöhnliche Immobilienanzeige fällt. Kleine Erinnerungen tauchen im Bewußtsein auf. Bei mir ist es hier die angenehme Stimme von Peter, der bei unserem Kennenlernen mit der Naivität des Jungen aus einem kleinen bayrischen Dorf sagte: Wie interessant, du bist die erste Jüdin, der ich begegne. Dazu gesellt sich dann das echt israelische Interesse für den Preis einer mittelgroßen Dreizimmerwohnung im Umkreis München. Das erfordert einige Kalkulationen. Mark müssen in Schekel, Schekel in Dollar umgerechnet werden. Wieviel ist das im Vergleich zu einem ähnlichen Objekt in Tel Aviv? Aber, um Himmels willen, kommt uns schlagartig der Gegengedanke: Wir berechnen Wechselkurse, und hier geht es um Dachau.
All diese Gedanken können uns mit Leichtigkeit bei ein- oder zweiminütigem Blättern in der *Süddeutschen Zeitung* durch den Kopf schießen. Und all das wird von einer gewöhnlichen Immobilienanzeige ausgelöst. In diesen zwei Minuten liegt der Unterschied: Ein deutscher Leser wäre schon mit dem Lesen des Leitartikels fertig, während der israelische Leser Zeit, Gedanken und Bewußtseinsströme vergeudet, jähes Schuldgefühl und womöglich eine momentane Herzrhythmusstörung erlebt – und das alles wegen eines kurzen Blicks auf eine gewöhnliche Kleinanzeige. Vielleicht hat Moshe Zuckermann auch das gemeint: die Asymmetrie der seelischen Belastung durch die Vergangenheit.

So macht die deutsche Sprache diskriminierende Unterschiede zwischen Israelis und Deutschen. Uns versetzt sie einen Schlag, den Deutschen nicht. Sie wissen nicht, was uns die Worte »raus« und »aussteigen«, »Arbeit« und »frei«, »schnell, schnell« und »Achtung« antun.

Im Olympiastadion, dem, das die Nazis erbaut haben, brüllen die Fans von Hertha BSC noch heute das Wort »Sieg«. »Sieg!« skandieren sie aus siebzigtausend Kehlen auf den Tribünen zwischen der Pressetribüne, die einst Sitz des Führers war, und der riesigen leeren Schale für das olympische Feuer, das bis jetzt nicht hierher zurückgekehrt ist. Ein kleiner türkischer Junge, einen blau-weißen Schal – die Farben der Heimmannschaft – um den Hals, brüllt »Sieg« in der Reihe vor mir und springt begeistert auf dem Sitz herum, obwohl Hertha BSC gerade bei diesem Spiel 0:3 gegen Borussia Dortmund verliert.

Aber gerade weil das Deutsche so voller Worte steckt, die für israelische Ohren einen vergifteten, schlimmen und harten Beiklang haben, ist es andererseits so seltsam, auch hebräische Worte darin zu finden. Sie kamen über das Jiddische herein, vor allem in den Berliner Jargon. Dazu gehören die Worte »Ganeff« (hebräisch »ganav« – Dieb, Ganove) und »Maloche« (hebräisch »melacha« – Arbeit, Handwerk), »Mischpoke« (hebräisch »mischpacha« – Familie) und »Tacheles« (hebräisch »tachlit« – Zweck, Ziel, wird auch im Hebräischen für ernsthaft verhandeln, Klartext reden verwendet), »daffke« (hebräisch »dawka« – nun gerade, jetzt erst recht) und »Chuzpe« (hebräisch »chuzpa« – Frechheit, Unverschämtheit). Manche behaupten, das deutsche Wort »Pferd« gehe auf das hebräische Wort »pered« (Maultier) zurück, und sogar das Wort »Heirat« soll aus den Anfangsworten des hebräischen Trausegens »hare at« (hiermit bist du) entstanden sein. Selbst wenn es mit dieser Klangähnlichkeit nichts weiter auf sich haben sollte, es sich dabei nur um eine philologische Legende handelt, ist die dadurch entstehende Intimität bedeutsam: Kann es sein, daß die Stäbe des jüdischen Traubaldachins derart tief im deutschen Vokabular verwurzelt sind?

Andererseits hat das Deutsche auch das Hebräische beeinflußt. Nur wenige Israelis sind sich dessen bewußt. Die Spuren finden sich in verborgenen Schichten. Über das Jiddische und auch auf direktem Weg hat das Deutsche unserer Sprache einen Stempel aufgedrückt. Ausdrücke, die bei uns schnell veraltet sind, heute so antiquiert wirken wie die Redeweise einer alten Tante oder ein Café in der Tel Aviver Allenby-Straße, leben hier in Deutschland noch in alter Frische weiter, denn hierher stammen sie ja: Die letzte Mode, der Publikumsliebling, zwei linke Hände, Krankenkasse – alles Dinge, die seinerzeit wortwörtlich ins Hebräische übersetzt wurden. Außerdem hat das Deutsche uns die Zeitung, die Moralpredigt, den Kindergarten und den Tiergarten beschert – ein kleiner Schatz an Wortkombinationen, deren Ursprung in Vergessenheit geraten ist.

Auch jenseits der Worte selbst, im intuitiven Bereich des Sprachklangs hat das Deutsche uns einiges gelehrt. Manchmal bildet es das sprachliche Verbindungsglied zwischen dem Englischen und uns. Der Klang deutscher Klageausrufe ist uns näher. Der deutsche Wehlaut »au« ist dem jiddischen »oj« ähnlicher als das englische »oh«. Das deutsche »Weh« ist das Bindeglied zwischen dem Shakespeareschen »woe is me« und dem jiddischen »wej is mir«, zwei etymologisch eng verwandte Ausdrücke, die doch Welten auseinanderliegen. Das Deutsche kann, wenn es will, tausendmal gefühlvoller sein als das Englische. Die Nähe des Jiddischen zum Deutschen – seiner Muttersprache, von der es sich im Mittelalter abzuspalten begann, als es, mit hebräischen Worten versetzt, ostwärts wanderte – ist ein Thema, das heute nur eine Handvoll Gelehrte beschäftigt. Ein Israeli in Deutschland wird diese Verwandtschaft jedoch eventuell auf sehr tiefe, verblüffende, herzzerreißende Weise entdecken.

Die deutschen Juden bemühten sich, ihr Deutsch von allen jiddischen Anklängen zu reinigen. Das unterschied sich nicht von dem Versuch gebildeter Schotten, Londoner Englisch zu sprechen, oder von dem Bestreben Tschechowscher Provinzfrauen, sich die Moskauer Aussprache anzueignen. Gershom Scholem erinnerte sich sehr gut daran: Bei Familienzusammenkünften pflegte eine aus Schlesien gebürtige Tante oder ein junger provokanter Onkel gern einmal einen jiddischen Ausdruck einzustreuen, sagten etwa »nebbich« oder »gojim naches«. Kultivierte, weitgehend assimilierte Berliner Juden wie Arthur und Betty Scholem waren beim Hören solcher Worte sehr verlegen. Ihrem Sohn Gerhard ist diese Verlegenheit eindrücklich im Gedächtnis geblieben.

Agnon hingegen, listig und präzise, hat deutsche Ausdrücke geradewegs ins Hebräische hinübergebracht. »Al-jad al-jad« – »nebenbei, nebenbei« passieren bei ihm Dinge, »me'at me'at« – »ein wenig und ein wenig«, »nach und nach«.

In den Jahren, in denen das Deutsche die hebräische Sprache nährte, war Berlin ein Magnet für junge Juden. Es war ihr New York. Von Jugend an, so berichtet der Schriftsteller Jehoschua Rawnitzky, träumte Chaim Nachman Bialik davon, hierherzukommen. Diese Stadt, die in Westeuropa verachtet wurde wegen ihrer Unreife, Seichtheit und Vermessenheit, war für bücherliebende Osteuropäer ein heißersehntes Ziel, eine hochentwickelte Metropole, der Ort, zu dem es sie hinzog. Vor allem für junge Juden, zwanzig, dreißig Jahre alt, aus Rußland, Litauen und Galizien, die nach Höherem strebten und im Elternhaus im Schtetl verbotene Bücher verschlungen hatten. Berlin bot alles. Es gab hier ein Rabbinerseminar. Es gab die ruhmreiche Humboldt-Universität. Man konnte hier Medizin, Musik, Architektur und Kunst studieren. Das Brandenburger Tor war die Freiheitsstatue dieser jungen Start-ups aus dem Schtetl. Und Berlin zeigte sich diesen fremden Menschen gegenüber liberal, mit der Gleichgültigkeit einer Metropolis, die an Sonderbarkeiten gewöhnt ist. Berlin ist eine große Stadt und an Juden gewöhnt, schrieb Agnon.

Ausgerechnet die alteingesessenen Berliner Juden taten sich aber mit der Gewöhnung schwer. Allerdings nahmen sie bei aller offenen und versteckten Überheblichkeit gegenüber den Ostjuden, die in ihre Städte strömten, dennoch auch die unverbrauchten Energien, die nahezu messianischen Kräfte dieser jungen Leute mit den fremdartigen Sitten wahr, die russisch sprachen und hebräisch schrieben. Bialik – Kaufmann, Dichter und Verleger – fand seinen Weg in Scholems Herz, lernte Buber kennen, beeinflußte direkt oder indirekt Walter Benjamin. Sie ist besonders beachtenswert, diese traumatische, verlegen machende, fruchtbare Begegnung der deutschen Juden – die zwei Jahrzehnte später entweder Jeckes oder tot sein würden – mit den damaligen »Ostjuden«. Hier – und in Jerusalem – liegen die Anfänge unserer sozialen und ethnischen Dynamik. Hier beginnt die Nachbarschaft der Verschiedenartigen mit demselben Glauben, die Nachbarschaft der jüdischen Stämme, das Zusammenleben auf einem Fleck, das uns die ideologisch begründeten ebenso wie die verfolgungsbedingten Emigrationswellen im vergangenen Jahrhundert aufgezwungen haben. Hier beginnt die Vermischung der Kulturen, Mentalitäten und Sprachen, die der Geschichte Israels in den kommenden Jahren ihre spezifische Färbung geben sollte. Hier beginnen die Juden aus verschiedenen Ländern einander zu begegnen, eine schmerzliche, aufwühlende Begegnung, diese mit jenen, mit der Moderne und mit dem Nationalgefühl. In Berlin, wie in Jerusalem, richtete sich der Zionismus eine Art Versuchslabor ein.

Der treffendste Satz des deutschen Philosophen Hegel ist der von der »List der Vernunft«, das heißt von der »List der Geschichte«. Seiner Hegelianischen Kontexte entkleidet, bringt er das Schicksal der Juden zutreffender auf den Punkt, als viele gelehrte Debatten es vermögen. Unsere moderne Geschichte war listig, grausam und ironisch.
Berlin war eine Zufluchtsstätte für die hebräische Kultur gerade zu der Zeit, als diese in Osteuropa ihrem Ende entgegenging, als es das hebräische Odessa schon nicht mehr gab und der Stern Warschaus als zionistisches Zentrum zu verlöschen begann. Berlin war der Rettungsanker für die jüdische Kultur und deren zionistische Subkultur, kurz bevor man von hier aus daranging, alles Jüdische auszumerzen. Mein Urgroßonkel Josef Klausner schrieb 1944 in Jerusalem: »Der Untergang des hebräischen und zionistischen Odessa

ging ja dem des jüdischen Odessa voraus. Schon ein Vierteljahrhundert ist kein hebräisches Wort mehr in Odessa gedruckt worden.« Berlin bot auch den hebräischen Autoren Zuflucht, die gleich nach der Oktoberrevolution vor den Bolschewisten flüchteten. In jenen Jahren, schrieb Julius Guttmann, »war dort die Anzahl der hebräischen Schriftsteller so groß, daß Berlin beinahe zum Zentrum der hebräischen Literatur avancierte«.

Bialik meinte, in Berlin könne man die geistige Habe des jüdischen Volkes sammeln und erhalten. Ja, hier könne man, in Zipora Kagans Worten, »die nationale Habe in der Diaspora bündeln und ins Land Israel überführen«, denn »die Rettung des Volkes ist ja auch die Rettung der Dokumente seiner Kultur«. Aufgewühlt und in feierlichem Ton schilderte Bialik 1933, dem Jahr der nationalsozialistischen Machtübernahme, wie Berlin ein Jahrzehnt vorher ausgesehen hatte. Berlin, der rettende Ort, Berlin, in dem Tausende von Juden aus Osteuropa, »Ostjuden«, das »müde« deutsche Judentum überfluteten und inspirierten. Hier »schlug die hebräische Kultur ihre Zelte auf und schuf Einrichtungen, die den Westjuden seit Generationen nicht mehr in den Sinn gekommen waren«. Bialik meinte vor allem die hebräischen Buchverlage, die von Osteuropa nach Berlin verlegt wurden, als Zwischenstation auf dem Weg nach Palästina: Dwir, Moria und Omanuth. Berlin war ein temporärer rettender Hafen. Eine Station zum Ausruhen und Ausrüsten für die Weiterreise.

Sie haben sich hier wirklich Rüstzeug erworben, jene ersten hebräischen Autoren. Sie haben sich ausgerüstet durch eine intime Begegnung mit der modernen Kunst, mit den neuen Strömungen in der Architektur, mit dem politisch engagierten Theater der Weimarer Zeit. Sie haben sich ausgerüstet mit Modernität und Expressionismus. Ausgerüstet mit einer humanistisch-pazifistischen Haltung – ein Marschgepäck, das manche wieder abwarfen, als sie nach Palästina kamen und dort vom zionistischen Aufbauwerk aufgesogen wurden.

Martin Buber – im Ersten Weltkrieg ein deutscher Patriot, der in der ersten Ausgabe seiner Zeitschrift *Der Jude* die Juden zur Kriegsteilnahme aufgerufen hatte, um so zu Europäern zu werden und zugleich ihr Judentum zu stählen – beschritt den umgekehrten Weg. Buber revidierte seine Haltung. In Jerusalem, angesichts der raschen, irreversiblen Militarisierung des Zionismus, war er ein Mann des Friedens. Er beharrte unerschütterlich darauf, der Kampf gegen die britische Mandatsmacht und die Araber könne ohne Waffen geführt werden. Er und die wenigen Gleichgesinnten waren ironischerweise der letzte Abschiedsgruß, den das einstmals pazifistische Berlin an das sich alsbald bis an die Zähne bewaffnende Jerusalem entsandte.

Doch die Weitsichtigen wußten, daß der deutsche Pazifismus überhaupt nicht ins Gewicht fiel – verglichen mit der dort vorhandenen Lust am Kriegerischen und an Waffen. Agnon wußte das:
»Beim Spazierengehen [in Leipzig] gelangte ich ins Tal der Rosen. Junge Mütter führten ihre kleinen Söhne an der Hand oder im Kinderwagen spazieren, um sie an die frische Luft zu bringen, denn dadurch würden sie, wenn es ihnen so bestimmt sein würde, so kräftig und kriegstüchtig wie ihre Väter werden.«
Auch Lea Goldberg wußte es:
»Es war in Deutschland. Neben meinem Haus sah ich eine Gruppe kleiner Kinder, die Krieg spielten. Ein Junge hatte eine alte Gasmaske aufgesetzt. Ich weiß nicht, woher er sie hatte. Das war eine der schrecklichsten Szenen, die ich je sah. Diese Kleinen wußten schon etwas vom Krieg. Sie ahnten schon, daß er nicht nur Heldentum war, sondern auch – Tod. Und trotzdem begeisterte sie das Spiel... Es wird noch Kriege auf der Welt geben.«

Wie schwer kann man sie sich jetzt in der Vorstellung wieder ins Leben rufen, so wie sie wirklich waren, die Berliner Juden und die osteuropäischen Zuwanderer im ersten Drittel des 20. Jahrhunderts. Ihre Energien, Hoffnungen und alltäglichen Kämpfe. Auch ihr Elend, ihre Mutlosigkeit und ihren Selbsthaß. Und auch ihre genüßliche Selbstgefälligkeit. Denn nicht nur die »Ostjuden« wurden mit kritischen Augen betrachtet. Auch die deutschen Juden galten nicht immer und überall als Ausbund an guten Sitten und edlen Eigenschaften. Lea Goldberg hört – in Gestalt ihrer Protagonistin Ruth – auf einem imaginären Stuhl in einer kleinen Bar auf dem Montmartre in Paris, mitten in einem Gespräch über Politik und Psychoanalyse, Proust und Joyce, plötzlich lauthals auf deutsch nach dem säumigen Kellner rufen: »Garçon! Donnerwetter noch einmal!«

Und sie zuckt zusammen. Sie schämt sich für »unsere bedauernswerten Flüchtlinge – von den Steppen des Kurfürstendamms, aus den Gefilden Frankfurts«. Es ist ihr peinlich, von den schockierten Franzosen mit diesen in einen Topf geworfen zu werden, als »salle juive, etrangère«. Wie beständig ist doch diese zweifelhafte Tradition, die die Israelis von den Juden geerbt haben, dieses Sich-Schämen wegen der lauten Landsleute am Nebentisch. Dieser tiefsitzende Reflex: Das sind welche von uns, was wird man von uns denken.

Kurt Tucholsky schrieb eine Woche vor seinem Selbstmord, im Dezember 1935, aus Zürich an seinen Freund Arnold Zweig in Haifa einen Brief, der voller Abscheu ist über die deutschen Juden seiner Zeit. Und gerade über die Geflohenen, die Flüchtlinge, die Menschen, die sich notgedrungen von Deutschen in Jeckes verwandelten:

»Hätten Sie dem Durchschnitts-Juden im Jahre 1933 gesagt, er würde Deutschland unter Bedingungen verlassen, wie sie ihm das Jahr 1935 ff. bietet, er hätte Sie ausgelacht. ›Ich kann doch nicht weggehn!‹ (und nun, wie ein Spieler) ›Ich bin doch im Verlust! Was meinen Sie – mein Geschäft...‹ Und jetzt schleichen sie heraus, trübe, verprügelt, beschissen bis über die Ohren, pleite, des Geldes beraubt – *und ohne Würde*. (Sich aber besser dünkend). Heroismus war hier nun auch noch das bessere Geschäft. Also warum haben sie diesen Weg nicht gewählt? Weil sie nicht heroisch sein können; weil sie gar nicht wissen, was das ist.«

Zwei Monate später schreibt Arnold Zweig an Sigmund Freud: »Sie haben gewiß den Brief unseres armen Tucholskys gelesen und meine Antwort. [...] Er ist an seiner Judenflucht gestorben, buchstäblich.«

Die Idealisierung der Juden des Vorkriegs-Berlins ist ein gemeinsamer Zug von wohlmeinenden, politisch korrekten Deutschen und solchen Juden und Israelis, deren Blick zurück oberflächlich, klischeehaft oder nostalgisch ist. Deshalb finde ich, daß Lea Goldbergs Kneipenszene Gold wert ist. Denn sie vermittelt uns ein Gefühl von der wenig idyllischen, aufgezwungenen Stammesnachbarschaft, von der konkreten Existenz, von der Unbehagen verursachenden Beschränktheit, von dem unattraktiven Mensch-Sein von Juden, die bald umgebracht und später heiliggesprochen werden würden. Und auch dieses unattraktive Mensch-Sein haben wir ja schließlich verloren.

Am Rand des Grunewalds, an der Bahnstation, steht ein kleines Mahnmal am Gleis: die Daten der Transporte. Von hier aus wurden die meisten Berliner Juden in die Konzentrations- und Vernichtungslager deportiert. Von diesem ruhigen, ländlichen Bahnhof – im Westen und Süden von Wald, im Osten von Prachtvillen reicher Berliner Bürger umgeben –, von hier sahen sie ihre Heimatstadt zum letzten Mal in ihrem Leben. Die Daten und Ziele der Transporte erzählen ihre eigene Geschichte. Die ersten Deportationen: Buchenwald, die polnischen Ghettos. Dann die Wannseekonferenz, die die Vernichtungsmaschinerie ganz offiziell in Gang setzte: Jetzt taucht Auschwitz auf. Das letzte Datum ist März 1945. So spät gab es hier noch jemanden, den man ermorden konnte?

Dort, im schönen Thüringen, im Wald von Buchenwald, ganz in der Nähe der Dichterstadt Weimar, verläuft heute kein Schienenstrang mehr. Ich habe es auf der neuesten Landkarte des ADAC nachgeprüft. Nichts erinnert mehr an den einstigen Streckenverlauf. Das ist so üblich bei den Kartenzeichnern: Stillgelegte Bahnstrecken verschwinden von der Karte. Nur eine Ausnahme haben die Kartographen gemacht: Die Berliner Mauer erscheint noch auf den Karten. Eine Geisterlinie durchquert die Stadt der Länge nach.

Am Kartenrand wird vermerkt, daß die Erinnerung an die Mauer nicht so schnell gelöscht werden kann.
Aber einst führte eine Bahnlinie nach Buchenwald, denn es gibt dort einen Bahnhof. Eine Station ohne Gleise.
Einen leereren Wald als den Wald von Buchenwald gibt es nicht. Im April sind die Birken noch völlig kahl. Ein grau-weißes Labyrinth, hinter dem es sehr licht wird, denn jenseits des Waldes fällt das Hügelland zum fruchtbaren Tal der Ilm ab. Doch der Wald ist leer und still. Eine furchtbare Stille geht in diesen Wäldern um. Das Herz erstarrt vor Angst: »Ha! mir juckt der Daumen schon. Sicher naht ein Sündensohn.« Aber wer braucht hier die Beschwörungen der Hexen von *Macbeth*, wer braucht Waldgeister, Trolle, wer braucht hier Goethes Erlkönig? Das Böse kam hier in Waggons, Last- und Geländewagen angefahren, und es war von gänzlich anderer Art. Wären die SS-Leute Goethes Erlkönig auf diesen dämmrigen Pfaden begegnet, hätten sie ihn zweifellos festgenommen oder einfachheitshalber auf der Stelle erschossen.
Buchenwald ist ein Verbrechen, das die Nazis an Juden, an Homosexuellen, an Kommunisten und an Sozialisten begangen haben. Es ist aber auch, in weitem Abstand nachgeordnet, ein Nazi-Verbrechen an Weimar. Tausenddreihundert Meter vom Lagerzaun entfernt stand das entzückende Sommerpalais der Weimarer Herzöge, das Schloß Ettersburg. Hier versammelte die Herzogin Anna Amalia ihren »Musenhof«, und Schiller und Herder sahen ihrem Freund Johann Wolfgang Goethe zu, der sich ein wenig zum Narren machte und Rollen in seinen eigenen Stücken spielte. Eine uralte Eiche wurde von den Häftlingen in Buchenwald »Goethe-Eiche« genannt. Man dachte, Goethe hätte diese Eiche vielleicht selbst gepflanzt. Aber 1945 wurde sie in die Luft gesprengt und war nicht mehr.
Sachte, sachte gehen israelische Besucher vom Lager Buchenwald hinunter zu dem Ort, an dem die Rote Armee nach dem Krieg ein eigenes Lager eingerichtet hatte, in dem siebentausend deutsche Männer, die unter »Nazi-Verdacht« standen, ohne Gerichtsprozeß

getötet wurden. Sachte, sachte hat die Bundesregierung hier Anfang der neunziger Jahre ein bescheidenes Museum für jenes Grauen eingerichtet, nachdem eine deutsche Historikerkommission behutsam und taktvoll die Erklärungstexte verfaßt hatte. Es stellt die sowjetischen Untaten in ihrem Kontext dar, wahrt die Relationen, warnt die Besucher immer wieder vor Vergleichen mit den Nazi-Verbrechen. Zwei Räume weiter kann man die flehentlichen Bittbriefe der Frauen der Verdächtigen an die russischen Besatzungsstellen lesen. Am Ausgang liegt ein Buch aus, in dem die Namen aller Deutschen, die im Lager liquidiert wurden, verzeichnet stehen, in alphabetischer Reihenfolge. So könnt ihr es schnell und bequem auf die Namen eurer deutschen Bekannten hin durchsuchen.

Draußen, im Wald, steht das ostdeutsche Mahnmal, das in den fünfziger Jahren hier errichtet wurde. Es ist ein Riesengebilde, dieses Mahnmal, ein massiger Steinwald von solch faschistoiden Ausmaßen, von solcher Größe, das es sogar auf vom All aus aufgenommenen Photos noch zu sehen sein müßte. Als fürchtete man, auch dies könnte dem Erdboden gleichgemacht werden, als könnte ein neues Regime kommen und das Denkmal für die Überlebenden zu Staub zermalmen, das sich in schönstem sozialistischem Realismus über den sich hoch hinauftürmenden Stufen erhebt. Eine heroische Gruppe von Männern und Jünglingen, ärmlich gekleidet und kühnen Blicks, reckt die Fäuste empor.

Diese massiven Steinmahnmale sind erstaunlich wirkungsvoll. Nicht nur bolschewistische Macht wird hier verewigt, sondern auch eine herzergreifende Furcht vor dem Zerfall in Schutt und Asche, ein monumentaler, fordernder Ausdruck für die furchtbare Angst, auch dies könnte einmal ausgelöscht werden. Ein sehr menschlicher Versuch, den Erbauern selbst, ihren Nachkommen oder auch potentiellen künftigen Eroberern die Pflicht der Erinnerung aufzuzwingen.

Es war still in den Wäldern. Man hörte nur die freudlosen Schritte deutscher Oberschüler in Reebok- und Doc Martin's-Schuhen, die von der beklemmenden Stille gedämpft wurden. Und in der

Ferne bellten die vier Hunde des Försters. Wir gingen nachsehen. Die vier Hunde waren überraschend in ihrer unschuldigen Wuscheligkeit, freundliche Haushunde. Ob jemand dem Förster von Buchenwald die Anweisung gegeben hatte, hier keine Rottweiler oder Schäferhunde zu halten? Hatte man ihm diese Weisung in irgendeinem Geheimprotokoll mitgeteilt?

1933 lebten in Berlin etwa 160 000 Juden. Etwa 55 000 wurden ermordet. Andere emigrierten, tauchten unter oder fanden den Tod, ohne in die Berliner Statistik Eingang zu finden. Die jüdische Gemeinde wurde nach dem Krieg neu begründet. Heute zählt sie etwa 12 000 Mitglieder.

Die Deutschlehrerin Eva Hund zeigt im Wissenschaftskolleg den Film *Ein Tag im Juli – Berlin 1945*. Vierzig Minuten lang sehen wir Bilder der Zerstörung, die amerikanische Soldaten in den Wochen nach dem Fall der Stadt aufgenommen haben. Da ist Berlin-Mitte, völlig zerbombt. Luftaufnahmen. Die Spree fließt zwischen Ruinen dahin, Straßenzug auf Straßenzug voller Häuserskelette mit klaffenden Dächern, hohe Berliner Häuser. Plötzlich das Aufleuchten von etwas Rotem: Das Innere einer gutbürgerlichen Wohnung mit schweren Polstermöbeln, bloßgelegt, wie hervorquellende Eingeweide, die Frontwand ist weggesprengt. Und weitere Trümmer, weitere Ruinen. Da ist das Brandenburger Tor. Die Rösser der Quadriga hoch droben haben Scharfschützen als Zielscheiben gedient. Dort ist der durchlöcherte Leichnam des Reichstags. Da ist Unter den Linden ohne Linden, denn die Bäume sind zu Asche verbrannt. Da sind die verstörten Tiere im Zoo auf der anderen Seite des Tiergartens. Hier sieht man keine verängstigten Giraffen und verwundeten Elefanten den Kurfürstendamm entlangpreschen wie in jener Alptraumszene, deren Eindrücklichkeit ihre mangelnde Glaubwürdigkeit aufwiegt. Und hier sind die Berliner selbst. Besiegt und geschlagen stehen sie für Lebensmittelkarten an. Dort wiederum sitzen andere Berliner ungebeugt in einem stehengebliebenen Café, zeigen der Kamera ein trotziges Lächeln.

Viele Frauen, dauergewellt, hier und da einen Pudel auf dem Schoß. Wenige Männer, mit Hüten.
Da nun reichen die berühmten Trümmerfrauen einander in einer Riesenkette vor einer verrußten Kirche die Eimer weiter. Ihre Arme sind kräftig. Sie lächeln verbissen, mit der Selbstdisziplin wohlerzogener protestantischer Töchter: Das werden wir auch noch überstehen. Diese Frauen erwecken bei mir weder Trauer noch Mitleid.
Nur ein Bild tut das. Ein kleiner Junge geht mit einem Bündel auf dem Rücken.
Die Sprecherin: Er ist neun Jahre alt. Er läuft schon drei Wochen durch die Stadt. Er sucht seine Geschwister.
Eva Hund schaltet das Licht an und sagt zu uns: Anfangs habe ich gezögert, ob ich diesen Film zeigen soll. Ich fürchtete, mißverstanden zu werden, als wollte ich sagen: Schaut her, wir haben auch viel gelitten. Eine israelische Gastprofessorin hat sich mal sehr über die Vorführung dieses Films aufgeregt. Als sollte hier Leid gegen Leid aufgewogen werden. Nicht das ist beabsichtigt. Es geht nur darum, rare Zeugnisse über Berlin zu zeigen, Berlin zur Stunde Null, Berlin im Sommer 1945.
Eva bittet um Reaktionen. Ein amerikanischer Kollege sagt: Dieser Film führt mir wieder vor Augen, wie schrecklich Kriege sind. Und was für ein Glück wir Amerikaner haben, daß unsere Städte noch nie zerbombt worden sind.
Die drei Israelis im Raum ziehen es vor zu schweigen.
Aber unter uns schweigen wir nicht. Wir sagen: Die Berliner sehen so gut aus. Juli 1945 – und sie sind nicht mager, nicht ausgemergelt. Die Frauen dauergewellt. Und mit Pudeln. Und dieses Lächeln in der Julisonne, im Café, vor der Kamera des GI: Wir sind noch da, und bürgerlich sind wir geblieben. Man trinkt hier immer noch Samstag nachmittags Kaffee im Freundeskreis.
Und weiter sagen wir: Trotz der Bilder, die die Deutschen aus Versehen hinterlassen oder die Russen und Amerikaner mit Absicht aufgenommen haben, sind uns doch so wenige geblieben. Hätten wir nur eine gute Nahaufnahme von Babi Jar, klare Luftaufnahmen

von den Gaskammern, mit den von einer IG-Farben-Firma produzierten Zyklon-B-Gasbehältern in der Mitte – Bilddokumente, die die Schöffen in dem Prozeß, den der Holocaust-Leugner David Irving derzeit in England gegen die Historikerin Deborah Lipstadt führt, beeindrucken könnten. Aber nein: Sogar dieser Luxus, der Luxus der Dokumentation, steht jetzt vor allem den Deutschen zur Verfügung. In diesen Dingen hat Berlin letztlich gewonnen. Die Stadt hat Geschichte, hat die finanziellen Mittel, sie zu bewahren, hat Zeit, sie zu betrachten und sich zu erinnern. Der seltsame Luxus leiser, würdiger Betroffenheit in schön gestalteten, würdigen Ausstellungsräumen ist ein Berliner Luxus. Wie ungehobelt wirken im Vergleich dazu die in den Ländern östlich Berlins verstreuten Museen und Mahnmale. Und wie wenig Filmmaterial ist den Juden verblieben.

Und weiter sagen wir: Man kann kein Mitleid mit den Berlinern von 1945 empfinden. Außer vielleicht mit diesem Jungen. Und es ist auch schwer, Mitleid für diese Stadt in ihren Ruinen aufzubringen, für das zerbombte Metropolis, für die Wohnhäuser von Pünktchen und Anton, Reihen um Reihen von Trümmerhaufen am gewundenen Ufer der Spree.

»Wandre nun in die Stadt des Mordens.« Wie kann man heute über Bialiks »Stadt des Mordens« weinen, die Stadt Kischinew. Es sind seither ja so viele dazugekommen. Und bei Bialik ist nicht die Stadt gestorben, ihre Menschen wurden niedergemetzelt in einem furchtbaren Pogrom, und dann kamen neue Menschen, um in ihren Häusern zu wohnen. Wandre nun, israelischer Tourist, in die Städtchen, in denen wir einst lebten und in denen heute andere Menschen wohnen. Plötzlich öffnet sich dir eine von bösem Zauber verschlossene Tür. Uns tat sie sich in einer Scheune in einem Dorf an der Schnellstraße von Brno nach Prag auf, einer gelblichen Scheune, die uns so tief erschütterte wie bisher noch nichts im ganzen großen Europa. Denn über dem geschlossenen Tor war eine weiße Vertiefung in der Wand, in der Form von zwei aneinander grenzenden Rechtecken, nach oben hin leicht abgerundet, und in den zwei Rechtecken saßen zehn Axteinschläge in senkrechter Reihe. Sogar gottlose junge Israelis wie wir begriffen sofort, mit jähem Schmerz, wie bei einem Faustschlag in den Bauch: Vor uns steht das hohläugige Gerippe einer Synagoge. Es war das erste Mal in meinem Leben, daß ich einen Leichnam verwesen sah.

Wer dennoch die Ruinen einer Stadt beweinen möchte, möge nun wandern zur Adresse www.stalingrad.com.ru/hill/heroes/heroes.htm. Selbst die Internet-Adresse ist so etwas wie ein trauriges postmodernes Gedicht. Und dort, auf der von ungeübter Hand, der Hand russischer Website-Monteure, erstellten Seite werdet ihr das Stalingrad von damals neben dem heutigen Wolgograd sehen, die gewaltigen Ruinen von damals neben den großen, tristen Gebäuden von heute. Stalingrad kann einem einen Stich ins Herz versetzen. Jenes Stalingrad der Helden, die den Krieg nicht angefangen hatten, zu denen der Krieg kam, um ihre Häuser zu zerstören und ihre Kinder zu töten. Hinter den erdrückenden bolschewistischen Monumenten, hinter dem plumpen Heldenpathos muß ihr Weinen euch schmerzen.

Wenn auch das zu fern ist, wenn auch das zu weit hergeholt erscheint, muß man es vielleicht vom Ende her versuchen, von dem zufälligen Ende her, das der Moment ist, an dem diese Worte geschrieben werden – und Grosny, die Hauptstadt Tschetscheniens, beweinen, die einstige Hauptstadt, ja nach ihrem derzeitigen Zustand im Februar 2000 muß man wohl sagen – die einstige Stadt. Und dann soll jeder Weinende selbst entscheiden, was es zuerst zu beweinen gilt: Stalingrad, Grosny, das jüdische Kischinew oder die ausgelöschten palästinensischen Städte Al-Faluja und Qastina. Überhaupt ist es schwer, die Ruinen einer Stadt zu betrauern, die nicht deine eigene ist. Das erfordert so viel Zeit, Generosität und Kraft.

Ich werde Berlin nicht beweinen. Aber eines muß man mir doch erklären. Wie konnte es kommen, liebe amerikanische Photographen, sympathische russische Programmierer, gewissenhafte Deutschlehrerinnen, wie konnte es kommen, daß Grosny tot, Stalingrad-Wolgograd erstarrt und in die Ferne gerückt ist, während

Berlin sich aus seiner Geschichte wie ein Phönix aus der Asche erhebt? Wie kommt es, daß wir, die wir uns weigern, das Berlin von 1945 zu beweinen, dem Berlin von 2000 gegenüber nicht gleichgültig bleiben können? Wie erklärt sich diese Auferstehung der Stadt des Bösen zu neuer Ewigkeit, zu einer glänzenden globalen Zukunft?

Der Bürgermeister hat viel Ähnlichkeit mit einem Kibbuzsekretär alter Schule. Blaue Hose. Aufgekrempelte Hemdsärmel. Ein von der Arbeit im Freien gegerbtes Gesicht, unter einer Krone wehenden weißen Haares.
Doch wir sind hier in einem deutschen Wald bei dem Städtchen Tröbitz. Es ist Sonntag, unser erster Sonntag in Deutschland. Der Bürgermeister und die grauhaarige Frau Arlt sind an ihrem freien Tag extra gekommen, um uns hier zu treffen, mitten im Wald. Uns, unsere Kinder und Tante Margrit, Dr. Margrit Wreschner-Rustow, deren Brief vor einigen Monaten hier eingetroffen ist.
Tröbitz ist eine abgelegene Kleinstadt im Süden der Mark Brandenburg, anderthalb Fahrtstunden von Berlin entfernt. Hier lebten Bergleute, Bauern, Handwerker. Dann, eines Tages, geschah in Tröbitz etwas Seltsames, etwas gänzlich Unerwartetes. Denn hier, ganz aus Zufall hier, endete die Fahrt des »letzten Zuges«. Er blieb einfach mitten im Wald auf den Gleisen stehen. In der Gedenkbroschüre, die man in dem sorgfältig eingerichteten Gedenksaal der Grundschule bekommen kann, heißt dieser Vorfall »der letzte Transport«. Wie ein Raumschiff von einem anderen Planeten landete hier dieser Zug.
Der Krieg war in jenen Tagen eigentlich schon zu Ende. Die Gegend war bereits von sowjetischen Truppen besetzt. Doch plötzlich landete dieses Raumschiff mitten im Wald, die Türen gingen auf, und über zweitausend Juden ergossen sich heraus, Tote und Lebende. Das war im April 1945. Und den Einwohnern von Tröbitz wurde, völlig überraschend, eine Art Zukunft zuteil. Ein Lebenssinn. Ausgemergelte Fremde, die aus ihren Händen – möge Jehuda Amichai mir dies hier gestatten – den letzten Groschen pro-

testantischen Mitleids erhielten, den sie von der Mutter ererbt hatten. Sie bekamen vor Fieber glühende Menschen, die sie in die leeren Betten jener Männer legten, die in den Krieg gezogen und nicht zurückgekehrt waren. Tröbitz wurde etwas zuteil, an dem es sich angesichts der harten Gesichter russischer Soldaten und amerikanischer Touristen und auch dem eigenen Gewissen gegenüber noch viele Jahre lang festhalten konnte.

Drei Züge hatten die SS-Leute in Bergen-Belsen vollgepfercht. Die ostwärts vordringenden Amerikaner sollten keine überlebenden Zeugen vorfinden. Ein Zug wurde unterwegs von den Amerikanern befreit, der andere erreichte noch Theresienstadt, und wer nicht unterwegs gestorben war und auch nicht später an Hunger und Seuchen zugrunde ging, wurde gerettet. Aber dieser Zug, der letzte Zug, blieb auf der Strecke. Er hatte auf seiner Irrfahrt Berlin passiert, die Bahnhöfe Tiergarten und Friedrichstraße, und war weiter durch die leeren märkischen Ebenen gerattert. Doch dann war wohl der Brennstoff ausgegangen, die Brücken waren gesprengt. Hier sind unsere Angehörigen gestorben, die Familie Wreschner, einer nach dem anderen. Der zehnjährige Stefan war schon im Februar in Bergen-Belsen gestorben. Onkel Arnold, der ältere Bruder von Lotte und Margrit, starb im Zug an Typhus. Dreiundvierzig Jahre war er alt, ein stattlicher Mann, der gute Kleidung und ein gutes Leben liebte. Der achtjährige Robert lag bei der Ankunft in Tröbitz im Sterben. Deshalb steht sein Name auf dem Grabstein mitten im Wald, nahe der Gleise. Ein Gemeinschaftsgrab. Die russischen Soldaten zwangen Tröbitzer Bürger, das Grab auszuheben und den Stein aufzustellen. Hier ist er: Robert Wreschner, Ecuador. Ecuador? Mit dem Erwerb dieser Staatsbürgerschaft hatten sie ein Jahr zuvor, in Amsterdam, versucht, sich einen Fluchtweg zu erkaufen.

Wir stehen mitten in einem Wald schlanker, hoher Tannen, an den Eisenbahngleisen, über die gelegentlich ein metallisch blitzender Zug vorüberdonnert. Der Bürgermeister von Tröbitz ist ein wacher, dynamischer Mann, der Typus eines Kibbuzsekretärs jeckischer Abstammung in den besten Jahren. Frau Arlt ist etwa fünfundsiebzig Jahre alt, spitzknochig, schwarz gekleidet. Ihr Mann ist erst vor zwei Wochen gestorben. Er war Direktor des Kohlebergwerks und hatte sein Leben in den Dienst der Erinnerung an diesen letzten Transport gestellt, und sie hatte ihn dabei unterstützt, und sie war es auch, die die Gedenkbroschüre verfaßte. Die Schulkinder sollten lernen und wissen: von den Verbrechen der Faschisten, von dem Leid der Opfer, von dem Einsatz der Tröbitzer bei der Pflege der Kranken und der Bestattung der Toten.

Meine Kinder spielen auf dem Platz vor Roberts Grabstein. Beide halten Schwerter in den Händen, beide sind Ritter. Sie kämpfen. Frau Arlt ist nett zu den Kindern. Sie nennt sie, wie es hier durchaus gebräuchlich ist, »Zwerge«. Diese Bezeichnung zerrt an meinen schwachen israelischen Nerven aus Gründen, von denen unsere Gastgeberin beim besten Willen nichts ahnen kann. Guten Tag, Zwerg, sagt der Mörder zum Kind, in Hanoch Levins Theaterstück *Die große Hure aus Babylon*. Ich bin kein Zwerg, sagt der Junge, ich bin ein Kind. Ein Kind? fragt der Mörder. Wie kommt es dann, daß du nicht groß werden wirst?

Sie erlassen uns keine einzige Gedenkstätte, Frau Arlt und der Bürgermeister. Hier ist der Gedenkstein vor der Kirche. In dem schönen Haus daneben hat bis vor einiger Zeit der Kommissar von der Roten Armee gewohnt. Dies ist der kleine jüdische Friedhof, liebevoll gepflegt. Hier haben wir die Toten bestattet, aber nicht alle sind hier begraben. Viele Gräber sind natürlich namenlos. Das hier sind die Kasernen. Hier hatte Tante Alice, schon schwer typhuskrank, mit der ihr noch gebliebenen Tochter Gaby Zuflucht gefunden.

Alice Ettinghausen war eines der schönsten Mädchen von Frankfurt, zart und verwöhnt. Wie Onkel Arnold liebte sie das gute Leben. Als ihre Schwägerin, Tante Rosi, ihren Mann Siegfried tief erschrocken bedrängte, gemeinsam mit den fünf Töchtern nach Kanada auszuwandern, blieb Tante Alice mit Onkel Arnold, ihren drei Kindern und den Bediensteten seelenruhig in Amsterdam. Letztlich fehlt es uns hier doch an nichts, hatte Arnold zu seiner Frau gesagt.

Alice starb in jener Baracke, in der Kaserne von Tröbitz. Die Leichen wurden inzwischen in Gemeinschaftsgräbern bestattet. Gaby war fünf Jahre alt. Anscheinend war sie noch gesund. Zumindest gesund genug, um in die Liste derer aufgenommen zu werden, die nach Holland zurückkehren sollten. In Amsterdam wurde sie von ihren Tanten, Lotte und Margrit, erwartet, die sich aus eigener Kraft vom befreiten Theresienstadt dorthin durchgeschlagen hatten. Zwei verwaiste junge Frauen von großer Geistesgegenwart und Tatkraft. Sie warteten. Aber Gaby kam nicht.

Was hast du empfunden, Gaby, so allein, nachdem auch Mutter gestorben war?

Das Allgemeine, schrieb Georg Wilhelm Friedrich Hegel, resultiert aus dem Besonderen und Bestimmten und aus dessen Negation. »Es ist das Besondere, das sich aneinander abkämpft und wovon ein Teil zugrunde gerichtet wird. Nicht die allgemeine Idee ist es, welche sich in Gegensatz und Kampf, welche sich in Gefahr begibt; sie hält sich unangegriffen und unbeschädigt im Hintergrund. Das ist die *List der Vernunft* zu nennen, daß sie die Leidenschaften für sich wirken läßt, wobei das, durch was sie sich in Existenz setzt, einbüßt und Schaden leidet. [...] Das Partikuläre ist meistens zu gering gegen das Allgemeine, die Individuen werden aufgeopfert und preisgegeben.«

Schweig einen Moment, Georg Wilhelm Friedrich Hegel.

Was hast du empfunden, Gaby? Wir werden es nie wissen. Ich nehme an, sagt Tante Margrit in dem vernachlässigten Hof der Kaserne von Tröbitz, keiner hat sie unter seine Obhut nehmen wollen. Alle wußten, daß ihre ganze Familie an Typhus gestorben war. In Ermangelung einer anderen Lösung brachte man sie ins russische Krankenhaus. Und das war ein Todeshaus, dort starb Gaby einsam und allein, als letzte ihrer Familie. Aber die Kinder sind schon müde. Wir danken Frau Arlt von Herzen für ihre Mühe, zumal noch in Tagen nach einem schweren persönlichen Trauerfall, und danken ihr dafür, daß sie ihr ganzes Leben dem Gedenken an diesen Transport gewidmet hat. Ja, sagt sie seufzend, das Leben war nicht leicht, weder damals noch später, und auch heute ist es nicht leicht. Ihr einziger Sohn, der früher einen guten Posten bei den Dresdner Zeiss-Werken hatte, ist jetzt arbeitslos. Er wurde entlassen, zusammen mit all seinen Freunden, gleich nachdem man uns Deutschland vereinigt hat. Vielleicht bringt die Enkelin uns einmal Freude. Sie ist schon groß, war Au-pair-Mädchen in Columbus, Ohio, und träumt davon, dort aufs College zu gehen.

Wir fahren sie nach Hause. Das Haus ist recht groß, umgeben von einem Garten mit Apfelbäumen, und das Wohnzimmer ist angefüllt mit Spitzendeckchen, Blumentöpfchen, Meißner Porzellanfiguren und weiteren Ziergegenständen im Stil mitteleuropäischer Großmütter, als hätte es auf der Welt niemals Bolschewisten, Faschisten, Nazis und Kaiser gegeben. Tante Margrit bietet taktvoll eine Spende für die Pflege des Friedhofs und der Gedenksteine an oder vielleicht für eine neue Auflage der Gedenkbroschüre. Aber diese Lokalhistorikerin und Bergmannswitwe lehnt entschieden ab. Plötzlich funkeln ihre Augen. Wir sind hier im Osten, sagt sie auf einmal, wir sind nicht so wie die im Westen. Dort, im Westen, sind die Menschen sehr materialistisch. Wir haben das alles nicht wegen des Geldes gemacht. Danke, nein.

Tante Alice und Tante Rosi, die beiden Schwägerinnen, mochten einander nicht besonders. Und gewiß wollten sie sich nicht in Symbole verwandeln, in zwei Pole weiblichen Wesens, zwei Pole jüdischen Schicksals. Aber die jungen Frauen der Familie, die überlebt haben, beschwören bis heute das Schicksal und die Götter und Geister: Laß mich leben wie Tante Alice, aber überleben wie Tante Rosi und in hohem Alter an Altersschwäche sterben, lange vor meinen Kindern.

Auf der Wilhelmstraße, die sich preußisch stramm mit Unter den Linden kreuzt, marschierten einst die Soldaten des Hohenzollernkönigs. Danach des Kaisers Soldaten. Und noch später wurde sie die Straße des Nazi-Regimes. Hier standen die Reichskanzlei – Nr. 77; Hermann Görings Reichsluftfahrtministerium – Ecke Leipziger Straße; die Reichsleitung der NSDAP – Nr. 63 und 64;

das Reichsministerium für Volksaufklärung und Propaganda – Nr. 61a; und das Reichsjustizministerium – Nr. 65.
Guy Sachar erzählte mir, wie er einen israelischen Kollegen von einer anderen europäischen Filiale begleitet hatte, der in den Kellern des nahen Gestapo-Hauptquartiers Archivdaten über den Tod seines Großvaters suchen wollte. Dieser Großvater war auf der Straße gegangen, alle Orden und Auszeichnungen aus dem Ersten Weltkrieg an den Mantel geheftet. Juden durften damals schon keine Orden mehr tragen. Aber er war sehr stolz darauf. Sie werden mir nichts tun, sagte er. Er wurde ins Gestapo-Gebäude geschleppt und dort auf der Stelle totgeschlagen. Und sechzig Jahre später kommen zwei israelische Banker – einer davon sein Enkel und auf Geschäftsreise in Berlin – eines Morgens hierher, um das Dokument zu finden, das seinen Tod bezeugt.
Zur Zeit ist sie nicht sehr belebt, die Wilhelmstraße des wiedervereinigten Berlins. Allerdings haben hier schon neue Ministerien ihre Arbeit aufgenommen, solche der Bundesregierung, und neue Beamte werden hier mittags noch viel Kaffee trinken, und ihre Vorgesetzten werden noch mehr als ein Glas in der Bar des Hotels Adlon, gleich um die Ecke, trinken. Aber vorerst konzentriert sich der Touristenstrom noch in der nahen Friedrichstraße, dort erstrahlen die neuen Schaufenster der Galeries Lafayette und der Ost-Berliner Filiale der Buchladenkette Hugendubel.
In der Sonne ist es überraschend warm. Ich suche mir einen Tisch draußen auf dem Bürgersteig Unter den Linden. Hier, zwischen den Leuten, die Zeitung lesen, sich unterhalten und ihre Blicke schweifen lassen, obliegt mir eine Aufgabe, der man in europäischen Cafés immer häufig nachgegangen ist: das Verfassen eines Briefes.

Liebe Gaby und lieber Daniel,
es ist sehr seltsam, an einem Kaffeehaustisch mitten im deutschen Regierungsviertel an Euch zu schreiben, und wenn einer, der Hebräisch lesen kann, mir über die Schulter blicken sollte – aber wie viele können hier schon Hebräisch lesen –, dann könnte er die

Namen der Adressaten falsch deuten. Gaby ist die jüngere Schwester meines Mannes. Daniel mein jüngerer Bruder. Aber nicht an die beiden schreibe ich diesmal. Mit ihnen telephoniere ich, oder ich schicke ihnen e-mails. Aber Ihr, tote Gaby und toter Daniel, Ihr seid zwei Kinder, die ich nicht gekannt habe, zwei Kinder, die weder telephonisch noch mit e-mail zu erreichen sind. Und doch spreche ich manchmal mit Euch.
Euch beide hat man von hier aus, von der Wilhelmstraße, ermordet. Du, Daniel, bist als Dreijähriger verschwunden, zusammen mit Deinem Vater David und Deiner Mutter Malka, aus Wilna. Vielleicht bist Du, wie man Deiner Großmutter zum Trost erzählte, noch mit dem letzten überfüllten Zug von Wilna nach Moskau abgefahren, im allerletzten Moment, als schon alles verloren war und Ihr doch glaubtet, Euch noch retten zu können. Vielleicht war das erleichterte Aufseufzen Deiner Mutter beim Anfahren des Zuges einer der letzten Laute, die Du in Deinem kurzen Leben gehört hast. Gewiß warst Du ein kluger Junge. Selbst wenn Ihr diesen Zug bestiegen haben solltet – er hat sein Ziel nie erreicht.
Du hingegen, Gaby, warst fünf Jahre alt, und auch Dein Vater Arnold und Deine Mutter Alice dachten, jetzt würdet ihr doch noch am Leben bleiben. Stefan war schon tot, war in Bergen-Belsen gestorben, aber Deine Eltern dachten unterwegs vielleicht, nun müssen wir, falls wir durchkommen, mit Robert und Gaby ein neues Leben ohne ihn anfangen.
Schalom, tote Kinder. Würdet Ihr leben, wärst Du, Daniel, heute zweiundsechzig, und Du, Gaby, wärst sechzig Jahre alt. Du wärst ein Cousin meines Vaters und Du eine Cousine meines Mannes. Mit einiger Wahrscheinlichkeit wärt Ihr Israelis. Aber es könnte auch sein, daß Du Russe wärst und Du vielleicht Amerikanerin. Würde ich bei Euch eine gewisse Familienähnlichkeit erkennen können – über Sprachunterschiede und kulturelle Entfernung, unterschiedliche Redegewohnheiten und einen anderen Humor hinweg? Eine typische Krümmung der Lippen, einen unabhängigen, rebellischen Zug, üppiges, glänzendes Haar, eine Vorliebe für Wortspiele? Sicher würde ich etwas finden: Familienähnlichkei-

ten sind nicht zu unterschätzen. Wären die Nazis nicht gewesen, könnten heute viele Menschen auf der Welt herumlaufen, die ein bißchen meinem Bruder oder meiner Schwägerin ähnlich sähen und erzählen könnten, wie sehr einer meiner Söhne sie an irgendeine Cousine erinnere: einander ähnlich wie zwei Tropfen Wasser. Eine Welt von Cousins und Cousinen ist mir hier ausgelöscht worden, all die Gesichter auf den verblaßten Photos ähneln einander wie zwei Tropfen Tinte, und diejenigen, die auf keinem Photo sind, ähneln einander wie zwei Tropfen Blut, und wie sollen wir je wissen, wer wem ähnlich sah und wer und was uns an wen und was erinnert und von wem wir diesen oder jenen Zug geerbt haben?
Ihr lächelt, Daniel und Gaby? Seid Ihr jetzt klüger als ich, ihr abstrakten Kinder, Engel am Himmel Berlins? Ihr sagt mir, Blutsverwandtschaft sei nicht das Entscheidende. Richtig. Das weiß ich durchaus. Letzte Woche beispielsweise hat mein Außenminister bei einem besonders schlimmen Ausfall in der Knesset gesagt, unsere Feinde im Libanon müßten wissen: Blut gegen Blut, Leben gegen Leben, Kind gegen Kind. So hat er gesagt. Manche haben zustimmend genickt, manche haben vehement dagegen protestiert, dort in dem stürmischen kleinen Staat, der nach Eurem Tod und wegen Eures Todes entstanden ist, dort in der Ferne.
Anderer Leute Kinder, die Kinder der Gegenseite, das ist das Thema, das mich beunruhigt und über das ich Euch heute von hier aus schreiben wollte. Denn es gibt doch etwas, das kein bißchen durch Genetik bedingt ist, etwas ganz anderes als unsere Liebe für unsere eigenen kleinen Verwandten, unsere Gefühle für Kinder, deren Blut in unseren Adern fließt. Beim Anblick eines toten Kindes – jedes toten Kindes – sträuben sich bei uns die feinen Härchen im Nacken. (Du, Gaby, hast, nach dem, was ich weiß, nicht wenige tote Kinder gesehen, darunter wohl auch Deine beiden Brüder. Aber Du, Daniel, bist, nach dem, was ich weiß, vielleicht als erstes Deinem eigenen Tod begegnet. Doch auch Du kannst nun schon verstehen.)
Es bedarf hier keiner verwandtschaftlichen Verbindung, keiner Familienähnlichkeit der Kinder mit dem Betrachter. Damit sich

die Nackenhaare sträuben, genügt die Wölbung eines kleinen Fußes, die Kontur eines herabhängenden mageren Ärmchens. Selbst wenn das Bild aus dem Fernsehen kommt, aus Eritrea oder Moçambique, Gaza oder Sidon. Auch wenn es sich um ein Dia handelt, das eine griechische Grabvase zeigt, mit fünf leichthändig gemalten Darstellungen der Danaer, die die Kinder Trojas erstechen und sie von der Stadtmauer herabwerfen. Ein totes Kind ist etwas Totales: Es läßt keinen Raum für widersprüchliche Interpretationen oder alternative Narrative. Hier ist nur eine einzige Unerträglichkeit, auf die die Nackenhaare mit äußerster Präzision reagieren. Aber die Bedienung, ja die Bedienung, die mich eben von meinem Brief hat aufschrecken lassen, als sie sich niederbeugte und mit schneidender Stimme fragte »Noch etwas?« – denn Ihr wißt, Gaby und Daniel, dies ist ein wirklicher Brief, der an einem wirklichen Morgen an Euch geschrieben wird –, diese Bedienung ließ in mir jetzt eine grauenhafte Frage aufsteigen: Reagieren auch bei ihr die Nackenhaare, wenn sie ein totes Kind zu sehen bekommt? Und bei dem bebrillten Wirt hinter der Theke? Auch bei ihm? Oder bei der Gruppe rosiger alter Leute, diesen jung wirkenden Senioren am Nebentisch? Auch bei ihnen? Und wenn ja, wie ist es dann eigentlich passiert, wie kann es noch heute geschehen, wie kommt es, daß ... Aber genug jetzt. Der Brief faltet sich unter den Händen zusammen. Der Gedankenfaden ist bereits unrettbar abgerissen – noch ein abgerissener Faden in der Stadt abgerissener Fäden.

Im nächsten Brief, liebe kleine Verwandte, erzähle ich Euch von den lebenden Kindern, die jetzt in Berlin herumlaufen, darunter auch meine Kinder, von dem, was sie im Zoo und im Vergnügungspark und in der Malecke des Möwenpick-Restaurants am Breitscheidplatz machen. Doch eins könnt Ihr mir entgegenhalten, lieber Daniel und liebe Gaby, und darin stimme ich Euch völlig zu: Noch kein lebendes Kind hat je ein totes Kind ersetzen können. Und jetzt werde ich Euch ein bißchen in Ruhe lassen, das heißt, laßt mich jetzt ein bißchen in Ruhe, denn ich möchte um die Rechnung bitten. Das macht man so: »Entschuldigen Sie, ich hätte gern die Rechnung, bitte.« Aber ich will Euch mit meinem Gästedeutsch nicht irreführen: Manche werden sagen, diese Formulierung sei, nach heutigen Maßstäben, überhöflich.

Warum ist Anton dem Emil aus dem vorigen Buch so ähnlich, fragt Erich Kästner am Ende von *Pünktchen und Anton*. Warum habe ich zwei so ähnliche Figuren geschaffen? Weil wir nicht genug von dieser Sorte haben. Wir können gar nicht genug Emile und Antone bekommen, erklärte Kästner den Kindern der Weimarer Republik. »Vielleicht entschließt ihr euch, so wie sie zu werden?« schrieb er. »Vielleicht werdet ihr, wenn ihr sie liebgewonnen habt, wie diese Vorbilder, so fleißig, so anständig, so tapfer und so ehrlich?«
Aber die Kinder der Weimarer Republik hörten nicht auf Kästner. Vielleicht blieben wenigstens Anton und Emil samt seinen Detektiven, die Berliner Straßenjungen mit ihren Mützen und ihrer frechen Gewitztheit, auf der richtigen Seite. Aber das hat nichts geändert: Rohlinge in Braunhemden schlugen ein paar Jahre später dem »Professor« in einer der Straßen, in denen er mit seinen Freunden dem kurzlebigen Sieg des Guten über das Böse nachgelaufen war, die Brille kaputt. Ein paar Jahre später lagen Gustav und Krummbiegel schon verkohlt bei Stalingrad. Die Brüder Mittenzwey fielen in El Alamein. Der kleine Dienstag lief vielleicht auch noch als junger Mann am Nollendorfplatz herum und kehrte dann aus Buchenwald nicht mehr dorthin zurück. Und die Großmutter von Pony und Emil wurde in ihrem Haus in der Schumannstraße 15 von der Druckwelle einer amerikanischen Bombe getötet. Nach den Luftaufnahmen zu schließen, hat sich offenbar auch die Zehnzimmerwohnung der Familie Pogge in einen Trümmerhaufen verwandelt, und wer weiß, was aus Frau Gast und aus der dicken Berta geworden ist. Man kann nur hoffen und glauben, daß die Guten überlebt haben und gut geblieben sind. Daß Anton vielleicht aus dem Gefangenenlager in Frankreich zurückgekehrt ist, um sein Deutschland wieder aufzubauen. Aber wie soll man das wissen.

Denn sogar die Berliner Kinder von Erich Kästner, jene Kindertruppe, die wie eine Miniaturmiliz unter dem Banner der Gerechtigkeit dem Dieb nachjagt – so hat Billie Wilder sie 1931 in seinem Filmdrehbuch verewigt, als Kinder, die auf wilder Verfolgungsjagd durch die Straßen fegen, eine Szene, die auf deutsch »Herr Grundeis wird zur Strecke gebracht« heißt – sogar diese Kinder trugen etwas Böses in sich. Und nicht, weil sie Deutsche waren. Haargenau so waren die Kinder, die in dem erez-israelischen Jugendbuch *Acht hinter einem her* die Spione schnappten. In allen war eine Spur von der uns Menschen angeborenen, konstitutionellen Grausamkeit. Teil einer ewigen und schrecklichen Wahrheit, die in jeder Generation wieder auftaucht. Die Grausamkeit der Gruppe gegenüber dem einzelnen Flüchtenden, die natürliche Jagdlust, die der Natur des Kindes, der Natur des Menschen innewohnt.

Diese Grausamkeit läßt sich manchmal mit Macht unterdrücken. Aber zügeln, wirklich zügeln kann man sie nur mit Worten, mit schriftlichen Sätzen, die in Verfassungen und Menschenrechtserklärungen stehen. Mit politischen Aussagen, die auch entschieden zur Geltung gebracht werden dürfen, wenn von Dichtung und Heiligem, von Liebe und Tod die Rede ist. Mit den Schriftversen und Auslegungen, die Rabbiner tausend Jahre lang mit ihren weichen, alten Stimmen in den Talmudschulen gelehrt haben. Mit den Worten, die eine Frau auf der Straße schrie, um die Schläger davon abzubringen, einen Geschlagenen weiter zu schlagen. Gibt es überhaupt einen Zweifel daran, daß die einzigen Zügel für unsere angeborene Grausamkeit, für unsere bösen Triebe – eben die Zügel, die von den Verfassungsvätern, von den Rabbinern geschaffen wurden und die Erich Kästner den widerspenstigen Kindern seines Landes anlegen wollte, die einzigen Zügel, die vielleicht überhaupt möglich sind – aus Worten gemacht sind?

In die vorisraelischen Welten

Ihr seid jung, sagt Jürgen Habermas. Ihr seht die Dinge anders. Das ist anscheinend eine Generationenfrage. Aber wir haben die Nazis noch mit eigenen Augen gesehen. Ute hat schon im Elternhaus gelernt, gegen das Regime zu opponieren. Ich habe das erst später, nach 1945, begriffen.

Das Gesicht des deutschen Philosophen zeigt Befremden, als wir ihm unsere Begeisterung über das Berlin des Jahres 2000 zeigen, ihm von meinem Entschluß berichten, ein Buch über die Stadt zu schreiben. Zu Beginn des Gesprächs fällt es uns schwer, diesem Befremden auf den Grund zu kommen. Habermas, der Theoretiker des Liberalismus und der sozialen Demokratie, der Mann, der empfahl, die Tradition der deutschen Aufklärung zu korrigieren, statt sie ad acta zu legen, der Mann, der sagte, im öffentlichen Raum müsse sich die Vernunft tagtäglich im freien, offenen Diskurs der Menschen erweisen, dieser Mann ist erstaunt und besorgt angesichts junger Israelis, die sich mit Berlin neu ins Verhältnis setzen wollen.

Wir sitzen an einem kühlen Tag zu Frühlingsbeginn auf der Terrasse des Literaturhauses. Ute und Jürgen Habermas lieben Berlin nicht. Sie sind im Rheinland aufgewachsen und wohnen heute bei München am Starnberger See. Unsere Faszination über die wieder erstehende deutsche Hauptstadt können die beiden nicht teilen. Wir versuchen zu erklären: Etwas von der erez-israelischen und israelischen Geschichte hat sich in Berlin zugetragen. Wir haben hier Wurzeln und Erbteile. Scholem und Buber sind von hier zu uns gekommen. Agnon hat früher einmal, während des Ersten Weltkriegs, in einer kleinen Pension genau hier, in dieser Straße,

gewohnt. Ist es da nicht natürlich, daß es uns in diese Stadt zieht? Daß wir nachsehen wollen, was uns hier geblieben ist, trotz des Abgrunds, den Adolf Hitler zwischen der Stadt und uns aufgerissen hat?
Ja, ja. All das sei sehr interessant. Unsere Gesprächspartner haben Gershom und Fania Scholem gekannt und geliebt. Aber ihre gemeinsamen Erinnerungen gehen auf Jerusalem zurück, nicht Berlin. Wie die beiden Paare sich angefreundet haben. Wie sie am Tisch gesessen und Rotwein getrunken haben – unkoscheren Wein, den Scholem lieber »Waldbeerensaft« nannte. Wie Scholem Ute Habermas den Arm um die Schulter legte und sagte, jetzt darf ich endlich eine Schickse in den Arm nehmen. (Das Wort »Schickse«, an das sich unsere Gesprächspartner zunächst mehrere Minuten lang zu erinnern versuchen, sprechen sie dann mit verschmitztem Lächeln aus.) Und wie einmal im Van Leer-Institut, als Jürgen Habermas schon am Rednerpult stand und die Zuhörer noch miteinander redeten, Fania Scholem aufstand und in perfektem Deutsch von einst resolut sagte: Seid doch mal ruhig! Ihr wißt gar nicht, wer da vor euch steht! Das ist der Kant der modernen Zeit!
Welches Privileg das war, die Freundschaft des Ehepaars Scholem.
Nach und nach wird klar, was seine Besorgnis auslöst. Sie geht aus von den Signalen, die Israelis meiner Generation ungewollt an Deutsche aussenden, die insgeheim das denken, was Martin Walser in der Frankfurter Paulskirche ins Mikrophon gesagt hat. Daß sich im neuen, wiedervereinigten Deutschland nun Normalität einstellt. Ob ich mir im klaren sei, wie vorsichtig ich sein müsse, versucht Habermas freundlich herauszufinden. Nach 1945 habe nur die schmerzhafte Vermeidung eines Bewußtseins von Normalität halbwegs normale Verhältnisse in der Bundesrepublik entstehen lassen können. Und das Gespür für diese Dialektik der Normalisierung sei heute im Schwinden – ja, es werde diskreditiert. Ob ich wisse, wie sehr ein Buch wie meines – jung, optimistisch und vorwärtsblickend, unter dem befreienden Motto »Die Reise nach

Berlin kann losgehen« – denen in die Hände spielen könne, die nunmehr Normalität verkündeten, die sagten: »Es sei nun genug mit der Shoah«, die die Last der Väter abzuschütteln wünschten. Habermas spricht äußerst bekümmert von seinem früheren Freund Martin Walser. Von der bewußten Rede, in der er vor aller Welt, bei der Entgegennahme des Friedenspreises des Deutschen Buchhandels, verkündet hatte, es sei nun genug, alles gehe nun wieder seinen normalen Gang, die Shoah solle man den Historikern überlassen.

Schaut euch einmal die Ausgaben der *Frankfurter Allgemeinen Zeitung* vom Sommer 1990 an. Welch eine nationale Begeisterung, welch ein deutscher Vereinigungspatriotismus bricht sich da Bahn. Als sei eine Rechnung beglichen, ein Kapitel abgeschlossen worden, als dürfe man nun wieder eine große, stolze Nation sein.

Er hegt den Verdacht, die Angehörigen seiner Generation und der nachfolgenden Generationen wollten, noch bevor sie ihre Lektionen gelernt hätten, sie schon wieder vergessen. Er möchte nicht, daß junge Israelis wie wir ihnen mit unserer Begeisterung über das alt-neue Metropolis am Ufer der Spree beim Vergessen helfen. Mit dem unreflektierten Enthusiasmus der jungen Generation.

Was soll man machen, seufzt er. Es ist ein eher wohlwollendes Seufzen, das schon. All das ist anscheinend eine Generationenfrage.

Aber dies hier wird ja nicht geschrieben, um Martin Walsers Position zu stärken. Nicht um Musik in deutschen Ohren zu sein. Nicht um auf die innerdeutsche Diskussion einzuwirken.

Israelis kommen nicht nach Berlin, um das deutsche Rätsel zu lösen. Die Bedeutung der großen Differenz zwischen Johann Wolfgang Goethe und Amon Goeth, zwischen dem Dichter aus Weimar und dem SS-Lagerkommandanten von Płaszów, zu enträtseln, ist etwas, das die Deutschen unter sich ausmachen müssen. Das vereinigte Deutschland hat achtzig Millionen Einwohner und eine stabile demokratische Ordnung. Es spielt eine führende Rolle in der Europäischen Union, eine zentrale Rolle in der Nato, in der Weltbank, in internationalen Organisationen. Es führt eine eindringliche öffentliche Debatte über seine Vergangenheit, über seine globale Aufgabe, über die Möglichkeit, ein normales Volk wie alle anderen zu sein. Es hat Jürgen Habermas, Günter Grass, Siegfried Lenz, Marcel Reich-Ranicki, scharfsinnige und klarsichtige Intellektuelle, Publizisten und Schriftsteller, die sich zu erinnern wissen. Mögen die Deutschen also aus eigenen Kräften das Rätsel von Goethe und Goeth entschlüsseln. Oder es im Schoß der Vergangenheit ruhen lassen und ihr Leben leben, wie viele es gern tun möchten, in einer Welt mit stabiler Währung, Tageszeitung und funktionierender Verwaltung, einer Welt ohne Geheimnisse.

Die Israelis in Berlin indes sind Teil des israelischen Rätsels, der Gesamtheit israelischer Rätsel. Und das ist eine Sache für Israelis unter sich. Nur wenige Deutsche können begreifen, welch grelles, zuweilen brutales Licht ihre Hauptstadt auf die versteckten Abrechnungen in unseren eigenen Reihen wirft. Auf die Beziehungen zwischen Israelis und Juden, zwischen Israelis und der Geschichte, zwischen Israelis und der hebräischen Sprache, zwischen Israelis und Europa und zwischen Israelis und dem Weltgeschehen, der Möglichkeit einer Weltbürgerschaft. Zwischen zionistischen, nichtzionistischen und postzionistischen Israelis. All diese Diskursbahnen verlaufen, unter anderem, durch Berlin. Und über all diese Dinge muß diskutiert werden, unabhängig davon, ob die Deutschen uns zuhören oder nicht. Falls sie zuhören möchten, um so besser. Aber nicht für sie, sondern für uns wird dies hier gesagt.

Berlin ist kein einfaches Pflaster für alles, was die Beziehungen zwischen Israelis und Juden betrifft.
Die jüdische Gemeinde Berlins zählt heute rund zwölftausend Mitglieder. Es gibt auch noch eine zweite Gemeinde, Adass Jisroel, die direkte Nachfolgerin des Zentrums der Austrittsorthodoxie in der Gegend um die Oranienburger Straße. In acht Synagogen werden regelmäßig Gottesdienste abgehalten. Es gibt eine jüdische Schule, mehrere Rabbiner, einen Schächter, einen Kaschrutauf-

seher, eine koschere Metzgerei, ein paar koschere Restaurants und drei jüdische Friedhöfe. Zu den Gemeindemitgliedern gehören auch Israelis, über deren Anzahl mir allerdings niemand Auskunft geben wollte. Doch viele Israelis meiden jeden Kontakt mit der jüdischen Gemeinde.

Über die jüdische Gemeinde, ihr ödes Gemeindehaus in der Fasanenstraße, ihre Synagogen und deren Besucher habe ich in Berlin sehr harte Worte auf hebräisch gehört. Zu hart, als daß ich die Sprecher namentlich nennen möchte. Ein Israeli, der sonst durchaus in die Synagoge geht, sagte mir, hier halte er sich von den Gottesdiensten fern. Hier ist es schwer, meinte er. Hier gibt es keine von jüdischem Geist erfüllte Atmosphäre, hier werden in der Synagoge Geschäfte abgeschlossen. »Galuti«, »typisch Diaspora«, hieß es immer wieder. Manchmal ist es ekelerregend, sagte mir jemand, der Spenden für israelische Einrichtungen sammelt. Es gibt in Deutschland jüdische Geschäftsleute, die ziemlich knauserig sind, aber zugleich für ihre Freigebigkeit gelobt werden wollen. Und ein anderer Gesprächspartner sagte bissig zu mir: Jeder Rabbiner in Deutschland verdient mehr Geld als der Erzbischof von Köln höchstpersönlich. Und kein Mensch prüft nach, wohin die Gemeindegelder fließen. Niemand würde es wagen, die Konten der Juden zu überprüfen.

Andererseits beklagen sich die Berliner Juden auch über die Israelis. Sie sondern sich ab und halten Distanz, sagte mir eine Frau aus der Gemeinde. Nur Eltern von kleinen Kindern kommen manchmal mit ihren Familien an den Feiertagen, zu Purim oder an Sukkot. Ein Israeli, der hier eine Synagoge betrit, erwartet jüdische Herzlichkeit und prallt gegen eine kalte Wand, sagte mir ein anderer Gesprächspartner. Als ob die einen mit den anderen überhaupt nichts anfangen könnten, die Juden und die Israelis.

Man muß einräumen, daß nicht nur in Berlin Funkstille und Distanz zwischen ortsansässigen Juden und Israelis herrschen. In amerikanischen Städten kann man ähnliches hören. Doch es scheint, daß in Berlin manche Israelis gegenüber den einheimischen Juden einen besonderen Groll hegen: Wie konntet ihr euch

gerade hier wieder niederlassen, das ist der unausgesprochene Vorwurf.
Und noch tiefer drinnen verbirgt sich ein schneidendes besonderes Gekränktsein. Die Deutschen verwechseln uns mit den Juden, sagten mir einige meiner israelischen Gesprächspartner. Sie begreifen den Unterschied nicht. Nach der Ermordung Jizchak Rabins, zu wem kamen die Berliner Politiker, um ihr Beileid auszusprechen? Zu den Leitern der jüdischen Gemeinde. Sie werfen uns alle in ein und denselben Topf.

Tatsächlich kann man heute in Deutschland eine Neigung erkennen, ganz und gar aus guten Absichten heraus gespeist, Israelis einfach unterschiedslos in der jüdischen Gemeinschaft aufgehen zu lassen.
Seltsam, sagt Eran Tiefenbrunn, daß Deutschland voller Institutionen zur Erforschung des Judentums ist. Aber es gibt keine einzige akademische Einrichtung, die sich mit Israel beschäftigt, nicht einmal ein Institut, das sich auf hebräische Literatur spezialisiert. In der Deutschen Demokratischen Republik hat es so etwas einmal gegeben, in Ost-Berlin, vor dem Mauerfall. Die Professorin Angelika Timm, die ehemalige Leiterin des Instituts, arbeitet weiter zur israelischen Gesellschaft und Politik. Aber das Institut selbst ist geschlossen worden. Es heißt, es hätte der Stasi zu nahegestanden, dort hätte man Spionen Hebräischunterricht erteilt.
Und überhaupt, behauptet Eran Tiefenbrunn, verbirgt sich eine große Lüge hinter der deutschen Liebe zu den Juden, hinter dem scheinbar regen Interesse an der hebräischen Literatur, hinter der Nostalgie, die sich auf die Juden der Weimarer Zeit richtet. Zwei Dinge haben, sagt er, Juden und Christen im Vorkriegsdeutschland miteinander verbunden: Wirtschaft und Kultur. Diese beiden Bereiche seien ihrer Inhalte entleert worden. Genau wie die blühenden Wirtschaftsverbindungen zwischen Juden und Deutschen aufgehört hätten zu bestehen, sei auch die intellektuelle Romanze der goldenen zwanziger Jahre vorbei, ohne bleibende Früchte getragen zu haben. Was hat uns Martin Buber hinterlassen? Was hat uns

sein weiser, aber irrelevanter Friedensbund »Brit Schalom« geholfen? Was hat uns Walter Benjamin vererbt? Eine ästhetische Tragödie. Ohne eine Lehre.

Es gibt eine ironische Ähnlichkeit, fährt er fort, zwischen jener Folgenlosigkeit der Weimarer Zeit und der Situation von Israelis im heutigen Berlin. Berlin kann uns zu keinerlei Taten, keinerlei Innovationen inspirieren. Paris hat vielleicht einen gewissen israelischen Rebellengeist gefördert, hat in Politik und Kunst einiges angekurbelt. Aber Berlin ist kein Hebel für irgendeine Veränderung. Es ist höchstens ein Aussichtsturm.

(»Welch Schauspiel!« schreibt Goethe in seinem *Faust*. »Aber ach! ein Schauspiel nur!«)

Wir sitzen in dem italienischen Café im Redaktionsgebäude der linksgerichteten *taz*, gegenüber dem Gebäude der *Welt*, der Konkurrenz von rechts, Axel Springers Bastion am Rand der westlichen Welt, nur einen Steinwurf weit entfernt vom Museum Haus am Checkpoint Charlie. In diesem Café mischen sich Einheimische und Touristen, ausländische Korrespondenten und alteingesessene Berliner, Christdemokraten, Sozialdemokraten und Anhänger der Grünen. Auch die Gerichte auf der Speisekarte sind eine bunte Mischung: Es gibt hier Gnocchi mit Shiitake-Pilzen, eine absurde Kombination, die jedoch erfreulich schmackhaft ist. So ist das in Berlin: Das Globale und Postmoderne ist hier angenehmer und freundlicher als das Traditionelle und Authentische. Vielleicht hat Eran ja recht damit, daß diese Stadt für uns nur ein Aussichtsturm sein kann. Aber trotzdem, und in diesem Punkt stimmen wir beide überein: Welch ein Schauspiel. Welch ein Turm. Und welch eine Aussicht.

Wir sind Israelis, sagt der orthodoxe Gemeinderabbiner von Berlin. Von seiten der Mutter meines Großvaters schon seit sieben Generationen. Die Familie Ehrenberg stammt aus Polen. Wir haben Wurzeln in Jerusalem, in Safed, in Tiberias. Ich heiße Yitzchak nach dem Bruder meiner Mutter, der sich freiwillig zur Hagana gemeldet hatte und am Mandelbaumtor gefallen ist.

Nechama Ehrenberg (es ist mir schwergefallen, sagte sie zu Beginn des Gesprächs, mich an den Titel Rabbanit, Rabbinersfrau, zu gewöhnen) ist mütterlicherseits die sechste Generation in Jerusalem. Mein Großvater, erzählt sie, hat sein Leben lang die Stadt nicht verlassen. Er meinte, außerhalb Jerusalems beginne schon das Ausland.
Heute, erwidere ich dem Rabbinerpaar Ehrenberg, meinen dagegen viele Israelis, daß gerade Jerusalem Ausland sei.
Beide lächeln. In der Wohnung herrscht die typische Morgenstille eines orthodoxen Hauses, dessen Kinder bereits groß sind. Die Doppelfenster des Wohnzimmers blicken direkt auf die Westwand des KaDeWe. Der Gegensatz zwischen drinnen und draußen ist frappierend: Der Rabbiner von Berlin wohnt in einem Haus, das der jüdischen Gemeinde gehört, in der belebten Passauer Straße, an deren Ecke Tauentzienstraße Lea Goldbergs Protagonistin einst eine Blondine im schwarzen Pelz mit hohen roten Stiefeln traf.
Ein israelischer Wachmann schützt das Haus des Rabbiners vor den Gefahren der Außenwelt. Das Wohnzimmer schmücken Photographien großer Toragelehrter, auf dem Tisch stehen Schälchen mit Nüssen und Bonbons, und die weit offenen Türen führen in die zwei Zentren des Hauses. Auf der einen Seite befindet sich Rabbiner Ehrenbergs Büro: Regale voll heiliger Bücher, die Buchrücken mit Goldbuchstaben beschriftet, in der Mitte zwei abgeschaltete Computer. Auf der anderen Seite liegt das Eßzimmer: dominiert von einem großen Tisch, ringsum blaue Stühle und darüber ein Kronleuchter.
Eben das ist die uralte jüdische Achse, auf der offenbar alles gründet, die Achse zwischen Büchern und Eßtisch, Bethaus und Familienheim, Bibel und Küche, bitteren Verboten und den um so süßeren erlaubten Genüssen. Es ist diese Kreuzung von Essen und Text, Wein und Schriftauslegung, von allem, was auf der Zunge liegt, Nahrung und die Sprache mit all ihren Bedeutungen – jene Sprache, die sogar weniger jüdisch orientierte Israelis nicht so schnell aufgeben. Deshalb birgt die Sinnlichkeit solch eines Werktagsmorgens in einem orthodoxen jüdischen Haus etwas, das kon-

kurriert mit der nächtlichen Sinnlichkeit am Nollendorfplatz, den lieblichen Düften des sechsten Stockwerks des KaDeWe gegenüber, den Darkrooms in der Motzstraße, dem europäischen Wald mit seinen Wegen und Seen. Es hat etwas Anziehendes, Geheimnisvolles, Beständiges.

Diese Achse hat der Architekt Daniel Libeskind nicht in sein neuartiges und dezidiertes Gebäude in der Lindenstraße integriert, das das Jüdische Museum Berlin beherbergen soll. Der Libeskindbau ist eine sehr umstrittene Konstruktion, deren gebrochene Linien und spitze Winkel den furchtbaren Bruch in den Beziehungen zwischen Juden und Deutschen im Lauf der Geschichte symbolisieren sollen. Den Tisch aber hat Libeskind vergessen, und eigentlich auch die Frauen. Es gibt in seinem Museum keinen Raum, in dem man Moses Mendelssohn und Pastor Lavater von den Toten auferstehen lassen und beim Schachspielen in jenem verlorenen Berlin zeigen könnte, während Frau Fromet in einer versilberten Kanne Tee aufträgt. Es gibt kein holzgetäfeltes Zimmer mit Vorhängen und Weinflaschen, das die Geister von Dorothea Mendelssohn-Schlegel, Henriette Herz und Rahel Varnhagen heraufbeschwören könnte, jener jüdischen Gastgeberinnen, die in ihren Salons Toragelehrte mit Philosophen, Musikern und romantischen Dichtern bekannt machten, Geistiges mit Sinnlichem verbanden, Gläubige mit Freidenkern zusammenführten. Nichts erinnert an diese klugen Frauen, die es fertiggebracht hatten, für die Dauer von ein oder zwei grandiosen Generationen jüdische Gegensätze und deutsche Gegensätze friedlich unter einem Dach zu vereinen.
Diese Tischgespräche, die in der jüdischen und in der deutschen Geschichte tief verwurzelt sind, waren der Höhepunkt einer Welt, die wir verloren haben. Libeskinds Jüdisches Museum, das nur aus geometrischen Brüchen und symbolischer Abwesenheit und Leere besteht, begräbt den zerborstenen Tisch samt Gesprächsfetzen und Brotkrümeln unter sich.
Heute ist all das verloren und fern, Stoff für Museen, der Willkür

von Architekten und Kustoden anheimgegeben. Juden und Deutsche haben sich jeweils in ihre Welt zurückgezogen. Nur Bücher kreuzen noch die Bruchlinien. Abstrakte Bücher. Ohne Intimität, ohne Berührung mit dem Nebensitzenden, ohne Ellbogen auf dem Tisch vor einem Glas Wein und einer mit Essen gefüllten Schüssel.
Viele Worte werden noch über Juden und Deutsche geschrieben werden. Es wird Studien und Symposien, Schautafeln und Museen, Symbole und Zeremonien geben. Aber diese Worte werden wahrscheinlich Totgeburten sein. Der lebendige Gedankenaustausch, das Gefühl altüberkommener, räumlicher Nähe – all das wird nicht mehr erstehen. Es gibt keinen jüdisch-deutschen Tisch mehr.

Zwi Kahana, der Leiter der Jeschiwa in Bet Meir, hatte die Ehe zwischen seiner Tochter und seinem geliebten Schüler arrangiert. Er war ein liberaler Individualist, Nechamas Vater, ein aufgeschlossener orthodoxer Jude. Er kam aus chassidischem Milieu in Rußland, aber er hatte eine nichtchassidische Jeschiwa litauischer Prägung besucht. Im Krieg konnte er aus seinem Schtetl Sarny fliehen, nach Shanghai, Japan, Frankreich; er gelangte schließlich über Port Said ins Land Israel – gerade während der Belagerung Jerusalems. Der Staat Israel lag ihm sehr am Herzen, auch wenn er das festliche religiös-zionistische Hallel-Gebet am Unabhängigkeitstag nicht mitsang. Aber natürlich, erklärt der Rabbiner, beten wir hier in der Synagoge in Berlin für die israelischen Soldaten und danach auch für den Staat Israel. Die Juden in Deutschland sind sehr zionistisch. Eine andere Identität haben sie hier ja nicht.
Als die Ehrenbergs von ihrem ersten rabbinischen Auslandsauftrag, in Wien, zurückkehrten, hatte Rabbiner Ehrenberg Mühe, in Israel eine Anstellung zu finden, die seinen Wünschen entsprach. Für die Ultraorthodoxen war ich zu »weiß«, nicht streng genug, und für die andern – er lächelt, anspielend auf die nationalreligiöse Bewegung – war ich zu »schwarz«. Nach israelischen Maßstäben,

fügt seine Frau hinzu, sind wir keine richtigen Ultraorthodoxen, sondern recht seltsame Religiöse, und ich bin gern seltsam.
Deshalb folgten sie dem Ruf für eine zweite Amtszeit in Wien. Danach wurde er Rabbiner in München, und schließlich übernahm er diesen ehrenvollen Posten in Berlin. Denn Berlin war besonders wichtig, sagt Yitzchak Ehrenberg, vor allem für meinen Schwiegervater, der mich vor seinem Tod ermuntert hat, eine Stelle in Deutschland anzunehmen. Er war Shoah-Überlebender, der seine Familie in der Shoah verloren hatte, gab aber seinen Segen zu unserem Aufenthalt in Deutschland. Vor allem, als ich nach Berlin berufen wurde. Er sah darin einen Triumph. Sollen sie in Deutschlands Straßen ruhig einmal Juden sehen, die sich traditionell kleiden und wie Juden aussehen.
Nein, nein, sagt Nechama Ehrenberg, wieso sollen wir uns hier demonstrativ als Juden zeigen. Mein Vater hat immer betont, man müßte sich hier ruhig und höflich verhalten und den örtlichen Gepflogenheiten folgen.
Aber ja doch, sagt ihr Mann. Ganz sicher. Er wollte, daß man uns hier so sieht, wie wir sind.
Als Israeli war ich ein freier Mensch, erläutert er. Mir war selbstverständlich, daß man den Mondsegen bei Vollmond draußen auf der Straße spricht. Aber die Wiener Juden schreckten schon vor der bloßen Vorstellung zurück. Blickten betreten zu Boden. Solch ein Ritual auf offener Straße? In aller Öffentlichkeit? Das ist Diasporamentalität, sagt er, das liegt ihnen im Blut, den Diasporajuden. Wir haben keine Komplexe.
Sind Sie auf Antisemitismus gestoßen?
In Wien ja. Man hat ein Hakenkreuz neben unsere Haustür geschmiert. Als ich mit den Kindern auf der Donau Boot fuhr, hat mir ein junger Mann zugerufen: »Juden, geht nach Auschwitz.« Aber hier in Berlin, wenn man mir überhaupt einmal etwas nachruft, dann nicht als Jude, sondern als Israeli.
Als Israeli?
Ja. Nicht »Jude«, sondern »Jahud«. Palästinenser haben mir das auf der Straße nachgerufen.

Und Israelis? Wie viele Israelis kommen eigentlich hier in die Berliner Synagogen?
Bei mir, in der orthodoxen Synagoge in der Joachimstaler Straße, beten am Schabbat vielleicht hundertfünfzig Menschen, darunter sind auch einige, die Hebräisch sprechen. Von den dreißig, vierzig Betenden, die regelmäßig an Werktagen kommen, spricht etwa die Hälfte Hebräisch. Aber man kann schwer sagen, ob sie Israelis sind. Hin und wieder interessiert sich einer, möchte religiös werden.
Nechama Ehrenberg wirft ein, auch in Wien und München hätten die Israelis sich abseits gehalten, seien unter sich geblieben, sie seien als eine Art Gegengemeinde betrachtet worden. Dort, in diesen beiden Städten, hätten die einheimischen Juden wiederum auch entschieden auf die Israelis herabgeblickt, hätten sie als Levantiner, als Nahöstler angesehen.
Ich frage den Rabbiner und die Rabbinersfrau, ob sie sich bewußt seien, daß ihr Leben hier, in Berlin, beschützter sei als das säkularer Israelis. Gerade ihr jüdisches Aussehen biete ihnen hier Schutz.
Das ist richtig, sagt der Rabbiner. Auf der Straße bringt man mir Respekt entgegen. Man sagt mir auf hebräisch »Schalom«. Aber man muß bedenken, daß das alles nur mit beschränkter Haftung gilt. Wie beim Pharao in Ägypten. Eine halachische Überlieferung besagt: »Man weiß, daß Esau Jakob haßt.« Was ist das denn für eine Halacha, versuchten unsere Weisen zu ergründen. Die Antwort ist einfach. Judenhaß wird es immer geben, er ist unumstößlich wie ein religiöses Gesetz, wie ein Dogma. Daran wird sich nichts ändern.
Und die Deutschen, denen Sie hier begegnen?
Rabbiner Ehrenberg zitiert die Bibelverse zunächst einmal aus dem Gedächtnis. Einerseits heißt es: »Nicht sollen Väter um der Kinder willen getötet werden, und nicht sollen Kinder um der Väter willen getötet werden; ein jeder soll für seine Sünde getötet werden.« Schön und gut. Aber andererseits steht geschrieben: »Ich ahnde die Schuld der Väter an den Kindern, an dem dritten und vierten Geschlecht.« Was macht man nun also mit diesem Widerspruch.

Der Rabbiner geht in sein Büro, um die genauen Textstellen über Väter und Kinder auf der modernen CD-ROM der Bar-Ilan-Universität nachzusehen. Jeder Bibelvers, jede Mischna- oder Talmudstelle springt auf Knopfdruck auf den Bildschirm, ein wunderbares Hilfsmittel. Aber diesmal streikt der Computer, die CD-ROM reagiert nicht. Der Rabbiner kehrt zum Bücherregal zurück, blättert mit kundiger Hand, mit den flinken Fingern eines »Wächters der Mauern«, deren Gestik mir schon vertraut ist. Die Bücher gehören uns allen, geben mir diese Finger behutsam zu verstehen, aber die Schlüssel bleiben bei mir. Also, in Deuteronomium 24,16 wird jeder Mensch nur für seine eigenen Sünden bestraft, und in Exodus 34,7 straft der Ewige Enkel und Urenkel für das, was Großvater getan hat. Was macht man mit dem Widerspruch.

Der Talmud hat natürlich schon eine Lösung parat. »Kein Widerspruch«, heißt es im Traktat Brachot, Blatt 7a: »Das eine, wenn sie an den Werken ihrer Väter festhalten, und das andere, wenn sie nicht an den Werken ihrer Väter festhalten.« Man straft keinen Nachfahren, der sich von den Untaten der vorangegangenen Generation distanziert. Und den jungen Deutschen, der deutschen Gesellschaft überhaupt, die sich entschieden von den Untaten der Vergangenheit distanziert hat, kann man nichts vorwerfen. Es gibt hier so viel Liebe, sagt er.

Aber auch Fremdenhaß, sagt die Rabbinersfrau. Denn alle, an jedem Ort, hassen Fremde. Sogar wir können Fremde hassen oder sie zumindest sehr wenig mögen.

Ja, aber es gibt auch so viel Liebe, beharrt der Rabbiner. Und ich versuche, etwas aus den Schriften anzuführen, aus der Mischna, den Sprüchen der Väter. Wir sind alle Menschen, man muß alle Menschen ehren, da sie Menschen sind, auch die Araber.

Auch die Araber?

»Bevorzugt ist der Mensch, daß er als Ebenbild Gottes erschaffen wurde.« Und erst danach steht: »Bevorzugt ist Israel, da sie Kinder Gottes, ›banim la-makom‹, genannt werden.«

Was halten Sie von den Beziehungen zwischen Israel und Europa, frage ich Yitzchak Ehrenberg, bevor ich mich von den beiden verabschiede. Das europäische Judentum, antwortet er, ist von Israel abhängig, sowohl hinsichtlich der jüdischen geistigen Tradition wie auch hinsichtlich der eigenen Sicherheit. In der europäischen Rabbinerkonferenz, in der ich die drittgrößte Gemeinde vertrete, ist man sich voll und ganz des Umstands bewußt, daß ein unmittelbarer Zusammenhang besteht zwischen der Situation der Diaspora-Gemeinden und der Existenz des Staates Israel. Die Gojim respektieren uns dank des Staates Israel. Wir sprechen Hebräisch in der Rabbinerkonferenz, und als Jörg Haiders FPÖ in Österreich Teil der Koalitionsregierung wurde, haben wir eine Zusammenkunft abgesagt, die in Wien stattfinden sollte. Wir sind Zionisten. (Die Ultraorthodoxen haben ein anderes Rabbinergremium, fügt er der Genauigkeit halber hinzu.) Die Juden in den USA dagegen sind nicht von Israel abhängig. Die amerikanischen Juden verstehen sich in erster Linie als Amerikaner und erst in zweiter Linie als Juden. In Europa ist das anders. Die Zukunft der Juden hier hängt davon ab, was in Israel geschieht, und Israel hat keinen anderen Ort als Europa. Wer weiß, was aus dem Nahen Osten wird.

Einer der Gottesnamen im Hebräischen ist »ha-makom«, wörtlich übersetzt: »der Ort«. »Banim la-makom«: Kinder Gottes, Kinder des Ortes? Auf der Straße vor dem Eingang des Kaufhauses Peek & Cloppenburg bildet sich ein Verkehrsstau, der sich bis um die nächste Ecke zieht. In diesem Lärm ist es schwer, der faszinierenden Doppelbedeutung des hebräischen Wortes »makom« nachzusinnen. Aber hier, in Berlin, einem Ort, dem die Gottesgegenwart vielleicht nicht innewohnt, was sind hier die Bande, die uns, den Rabbiner, seine Frau und mich, ausgerechnet hier in dieser Stadt verbinden?
Mir fallen die Gebetsriemen ein, die die Dichterin Yona Wallach erotisch aufgeladen hat. Auch das ist natürlich eine Art Verbindung. Wäre ich eine gottesfürchtige Rabbinersfrau, würde ich Bande nicht geringschätzen, die mich mit Yona Wallach verknüpfen.
Doch was ist nun das uns Verbindende? Die Weisheit und Mensch-

lichkeit, die – neben einigen anderen, in meiner Sicht nicht weisen Dingen – kreuz und quer in den Sprüchen der Väter, der Mischna und im Talmud verwoben sind? Vielleicht. Aber dazu muß man sie aus Mischna und Talmud herauslösen und gänzlich neu mit anderen Fäden verweben, solchen, die den Schriften Lockes und der amerikanischen Verfassungsväter, den Schriften von Kant und Habermas entnommen sind. Die Sprüche der Väter allein genügen nicht. Und vielleicht sind es die Deutschen, die eine Verbindung zwischen uns herstellen? Die alle Juden in einen Topf werfen – damals in der Absicht, uns alle zu töten, heute aus guten Absichten heraus: um Wohlwollen, Liebe zu Israel und starkes Interesse an allem Jüdischen zu bekunden, von Maimonides bis Ofra Haza? Aber auch die Deutschen allein genügen nicht: Kein Gewebe ist nur deshalb dauerhaft, weil man einmal versucht hat, es aufzutrennen.
Mir wird hier in Berlin klar, daß das Verbindende das Hebräische ist. Die hebräischen Buchstaben, Worte und Wendungen verbinden mich und meine Bücher mit dem Rabbiner und seinen Büchern, mit Gershom Scholem und seinen Büchern, mit Lea Goldberg und ihren Büchern, und sie fesseln uns alle an die hebräische Bibel. Die Wiederbelebung des Hebräischen, nicht die gemeinsame Staatsbürgerschaft, ist es, die Israelis trotz all ihrer Verschiedenheit einander so nahe sein läßt. Wie seltsam: Innerhalb von hundert Jahren haben drei Viertel der Juden ihren Glauben an den Schöpfer verloren, darunter auch ich, und er hat daraufhin liebevoll seine Hand ausgestreckt und erlöst uns nun nach und nach von dem Fluch des Turmbaus von Babel.

Berlin läßt uns auch die offene Rechnung zwischen uns und der Geschichte, uns und der Erinnerung in einem schärferen Licht sehen.
Als Amos Elon 1965 als Korrespondent des *Ha'aretz* nach Deutschland kam, war er der erste israelische Journalist, der auf Dauer hierher entsandt wurde. Berlin, das nach dem Krieg zur Provinzialität verurteilt war, schien ihm vor allem »Last und Symbol« für die Deutschen zu sein. Deutschland war damals noch voll von ehema-

ligen Nazis in hohen Ämtern. Hitler war tot, aber sein Geist lebte noch weiter. Amos Elon fuhr nach Auschwitz mit einer Abordnung des Frankfurter Gerichts, das eine Gruppe ehemaliger höherer Lageroffiziere abzuurteilen hatte, die mittlerweile alle als ehrenwerte Bürger lebten. Ihre Anwälte waren selbstbewußt und kompetent: Die Angeklagten erhielten lächerlich kurze Haftstrafen. Der Leiter der Abordnung, Amtsgerichtsrat Walter Hotz, 47 Jahre alt, antwortete auf die Frage, ob er jemals Mitglied der NSDAP gewesen sei: »Ich kann mich jetzt beim besten Willen nicht mehr daran erinnern.«

Als Amos Elon sich jedoch Anfang der neunziger Jahre als Gast des Wissenschaftskolleg in Berlin aufhielt, stellte er fest, daß das deutsche Erinnerungsvermögen sich seit den sechziger Jahren mindestens so stark verändert hatte wie das israelische. Das Gewicht der Nazi-Vergangenheit wurde im Lauf der Zeit immer lastender. Den Deutschen fällt es immer schwerer, ihre Vergangenheit abzuschütteln. Andererseits hat auch das israelische Shoah-Bewußtsein mit zunehmendem zeitlichen Abstand paradoxerweise immer riesigere Ausmaße angenommen. Dadurch daß der deutsche Völkermord an den Juden als ein gänzlich unvergleichliches Verbrechen gesehen wurde, erhielt die Shoah eine überhistorische Sonderstellung. Dennoch ziehen die Israelis selbst häufig in allen möglichen Kontexten vergleichend die Nazis und Hitler als Sinnbilder für alles Bedrohliche und Böse heran. »Auschwitzgrenzen« hat Abba Eban die »grüne Linie« zwischen israelischem Stammland und den 1967 besetzten Gebieten genannt. Und als israelische Panzer in Beirut einrollten, sprach Menachem Begin von Hitler, der sich im Keller eines bewohnten Gebäudes verstecke, und versuchte so die Bombardierung des ganzen Hauses zu rechtfertigen.

Yehuda Elkana, selbst ein Auschwitz-Überlebender, schrieb in den achtziger Jahren, die Israelis müßten vielleicht lernen zu vergessen. Vielleicht müsse man junge Israelis lehren, in die Zukunft zu blicken, sich auf das Leben zu konzentrieren, sich nicht selbstgerecht, judäozentrisch, hinter den Lehren aus der Shoah zu verschanzen. Auch Amos Elon stimmt dem zu: Vielleicht sei es Zeit für ein wenig Vergessen. Nicht für Unwissenheit, natürlich, auch nicht für Vergebung, sondern für »jene Balance zwischen Erinnerung und Hoffnung, die die Grundlage der Gerechtigkeit bildet oder bilden sollte«.

Aber wer soll bestimmen, was wir erinnern und was wir vergessen? Das Erziehungsministerium? Die Organisatoren staatlicher Gedenkfeiern? Die Museen? Selbst der einzelne Mensch kann sich in seinem eigenen Leben nicht Erinnerung oder Vergessen diktieren. Abraham Schlonski versuchte, seine Zeitgenossen mit der Verzweiflung eines Dichters zu beschwören:

»Wehe mir, wenn wieder folgenlos verstreicht die Nacht
   des Zorns
Wehe mir, wenn ich am Morgen meiner Schwäche
   wieder erliege
Und auch diesmal nichts gelernt haben werde«

Und Dan Ben-Amoz versuchte in seinem Buch *Masken in Frankfurt* seine Zeitgenossen auf andere Weise als Schlonski zu sensibilisieren – auf andere und doch auch überraschend ähnliche Weise. Der Held seines Romans legt deutsche Frauen reihenweise aufs Kreuz, und dennoch vergißt er nicht, keine Sekunde lang. All seine Nächte beweisen, daß die Nacht des Zorns bei ihm nicht ungenutzt verstreicht.

Und so versuchen das private und das offizielle Israel, jedes auf seine Weise, uns zu beschwören, daß wir nicht vergessen sollen. Daß wir uns immer daran erinnern sollen, was war, daß wir in jene Gefilde zurückkehren, unser Erbe auf uns nehmen und es an die nächsten Generationen weitergeben sollen. Das offizielle Israel hat das durch den Eichmann-Prozeß, durch Yad Vashem, den Shoah-Gedenktag und die Lehrpläne getan. Das private Israel durch die Werke von Aharon Appelfeld, Dan Ben-Amoz, Yehuda Poliker, Jakov Gilad, Orna Ben Dor und David Grossman. Es ist schwer zu sagen, wer erfolgreicher war, ob man dabei überhaupt zwischen Privatem und Offiziellem scheiden kann, und wie sinnvoll es sein mag, Erinnerung zu verordnen. Denn die Erinnerung hat ja ihre eigenen Launen: Wie etliche Israelis in Berlin entdeckten, muß man sie nicht immer herbeibeschwören. Manchmal überfällt sie einen aus eigenem Antrieb, aus dem Hinterhalt.

Das offizielle Israel hat sich viel vom Erbe der Juden in aller Welt angeeignet. Nicht immer wußte es damit etwas anzufangen. Zu oft hat Israel kostbares Gut in kleine Münze verwandelt, das Wichtigste seinen Fingern entgleiten lassen.

Als Salman Schockens Bibliothek von Deutschland nach Jerusalem überführt wurde, so erzählt mir Amos Elon, enthielt sie das Originalmanuskript von Goethes *Faust*, Manuskripte von Heinrich Heine und viele andere Schätze. Letztlich fanden die Heine-Handschriften ihren Weg in die französische Nationalbibliothek. Die französische Regierung war bereit, ihren Preis zu bezahlen. Und Faust kehrte nach Deutschland zurück. Die Hebräische Universität, sagt Elon, hat eine unwiederbringliche Chance vertan. Nur weniges aus dieser einzigartigen Sammlung ist unserer Nationalbibliothek verblieben.

Aber ein Erbe besteht nicht nur aus beweglichen Gütern. Es gibt Hinterlassenschaften, die nicht nach Israel gelangen können, aus dem einfachen Grund, weil sie nicht hierher gehören und es unmöglich oder sinnlos ist, sie hierher zu verfrachten. Unbewegliche Güter.

Wenn wir heute über einen jüdischen Staat diskutieren, spielen dabei Fragen der Staatsbürgerschaft, Recht und Moral eine Rolle. Wir messen den jüdischen Staat an den Maßstäben des demokratischen Staates. Diese Dinge sind außerordentlich wichtig. Doch es gibt noch einen weiteren Orientierungspol für den jüdischen Staat: die jüdische Welt. Natürlich ist man sich in Israel ihres Bestehens bewußt. Als demographisches Reservoir. Als Quelle für Geldspenden. Als potentielle Investoren. Als Abnehmer der israelischen Kultur, der hebräischen Literatur, der Sicherheitsdienste, die Israel exportiert. Als eine Gemeinschaft, deren Identität sich aus der Existenz und der Stärke des jüdischen Staats speist.

Dabei denken wir jedoch kaum je an die Verantwortung des jüdischen Staats gegenüber der jüdischen Welt, die ihm vorausgegangen ist, die anders war, die ihn zum Teil nicht wollte, deren Geschichten man nicht immer so umbiegen kann, daß sie in seine Geschichte einmünden.

Da gibt es zum Beispiel die Prózna-Straße in Warschau. Das Handelsvolumen zwischen Israel und Polen in den letzten Jahren beläuft sich auf nahezu zweihundert Millionen Dollar. Die israelische Rüstungsindustrie hat den lukrativen Auftrag bekommen, polnische T-72-Panzer und polnische Suchoi-22-Kampfflugzeuge so hochzurüsten, daß sie Nato-Standards entsprechen. Vielleicht könnte man das Geld, das man mit einem Suchoi-Heck erwirtschaftet, dafür bereitstellen, die Prózna-Straße zu kaufen. Nicht die ganze Straße. Nur die Hälfte. Uns genügen die zwei grauen Häuserblocks, die heute noch genauso dastehen wie zur Zeit des Warschauer Ghettoaufstands. Heute sind sie einsturzgefährdet, ihre Höfe stinken nach Urin, auf Wandschmierereien in den Treppenhäusern sieht man an Galgen baumelnde Davidsterne. Bauunternehmer haben bereits ein begehrliches Auge auf das Objekt geworfen.

Kauf uns, Staat der Juden, die Prózna-Straße. Das wird weniger kosten, als man am Heck eines polnischen Kampfflugzeugs verdient, es ist weniger als das, was man in das Jahresbudget zweier mittelgroßer Talmudschulen investiert. Erlaube dir diesen Luxus. Renoviere diese beiden armseligen Häuser behutsam, respektvoll, angemessen, bewahre sie weitab vom zionistischen Territorium, fernab von zionistischer Moralpredigt und zionistischer Rechthaberei. Mache sie zu einem Geschenk des jüdischen Staats an die Welt der Juden, die sich geleert hat. Und wenn du nicht ohne eine veritable Heldentat auskommen kannst, dann strecke diesmal vielleicht deinen langen Arm aus und jage die moderne Filiale der Dresdner Bank dort zum Teufel. Denn es gibt unter uns noch Menschen, die sich an die Taten der Dresdner Bank erinnern, an die bewußten Kredite, Zinsregelungen und »Arisierungen«. Entferne sie, Staat Israel, von diesem unerträglichen, ungeheuerlichen Standort Ecke Prózna- und Zielna-Straße.

Wenn wir uns nicht erinnern wollen, dann erinnern wir uns auch nicht. Kein Mensch verpflichtet uns, das Erbe anzunehmen. Kein Mensch zwingt uns, einschlägige Bücher zu lesen, Filme anzuschauen, in Archiven zu stöbern. Aber wenn eine seltsame Kraft Israelis trotz allem noch nach Berlin zieht, nach Warschau, Kowno und Belz, nach Sevilla und Gerona, nach Marrakesch und Fez, dann muß man die Stellung des jüdischen Staats in der Welt vielleicht doch noch einmal neu überdenken, denn auch diese Welt ist – gegen ihren Willen – weiterhin ein klein wenig jüdisch. Vielleicht ist die zentripetale Ära vorbei. Vielleicht trifft sich der Zwang, in das Land der Väter zurückzukehren, jetzt mit dem anderen Zwang, nach draußen zurückzukehren, zu den Orten, die einst Zuhause waren. Sie ist eigenartig, diese Rückkehr nach draußen. Nicht in die weiten Räume, die außerhalb unserer Geschichte liegen, in die großen Kontinente, in denen wir keine Vergangenheit haben, in das nichtisraelische Universum, sondern in die vorisraelischen Welten, in denen vertraute Splitter versprengt liegen, Splitter von Haus und Tisch und Schrank und hebräischen Buchstaben.

Hier ist das Band, das einen großen Teil der Menschen, die aus Israel nach Berlin gekommen sind, verbindet. Auch wenn sie nicht gekommen waren, um Splitter einzusammeln, machte ihnen Berlin, teils sogar gegen ihren ausdrücklichen Willen, das Geschenk der Erinnerung. Eine Frau namens Qeren Margalit, über die ich nichts weiß, hat auf englisch eine »Ballade des verhüllten Reichstags« geschrieben, ein ironisches Gedicht über die berühmte Installation des Künstlers Christo, der das historische Gebäude kurz vor dessen Umbau und politischer Wiederbelebung ganz und gar verhüllt hatte. Der Reichstag ist mit Stoff verhüllt, die Touristen strömen in Scharen herbei, aber die Geschichte läßt sich nicht verhüllen, wiederholt die Ballade immer wieder. Nein, die Geschichte läßt sich nicht verhüllen.
Und Berlin erinnert sich letztlich besser als alle anderen deutschen Städte. Es hat mehr zu erinnern, und seine neue Stellung als Hauptstadt des wiedervereinigten Deutschlands erlegt ihm eine

schwere Verantwortung auf. Das offizielle und das private Berlin tragen diese Verantwortung mit Würde.

Das zeigt der Vergleich mit seiner süddeutschen Konkurrentin München. Die Stadt, in der Hitler seine ersten Anhänger und seine reichsten Financiers fand, die Stadt des Bierkellers, in dem er seinen politischen Weg antrat, prunkt derzeit mit ihrer königlichen Vergangenheit und ihren schmuck renovierten Schlössern, dem nahezu unversehrten architektonischen Stadtbild, als wäre der Zweite Weltkrieg nichts als eine bedauerliche kurzfristige Störung gewesen. München bekam ich bei einer Stadtrundfahrt gezeigt, die für renommierte deutsche Wissenschaftler durchgeführt wurde. Die Stadtführerin, im wippenden Dirndlrock, lächelte uns im Auftrag des städtischen Fremdenverkehrsamts an und erzählte von den Herrlichkeiten des Ortes. Vermutlich ahnte sie nicht, daß auch Israelis mit von der Partie waren. Das Wort »Bier« sagte unsere Reiseleiterin sechsunddreißig Mal. Ich habe mitgezählt. Der Name des Bayernkönigs Ludwig I. fiel sechsundzwanzig Mal. Ich habe es gezählt. Sein verrückter Nachfolger, Ludwig II., wurde elf Mal erwähnt. Ich habe mitgezählt. Adolf Hitler wurde ein Mal genannt. Auch das habe ich gezählt. Unsere deutschen Reisegefährten hatten ihre Freude an der lebensfrohen bayrischen Atmosphäre. Wie ernsthaft und versonnen wirkte Berlin im Vergleich zur arroganten Hauptstadt der Wittelsbacher. Berlin trägt seine Narben offen.

Deshalb ist Berlin trotz allem ein mögliches Tor nach Europa. Gerade weil es solch ein düsteres Tor ist. Ein blutiges Tor, das eine Warnaufschrift trägt. Und die Stadt kann die Sehnsüchte von Israelis nach ihrer verschwommenen Vergangenheit durch eine Linse bündeln, die nicht ihresgleichen hat. Wenn es uns nach Europa zieht, sollte die Reise hier beginnen.

Die Freiheit
zu erben, der Zwang
zurückzukehren

Israelis – gleich, ob sie europäischer Herkunft sind oder nicht – können sich diesem Kontinent nie mehr so schwärmerisch anschmiegen wie einst Juda Löb Gordon:
 »Erwache, mein Volk, wie lange willst du noch schlafen,
 Die Nacht ist doch vorüber, die Sonne leuchtet schon.
 Erwache, blicke um dich, nach hier und nach dort,
 Erkenne deine Zeit und deinen Ort.
 [...]
 Das Land, in dem wir jetzt leben und geboren werden,
 Zu den Bezirken Europas wird es nun gezählt!
 Europa, kleinster aller Kontinente,
 In der Tiefe seiner Weisheit über alle erhaben.
 Europa, dieses Land Eden, wird dir nun öffnen seine Tore,
 Und seine Söhne werden dich »Bruder« nennen.
 Wie lange willst du noch als Gast unter ihnen leben,
 Und warum willst du getrennt von ihnen gehen?«
Das war im Jahr 1863. Juda Löb Gordon hat sich geirrt. Wir können uns heute nicht mehr seinem naiven Eurozentrismus hingeben, dem kulturellen Dünkel, den Minderwertigkeitskomplexen des Juden aus dem Schtetl, dem Glauben an einen neuen Frühling. Die Söhne Europas nennen niemanden »Bruder«, Europas Wertvorstellungen sind nicht unverwüstlich, und die Tiefe seiner Weisheit ist nicht über alles erhaben. Keine Weltanschauung kann sich allein hinter Europa verschanzen.
Menschen wie Uri Zwi Greenberg, deren Liebe zu Europa mit einem furchtbaren Haß einherging, vor allem auf die osteuropäischen Christen, dachten, so wie Europa uns ausgespien hat, so

könnten wir es nun ebenfalls ausspeien. Jüngere Israelis meinten, Europa einfach übergehen und über seinen Kopf hinweg mit Amerika oder mit dem Nahen oder Fernen Osten in Dialog treten zu können. Andere Israelis haben nie von Europa abgelassen, von Paris, London oder Rom. Lea Goldbergs Sehnsucht nach Städten und Wäldern war tief und mitreißend. Aber mittlerweile ist das kleine Rinnsal zum Strom angeschwollen: Die israelische Rückkehr nach Europa ist heute zielgerichteter. Teils hat sie mit den politischen Interessen des Staates Israel zu tun, teils resultiert sie aus dem ganz persönlichen Hingezogensein vieler Menschen zu den Orten, die sie in Filmen gesehen, sich in der Phantasie ausgemalt oder aus Kinderbüchern in Erinnerung behalten haben. Oder dem Hingezogensein zu Orten, von denen sie gar nicht wußten, daß sie sie in Erinnerung hatten.

Man muß diesen Wunsch, nach Europa zurückzukehren und an Europa teilzuhaben, näher betrachten. Ist es die Suche nach den eigenen Wurzeln? Sehnsucht nach dem Dunklen und Vielschichtigen? Enttäuschte Abkehr vom Orient oder eine Neuauflage der alten Geringschätzung des Orients? Oder ist es der Wunsch, an einem vielversprechenden neuen Abenteuer teilzunehmen, dem Abenteuer des vereinten, zukunftsgerichteten Europas?

Deutschland geht heute mehr und mehr in Europa auf, sagte Henry Kissinger 1999 in der Amerikanischen Akademie in Berlin, in dem schönen Haus am Wannsee. Wenn man Berlin nun betrachte, erkenne man, daß dieser Stadt – vielleicht – das Los beschert sei, im 21. Jahrhundert Europas Hauptstadt zu werden. Die übrigen europäischen Hauptstädte seien Hauptstädte des 19. Jahrhunderts. Vielleicht lebe es sich in ihnen bequemer, aber Berlin repräsentiere die Architektur des 21. Jahrhunderts. Und deswegen sei die Stadt so wichtig für Europa, für Amerika, für das nordatlantische Bündnis.

Hat Kissinger Berlin nicht überbewertet? Viele Europäer bezweifeln, daß ihr Kontinent sich in eine Großmacht im Stil des 20. Jahrhunderts verwandeln könnte. Viele Deutsche weigern sich, ihr Land als die politische Führungsmacht in Europa zu sehen. Es ist kaum anzunehmen, daß die Welt des 21. Jahrhunderts – arm an Ideologien, aber reich an konkurrierenden Machtzentren – sich auf ein Gleichgewicht zweier Machtblöcke wie in der Ära des Kalten Krieges einpendeln wird. Trotzdem nimmt die Europäische Union immer klarere Gestalt an. Die gemeinsame Währung wird bald Realität, wird bald als harte Münze in unseren Portemonnaies klingeln. Und Deutschland, das bevölkerungsreichste und wirtschaftlich stärkste Land der Europäischen Union, steht im Zentrum dieses Geschehens. Ein Riese, aus dem man keinen Zwerg mehr machen kann.

Es steckt ein Stachel in dieser Vision eines Europas, das Berlin zur Hauptstadt haben wird. Lenin sagte einst: »Wer Berlin beherrscht, beherrscht Deutschland. Und wer Deutschland beherrscht, beherrscht Europa.« Von seinem Zimmer mit Mauerblick rief Axel Springer 1969 den Westen auf, Lenins Worte sehr ernst zu nehmen. Wer wollte Lenin und Springer posthum widersprechen: Berlin ist heute in deutscher Hand, allein in deutscher Hand. Und Europa?

Für uns ist dieser Stachel doppelt und dreifach spürbar. Gerade für Israel könnte ein Europa, das nach Berlin blickt, besonders wichtig sein. Denn das könnte ein Europa sein, das sich zu erinnern vermag. Gleich, ob das vereinte Europa eine zweite Weltmacht wird oder eine andere als die uns aus dem vorigen Jahrhundert bekannten Formen annimmt – es wird viel Erinnerung brauchen, das Erinnerungsvermögen Berlins.

Aber niemand wird unsere Vergangenheit für uns in Erinnerung behalten. Und deshalb sind die Städte Europas nicht nur Tore zur Zukunft. Und seine Ghettos, seine Konzentrations- und Vernichtungslager sind nicht nur Tore zur Shoah. Israelische Reisende finden dort – im Gegensatz zu dem, was das israelische Erziehungsministerium ihnen erzählt – nicht nur Schilder, die den Rückweg nach Israel weisen. Europa führt auch zu dem hin, was vor der

Shoah und vor der zionistischen Erneuerung war. In die Welt, die wir verloren haben – verloren ohne Lehre, ohne Entschädigung, ohne Ersatz und ohne Trost. In die Prózna-Straße.
Und von der Prózna-Straße aus kann man fast in jede Richtung gehen. Zum Bethaus im Schtetl, zum hebräischen Gymnasium osteuropäischer Prägung, nach Amerika, zu den Kommunisten, zum jüdisch-sozialistischen Bund, zum jiddischen Theater, zu Spinoza, zum kosmopolitischen Humanismus, zu diesem riesigen politischen Basar, der Welt. Gewiß: Nur ein Teil dieser Wege ermöglichten denen, die sie gingen, zu überleben. Aber die Prózna-Straße sollte kein Ende haben. Man darf sie nicht so umbiegen, daß sie nach Tel Aviv führt. Und sie darf nicht verschwinden.
Denn diese Straße führt über Warschau, über Polen, über Europa hinaus: zu der immensen Vielfalt an Wahlmöglichkeiten, die es einmal gegeben hat und die es vielleicht einmal wieder geben wird. Zu den universalen Werten, zur Menschlichkeit, zum Weltbürgertum.

Hierher gehört der Tod einer Frau, deren Namen wir nicht kennen, im Frauenlager Ravensbrück.
Dort in Ravensbrück gab es ein Mädchen von sechseinhalb Jahren. Die Mutter des Mädchens starb kurz nach Ankunft des Transports, wahrscheinlich an Typhus. (»Wir waren die beiden einzigen blonden Mädchen dieses Transports«, erzählte Tante Margrit.) Eine fremde Frau nahm die Kleine unter ihre Obhut. Sie gab ihr zu essen, kümmerte sich um sie, schlief mit ihr auf der Pritsche und beschützte sie. Aber eines Morgens wachte das Mädchen auf, und die Frau neben ihr war tot. Das Mädchen blieb am Leben. Das ist die ganze Geschichte.
Im Lager Ravensbrück waren nicht nur jüdische Frauen. Es gab auch nichtjüdische Gefangene dort, aus vielen verschiedenen Nationen. Manche waren aus politischen Gründen dorthin deportiert worden, meist Kommunistinnen und Sozialistinnen, andere wegen Prostitution oder eines kriminellen Vergehens. Ich weiß nicht, zu welcher Gruppe von Häftlingen diese Frau gehörte. Sie hätte zu

jeder gehören, jede dieser Frauen sein können. Gerade deshalb ist ihre Geschichte so lehrreich und bedeutungsvoll. Ihre Geschichte ist anders als die Geschichten der toten Kinder, die mein Leben in der Stadt Berlin begleitet haben.

Auf den Tod der Kinder kann man so reagieren, wie es der damalige Generalstabschef der israelischen Streitkräfte, Ehud Barak, bei seinem Besuch in Auschwitz vor einem Jahrzehnt getan hat. Wir sind fünfzig Jahre zu spät hierhergekommen, sagte er. Hätten wir damals die israelische Armee gehabt, so denken viele Israelis, wenn sie Konzentrations- und Vernichtungslager besuchen, dann hätten unsere Truppen verhindert, was hier geschehen ist.

Aber der Tod der Frau weist auch auf anderes. Diese Frau nahm sich des fremden, allein zurückgebliebenen kleinen Mädchens an, teilte mit ihm das bißchen Essen, hat sich seinetwegen gefährdet, hat dem fremden Mädchen eine Barmherzigkeit erwiesen, die im Sommer 1945 in Tröbitz anscheinend kein Mensch für unsere Gaby aufbrachte. Vielleicht war es ein alles bezwingender Mutterinstinkt, der sie so handeln ließ. Wer weiß. Aber es ist anzunehmen, daß Besonnenheit, Mut und Vernunft hier mitgewirkt haben. Eine Vernunft von der Sorte, die Immanuel Kant und Jürgen Habermas interessieren müßte. Eine Vernunft, die dazu befähigt, in Übereinstimmung mit sich auf alle Menschen beziehende moralische Grundsätze zu handeln, Rückschlüsse von der eigenen Lage auf die Lage anderer zu ziehen.

Das Schicksal der Frau von Ravensbrück unterscheidet sich vom Tod der Kinder. Ihr Los ist auf andere Weise grauenhaft. Ihr Tod war der eines erwachsenen Menschen, der zu wählen vermochte, der mutig und moralisch seine Entscheidung getroffen hat. Deswegen läßt ihr Tod für uns den möglichen Schluß zu, daß es auf der Welt nicht Lohn und Strafe gibt, weder Gott noch Teufel. Nur die blinde Notwendigkeit der Selbsterhaltung. Aber ihr Leben, das wenige, was wir von ihrem Leben wissen, läßt für uns auch den Schluß zu, daß Recht und Gerechtigkeit und Generosität sehr wohl bestehen. Und daß sie allein dem Menschen in die Hand gegeben sind. Diese beiden Möglichkeiten hat Ravensbrück nicht erfunden: Es hat sie nur in nie zuvor dagewesener Weise zugespitzt. Wenn der Tod der Kinder uns aufgibt, stark und bewaffnet zu sein, dann gibt uns der Tod der erwachsenen Frau auf, politisch zu handeln, politisch im tiefsten Sinne. Wenn der Tod der Kinder ein »israelisches Bewußtsein« verstärkt, wie die israelischen Schülerinnen und Schüler bei ihrer Rückkehr aus Auschwitz sagen, so führt der Tod der erwachsenen Frau vielleicht hin zu einer über den Stammesverband hinausreichenden Verpflichtung. Zu dem von der Vernunft bestimmten Vermögen, von der eigenen Lage auf die des Mitmenschen zu schließen. Zu der Fähigkeit, Gesetze zu erlassen und auf dieser Basis eine staatliche Gemeinschaft zu begründen. Etwas Universales. Etwas über Jüdisches und Israelisches Hinausgehendes. Das Vermächtnis einer Frau, die an Typhus zugrunde ging, während sie mutig und entschieden ein Kind beschützte, das nicht ihr eigenes war.

Vielleicht besteht die Welt ja aus einer sehr kleinen Anzahl von Elementen, die immer wiederkehren. Die Welt besteht zum Beispiel aus Bären. Ein Bär ist ein Element, das sich nicht weiter reduzieren, nicht in kleinere Einheiten zerlegen läßt. Der Bär ist das Wappentier Berlins. Auch das der ruhigen Schweizer Hauptstadt Bern. Auch das Wahrzeichen Rußlands. Ein großer Bär frißt die kleinen Vögel in Brechts traurigem Antwortgedicht auf Goethes »Wandrers Nachtlied«. Und welch Wunder: Das einzige Gebäude, das von dem kleinen Zoo stehenblieb, den man zum Vergnügen der Familien der SS-Leute im Lager Buchenwald angelegt hatte, war der Bärenkäfig. Die stabile Betonkonstruktion und das kleine Planschbecken der Bären grenzen noch heute von außen an den Lagerzaun, zwischen zwei Wachtürmen, genau wie früher.
Deshalb können uns in Städten, die wir noch nie zuvor besucht haben, so viele vertraute Dinge begegnen: ein Gesicht, ein erleuchtetes Fenster, eine Geste, eine fahrende Straßenbahn. Und die Straßenbahn kommt gerade denjenigen seltsam bekannt vor, die in einem Land ohne Straßenbahnen aufgewachsen sind. »Ich

habe überhaupt ein merkwürdiges Talent«, schrieb Lea Goldberg, »mich an Dinge zu erinnern, die ich nie gesehen habe«.

Doch im Juli 2000, bei der Love Parade, die Berlins Mittelachse vom Reichstag bis zum Kaiserdamm blockiert, tanzt man ohne Erinnerung und Trauer, Rap, Techno, House und Trance. Die Menschenmenge ist bunt und ausgelassen, jeder ist angezogen, wie es ihm paßt, die Extrovertierten entblößen sich freiwillig für die anderen, ein himmelweiter Unterschied zu früheren Karnevalsumzügen und Aufmärschen, bei denen immer irgend jemand dazu verurteilt war, ihr Opfer zu sein. Bei dieser großen Party am Ende des zweiten Jahrtausends sind die Gelüste der Exhibitionisten mit denen der Voyeure gänzlich im Einklang, in ausgelassener Fröhlichkeit, aus freien Stücken, als würde tatsächlich eine verborgene Hand des Fortschritts unseren Trieben den Weg weisen.

Im Gedränge macht man nur dann umsichtig den Weg frei, wenn jemand im Rollstuhl vorbeikommt. Mittendrin erhebt sich die Siegessäule, immer noch umkränzt von erbeuteten französischen Kanonenrohren, die man vergoldet hat. Aber jetzt, da die Siegessäule zum bekannten Wahrzeichen der Berliner Schwulenszene avanciert ist, deutet sie vielleicht an, daß der Phallus, der schon lange vor den Kanonenrohren auf der Welt war, noch hier sein wird lange nach ihnen. Das Knacken der leeren Bierdosen unter den Füßen mischt sich mit dem süßlichen Grasgeruch in der Luft, und irgendwo unter der einen Million Menschen vertritt uns die DJ Ella Gutman auf einem der Wagen, oder vielleicht vertritt sie hier auch überhaupt niemanden. Und in der Schaubühne, dem Theaterbau mit der runden Fassade, den Erich Mendelsohn für das Berlin der Weimarer Zeit entworfen hatte, tanzt jetzt Sigal Zouk aus Israel, ein Tanzstück, das die deutsche Choreographin schlicht *Körper* betitelt hat. Unsere Kollegen, die Biologin Faouzia Cheikbrouha und der Islamforscher Abdelmajid Charfi, bahnen sich einen Weg durch die Menge und sagen, sie hätten sich das Ganze nur einmal anschauen wollen, und wir sagen, vielleicht ist die Welt so eigentlich besser, und sie lächeln sanft.

Es gibt Grenzen für das, was ein Israeli als Israeli in Berlin finden kann. Es gibt eine Grenze für dein Israeli-Sein. Die Grenze verläuft auf der Wiese mit den nackten Leibern am Seestrand in Grunewald, zwischen den Klängen der *Zauberflöte* in der Oper, mitten auf dem Türkenmarkt am Maybachufer in Kreuzberg. Es ist das Bedürfnis, das nationale Etikett einmal abzulegen. Die Suche nach Zeichen, das Lesen der Codes, die Entschlüsselung der Inschriften an der Wand vorübergehend einzustellen, diese belastende Archäologie der Erinnerung.

Auch Berlin kann nicht jeden Augenblick Berlin sein. Es gibt Dinge, die trotz allem nichts symbolisieren, nichts bezeichnen, nicht bezeichnend sind, es sind einfach nur Dinge. Es gibt Wände, an denen Gott sei Dank nichts geschrieben steht.

Denn die große Erschwernis beim Schreiben über Israelis in Berlin – oder über Amerikaner in Paris – besteht ja darin, daß einem eine Nationalität aufgezwungen wird. Die Nationalität ist eine komplizierte und zuweilen gänzlich abwegige Kategorie. Als die Rote Armee und die neuen kommunistischen Regierungen Museen in den Konzentrationslagern einrichteten, die sich nun im Gebiet des Ostblocks befanden, in Theresienstadt, Buchenwald, Ravensbrück, listeten sie die Opfer nach Nationen auf. Eigentlich nach Nationalstaaten. So hat man in diesen Museen jeweils einen Raum oder eine Wand französischen, holländischen, polnischen oder griechischen Opfern gewidmet. Der israelische Besucher ist schockiert über das Fehlen von Juden. Dermaßen geschockt, daß er oft gar nicht merkt, daß auch Slowaken, Slowenen, Serben, Moldawier, Roma und Sinti fehlen, all die Volksgruppen und Kulturen, die von der Weltkarte gelöscht worden waren, nach dem Krieg, zumindest aus der Sicht des Ostblocks, nicht mehr existent auf der neuen Weltkarte der Nationalstaaten. Unterliege ich nicht demselben Irrtum, wenn ich über Israelis in Berlin schreibe?

Eine Israelin sagte mir einmal über ihren deutschen Ehemann: Man merkt L. an, daß er ein Kriegskind ist. Er ist völlig verschlossen. Zeigt keine Gefühle. So sind sie hier, die Sechzigjährigen, die mit fünf Jahren die Bombenangriffe erlebt haben.

Leise und zärtlich sagte sie es: Man merkt ihm an, daß er ein Kriegskind ist.
Und obwohl sie von »ihnen«, den Deutschen, in der dritten Person gesprochen hatte, war sie selbst in meiner Sicht plötzlich ganz und gar von dem »wir«, von der ersten Person Plural, befreit. Und ihre Liebe, wie auch die Liebe anderer Menschen, mit denen ich für dieses Buch sprach, liegt außerhalb des »Wir«-Bereichs. Über Sex habe ich zu sprechen versucht. Aber Liebe, die Liebe einzelner Menschen, das geht mich nichts an, und deswegen habe ich darüber hier nicht gesprochen.
Manchmal, für kurze Momente, ist jeder vom »Wir« befreit. Es kommt vor, daß der Mensch aufhört, Israeli zu sein, aufhört, in Berlin zu sein, und er ist nur noch Mensch, ein Mensch in einem Café am Freitag mittag, wenn es draußen regnet und drinnen Suppe gekocht und leiser Jazz gespielt wird, in einer Stadt, deren Name unwichtig ist. Diese Momente liegen jenseits von Abraham Schlonskis ewigem Zornesschwur, sogar jenseits des Schreis der Mütter in Płaszów, der bis zum Ende aller Zeiten zu hören sein wird. Deshalb bleiben diese Momente auch jenseits dieses Buches.
Doch dann fallen einem die Worte eines hebräischen Gedichts ein: »Dort kannte ich unvergleichliche Wonne, und jener Tag war der Freitag der Woche.« Diese Zeilen schrieb Dalia Rabikowitz. Und dann probiert man den dunklen Keks, der der Kaffeetasse beiliegt, einen deutschen Keks, der Lebkuchen genannt wird. Und der Gaumen, der plötzlich wieder israelisch ist, sagt: Das habe ich daheim schon einmal gegessen. In meiner Kindheit. Das sind meine Madeleines. Nur daß jene Kekse, die ich in großen, billigen Kartons im Lebensmittelladen kaufte, bei uns Honigkuchen hießen – »duvschaniot«.

Wenn wir möchten, könnten wir den Deutschen folgendes sagen:
Bei uns ändern sich die Zeiten, liebe Deutsche von heute, und wir kommen von nun an in eure Städte, um unser Erbe anzutreten. Doch hört bitte genau hin: nicht um Entschädigung zu fordern.

Das wird aufhören, und besser bald, spätestens beim Tod der letzten Opfer. Noch ein oder zwei Generationen lang werdet ihr uns Gelder zukommen lassen, Gelder, die das Gewissen beruhigen und beiden Seiten nützen, »Wiedergutmachung«. Aber das muß einmal aufhören. Und nicht davon sprechen wir hier.

Wir beginnen zu kommen – zurückzukehren, werden manche sagen, obwohl nicht jeder, der hierherkommt, ein Zurückkehrender ist –, um unser rechtmäßiges Erbe anzutreten. Wenn ihr auch dafür ein langes, zusammengesetztes Substantiv haben möchtet, hier ist es: Wir interessieren uns jetzt für unseren »Erbanspruch«, für das Erbe, das uns rechtmäßig zusteht. Nicht mehr für Entschädigungen. Wir befreien uns langsam von dem Bedürfnis, hierherzukommen (oder hierhergebracht zu werden), um entschädigt zu werden. Wir werden kommen, auf eigene Rechnung und aus eigenem Antrieb, um die Dinge zu suchen und zu finden, für die wir uns interessieren. Neue Dinge, ganz sicher, aber auch manches Alte, das uns gehört hat, wir aber verloren – oder aufgegeben oder vergessen – haben. Wir werden kommen, jeder um sein persönliches Erbe zu suchen: das Bauhaus, Erich Kästner, Martin Buber, Rumpelstilzchen oder den Ring der Nibelungen. Die Lebkuchen oder die winterliche Bratensoße, deren Geschmack vertraut, aber deren Rezept abhanden gekommen ist. Käthe Kollwitz oder vielleicht Walter Benjamin. Das Restaurant im Ost-Berliner Tierpark, das so sehr dem Speisesaal eines alten Kibbuz gleicht. Das verlorene Judentum, das höfliche, das Tora mit »derech erez«, den Sitten des Landes, verbinden wollte. Moses Mendelssohn oder Felix Mendelssohn Bartholdy oder Erich Mendelsohn. Die süße, verderbte Atmosphäre einer großen Stadt, deren Nächte beinahe, aber nicht ganz, den Tel Aviver Nächten ähneln.

Und wir werden kommen, um die verlorene mitteleuropäische Sinnlichkeit zu suchen, den Mittagsschlaf, der nicht einmal mehr in Rechavia gehalten wird, den Weihnachtsmarkt, auf dem man nun schon Glühwein trinken und sein Gegenüber direkt ansehen darf. Wie die Israelis, die zurückkehren, um das zu suchen, was sie in den Basaren von Marrakesch verloren haben, oder wie die, die

später einmal in die Gassen von Sana oder in Bagdads Palmenhaine fahren werden, wird es auch Israelis geben, die hierherkommen, schlicht und einfach, weil sie hier etwas verloren haben. Und jetzt frei sind, aus dem Abstand von drei Generationen, zu kommen und ihr Erbe anzunehmen. Vielleicht auch die Prózna-Straße.
Aber keine Sorge. Wir werden nichts nehmen, was uns nicht gehört. Das Faust-Manuskript ist in sein Ursprungsland zurückgekehrt, und anscheinend werden auch die Wilhelmstraße und Buchenwald und die ferne hörbare Stille von der Rampe in Majdanek für immer euer bleiben.

Zum Schluß, im August, auf dem Flughafen Schönefeld, wenn der Käfig mit Lubitsch in den Flugzeugbauch rollen, ein blaubeschuhter Kinderfuß vor mir auf die unterste Stufe der Gangway klettern und sich in der Tür die typische Gestalt einer israelischen Stewardess abzeichnen wird, die eine zu kurze Nacht in einem Vier-Sterne-Hotel am Alexanderplatz verbracht hat, wird klar werden, daß zumindest einer der aufgenommenen Fäden bis ans Ende gespannt worden ist. Man kann diesen Faden zerreißen, vielleicht ist es manchmal sogar gut, ihn zu zerreißen, aber es war der erste Faden. Es ist der Faden, der Kinder an ihr Vaterhaus und an ihre Muttersprache bindet, noch bevor sie überhaupt verstehen können, woran sie gebunden werden und worin sie sich verstricken. Der Zwang heimzukehren.

Nachweise

Rätsel

Seite 20 Lea Goldberg, *We-hu ha-or* (Und er ist das Licht), in: Dies., *Ketavim* (Schriften), hg. von Tuvia Rübner, Merchavia/Tel Aviv 1972, Bd. 4, S. 142.
22 Gershom Scholem, *Von Berlin nach Jerusalem. Jugenderinnerungen*, erweiterte Fassung, aus dem Hebräischen von Michael Brocke und Andrea Schatz, Frankfurt am Main 1994, S. 31 f.
22 Nicolaus Sombart, *Jugend in Berlin 1933-1945. Ein Bericht*, Frankfurt am Main 1991.

Agnon im nächtlichen Berlin

29 Samuel Josef Agnon, *Ad hena* (Bis hierher), Jerusalem/Tel Aviv 1997/98, S. 67f.
30f. Gershom Scholem, *Von Berlin nach Jerusalem*, S. 29.
32f. Lea Goldberg, *Michtavim mi-nessia meduma* (Briefe von einer imaginären Reise), Tel Aviv 1936/37.
34 Gershom Scholem, *Von Berlin nach Jerusalem*, S. 18.
34 Amos Elon, »Politics of Memory«, in: *Jahrbuch Wissenschaftskolleg zu Berlin, 1991/92*, Berlin 1993, S. 196-209, hier S. 198.
45 Monika Maron, »Auf eingefahrenem Gleis«, in: *Die Zeit* 36 (1999).
48 Zu Richard Kauffmann und Talpiot/Grunewald vgl. auch Tom Segev, *One Palestine, Complete. Jews and Arabs under the British Mandate*, aus dem Hebräischen von Haim Watzman, New York 2000, S. 202f.

»Die Reise nach Berlin kann losgehen«

61f. Lea Goldberg, *Michtavim mi-nessia meduma* (Briefe von einer imaginären Reise), S. 11 f.
62 Wolf Biermann, »Berlin«, in: *Berlin, mit deinen frechen Feuern. 100 Berlin-Gedichte*, hg. von Michael Speier, Stuttgart 1997, S. 24.

63f. Erich Kästner, *Emil und die Detektive*, illustriert von Walter Trier, Berlin 1975, S. 47. (Die deutsche Originalausgabe erschien 1928; 1935 wurde *Emil und die Detektive* erstmals ins Hebräische übersetzt.)

65 *Salomon Maimons Lebensgeschichte*, von ihm selbst geschrieben und hg. von Karl Philipp Moritz, neu hg. von Zwi Batscha, Frankfurt am Main 1995, S. 139 und 146.

66 Chaim Shoham, »Der Ritter der Wahrheit reitet nach Berlin. Adelbert von Chamisso, Moses Mendelssohn und Abba Glosk Leczeka«, in: *Moses Mendelssohn und die Kreise seiner Wirksamkeit*, hg. von Michael Albrecht, Eva J. Engel und Norbert Hinske, Tübingen 1994, S. 381-409, hier S. 389.

67f. Friedrich Nicolai, »Berlinische Nachlese XXXVI« (1809), hier zitiert nach: Chaim Shoham, »Der Ritter der Wahrheit reitet nach Berlin«, S. 389f.

68 Adelbert von Chamisso, »Abba Glosk Leczeka«, in: Ders., *Sämtliche Werke*, München 1975, Bd. 1, S. 349-356, hier S. 349.

69f. Samuel Josef Agnon, *Ad hena* (Bis hierher), S. 50.

Gedächtnisgrund, Sex, Ironie

77 Johann Wolfgang Goethe, »Wandrers Nachtlied. Ein Gleiches«, in: Ders., *Gedichte 1800-1832*, hg. von Karl Eibl, Frankfurt am Main 1988, S. 65.

79 Georg Trakl, »Grodek«, in: Ders., *Gedichte*, Auswahl und Nachwort von Marie Luise Kaschnitz, Frankfurt am Main 1974, S. 152.

80 Alfred Döblin, *Berlin Alexanderplatz*, München 1965, S. 30f.

80 Samuel Josef Agnon, *Schira*, aus dem Hebräischen von Tuvia Rübner, Frankfurt am Main 1998, S. 254.

83f. Gershom Scholem, *Von Berlin nach Jerusalem*, S. 32f.

95f. Wolf Biermann, »Kein Ton Iwrith« und »Himmelfahrt am Wannsee«, in: Ders., *Paradies uff Erden. Ein Berliner Bilderbogen*, Köln 1999, S. 66-69 und 90-92.

97f. Ruvik Rosenthal, »Ich habe doch nicht gelernt, die geliebten Toten zu beweinen« (hebr.), in: *Maariv*, 19.9.1999 (Vorabend von Jom Kippur).

99 Nathan Alterman, »Lorelei«, in: Ders., *Ha-tur ha-schvii* (Die siebte Kolumne), Bd. 3, Tel Aviv 1978, S. 15 und »Chesed acharon« (Letzte Ehre), in: Ders., *Ha-tur ha-schvii* (Die siebte Kolumne), Bd. 1, Tel Aviv 1977, S. 21.

103 Zipora Kagan: »Epilog: Literatur an der Wand – die Zeichen richtig lesen« (hebr.), in: Dies., *Halacha we-aggada ke-zofen schel sifrut* (Halacha und Haggada als Chiffre der Literatur), Jerusalem 1988, S. 127f.

Metropolis

117 Yoav Gelber, *Moledet chadascha. Alijat jehude merkas Europa we-klitatam 1933-1948* (Neue Heimat. Die Einwanderung und Integration von Juden aus Mitteleuropa 1933-1948), Jerusalem 1990, S. 423-425.

119f. Zur Geschichte vom Tod des Soldaten Duncan McIntyre vgl. die Website von David H. Lippmann, »World War II Plus 55, October 18th-24th, 1942«: www.usswashington.com/dl17oc42.htm.

122f. A. B. Jehoschua, *Die fünf Jahreszeiten des Molcho*, aus dem Hebräischen von Ruth Achlama, München/Zürich 1989, S. 429.

124ff. Teddy Kollek schildert seine Begegnung mit Axel Springer in seinem Vorwort zu der hebräischen Ausgabe von: Axel Springer, *Von Berlin aus gesehen. Zeugnisse eines engagierten Deutschen*, hg. von Hans Wallenberg, Stuttgart 1971. Der Titel der hebräische Ausgabe lautet übrigens: *Die russische Gefahr, von Berlin aus gesehen* (Tel Aviv 1973/74). Vgl. auch: Teddy Kollek und Amos Kollek, *Ein Leben für Jerusalem*, aus dem Englischen von Werner Peterich und Jizchak Barsam, Hamburg 1980, S. 290-292.

Das Tel Aviver Tor

133 Gershom Scholem, *Von Berlin nach Jerusalem*, S. 17.

135 Urija Shavit, »Germania achla medina« (Deutschland ist ein tolles Land), in: *Ha'aretz*, 18. 2. 2000.

139 Lea Goldberg, *Michtavim mi-nessia meduma* (Briefe von einer imaginären Reise), S. 12.

141f. Zu Tom Segevs Reaktion auf den Irving-Lipstadt-Prozeß vgl. *Die Welt*, 13. 4. 2000.

Die Bahn und der Wald

162 Erica Fischer, *Aimée & Jaguar. Eine Liebesgeschichte, Berlin 1943*, Köln 1994, S. 105.
166 Nathan Alterman, »Lorelei«, in: Ders., *Ha-tur ha-schvii* (Die siebte Kolumne), Bd. 3, S. 15.
167f. Zu Martin Walsers Rede und der durch sie ausgelösten Debatte vgl. auch *Die Walser-Bubis-Debatte. Eine Dokumentation*, hg. von Frank Schirrmacher, Frankfurt am Main 1999; die Zitate aus dem Bubis-Walser-Gespräch: Ebd., S. 442f.
168f. Samuel Josef Agnon, *Ad hena* (Bis hierher), S. 5, 66 und 17.
174 Zu jiddischen und hebräischen Worten im Berliner Jargon und in der deutschen Sprache im allgemeinen vgl. Andreas Nachama, *Jiddisch im Berliner Jargon oder hebräische Sprachelemente im deutschen Wortschatz*, Berlin 1995.
175f. Gershom Scholem, *Von Berlin nach Jerusalem*, S. 16.
176 Samuel Josef Agnon, *Ad hena* (Bis hierher), S. 27.
177f. Josef Klausner, »Odessa«, in: *Kehilot Israel sche-nichrevu* (Vernichtete jüdische Gemeinden), Tel Aviv 1944, S. 66. Zitiert bei: Zipora Kagan, *Halacha we-aggada ke-zofen schel sifrut* (Halacha und Haggada als Chiffre der Literatur), S. 131.
178 Julius Guttmann, »Berlin«, in: *Kehilot Israel sche-nichrevu* (Vernichtete jüdische Gemeinden), S. 313. Zitiert bei: Zipora Kagan, *Halacha we-aggada ke-zofen schel sifrut* (Halacha und Haggada als Chiffre der Literatur), S. 132.
178 Zipora Kagan, *Halacha we-aggada ke-zofen schel sifrut* (Halacha und Haggada als Chiffre der Literatur), S. 137f.
179 Samuel Josef Agnon, *Ad hena* (Bis hierher), S. 13.
179 Lea Goldberg, *Michtavim mi-nessia meduma* (Briefe von einer imaginären Reise), S. 59.
180 Lea Goldberg, *Michtavim mi-nessia meduma* (Briefe von einer imaginären Reise), S. 63.
180 Brief Kurt Tucholskys vom 15. 12. 1935 an Arnold Zweig, in: Kurt Tucholsky, *Gesamtausgabe. Texte und Briefe*, Bd. 21: *Briefe 1935*, hg. von Antje Bonitz und Gustav Huonker, Reinbek bei Hamburg 1997, B 155, S. 470-478, hier S. 473f.
180f. Brief Arnold Zweigs vom 15. 2. 1936 an Sigmund Freud, in: Sigmund Freud/Arnold Zweig, *Briefwechsel*, hg. von Ernst L. Freud, Frankfurt am Main 1968, S. 130-132, hier S. 131.

188f. Jehuda Amichai, »Gott hat Erbarmen mit kleinen Kindern«, in: Ders., *Auch eine Faust war einmal eine offene Hand*, aus dem Hebräischen von Alisa Stadler, München Zürich 1994, S. 40. Die letzte Strophe lautet: »Vielleicht werden wir ihnen sogar/Unseren letzten Mitleidsgroschen geben,/Den wir von Mutter geerbt – damit ihr Glück uns beisteht –/Jetzt und in künftigen Tagen.«
191 Georg Wilhelm Friedrich Hegel, *Vorlesungen über die Philosophie der Geschichte*, in: Ders., *Werke*, Frankfurt am Main 1970, Bd. 12, S. 49f.
192f. Zur Wilhelmstraße vgl. Hans Wilderotter, *Alltag der Macht. Berlin, Wilhelmstraße*, Berlin 1998 (und Dank an Jochen Visscher).
197 Erich Kästner, *Pünktchen und Anton*, Berlin 1974, S. 158f. (Die deutsche Originalausgabe erschien 1930).

In die vorisraelischen Welten

213f. Amos Elon, *In einem heimgesuchten Land. Berichte aus beiden Deutschland*, Nördlingen 1988, S. 125 und 11.
214f. Amos Elon, »Politics of Memory«, S. 207f.
215 Abraham Schlonski, »Neder« (Gelübde), in: Ders., *Ketavim* (Werke), Tel Aviv 1972/73.
218 Qeren Margalit, »The Ballad of the Wrapped Reichstag«, in: *Berlin, mit deinen frechen Feuern*, S. 111.

Die Freiheit zu erben, der Zwang zurückzukehren

220 Juda Löb Gordon, »Hakiza ami« (Erwache, mein Volk), in: Ders., *Kol ha-ketavim* (Sämtliche Werke), Tel Aviv 1958/59 (und Dank an Joseph Dan).
221 Henry Kissinger, »The Diplomacy of Culture. Conversation with Academy Honorary Co-Chairman Henry A. Kissinger at the Hans Arnold Center Dedication«, in: *The Berlin Journal. A Quarterly from the American Academy of Berlin*, Juni 1999, S. 8.
222 Lenins Worte zur Herrschaft über Berlin zitiert Axel Springer, *Von Berlin aus gesehen*, S. 36.
225f. Lea Goldberg, *Michtavim mi-nessia meduma* (Briefe von einer imaginären Reise), S. 53.

Auswahlbibliographie

Neuere Bücher über die Stadt Berlin

Alan Balfour, *Berlin. The Politics of Order 1737-1989*, New York 1990.
Alexandra Richie, *Faust's Metropolis. A History of Berlin*, London 1998.
Hans Wilderotter, *Alltag der Macht. Berlin, Wilhelmstraße*, Berlin 1998.

Von und über Juden in Berlin

Michael Brenner, *Jüdische Kultur in der Weimarer Republik*, aus dem Englischen von Holger Fliessbach, München 2000.
Michael Brenner, *Nach dem Holocaust. Juden in Deutschland 1945-1950*, München 1995.
Susan Neiman, *Slow Fire. Jewish Notes from Berlin*, New York 1992.
Richard Chaim Schneider, *Wir sind da! Die Geschichte der Juden in Deutschland von 1945 bis heute*, Berlin 2000.
Chaim Shoham, »Der Ritter der Wahrheit reitet nach Berlin. Adelbert von Chamisso, Moses Mendelssohn und Abba Glosk Leczeka«, in: *Moses Mendelssohn und die Kreise seiner Wirksamkeit*, hg. von Michael Albrecht, Eva J. Engel und Norbert Hinske, Tübingen 1994, S. 381-409.

Von und über Israelis in Berlin (und auch einige Berliner in Israel)

Amos Elon, *In einem heimgesuchten Land. Berichte aus beiden Deutschland*, Nördlingen 1988.
Dieter Fricke, *Jüdisches Leben in Berlin und Tel Aviv 1933 bis 1939. Der Briefwechsel des ehemaligen Reichstagsabgeordneten Dr. Julius Moses*, Hamburg 1997.
Zipora Kagan: »Epilog: Literatur an der Wand – die Zeichen richtig lesen« (hebr.), in: Dies., *Halacha we-aggada ke-zofen schel sifrut* (Halacha und Haggada als Chiffre der Literatur), Jerusalem 1988.
Joachim Schlör, *Tel Aviv – Vom Traum zur Stadt. Reise durch Kultur und Geschichte*, Frankfurt am Main 1999.

Gershom Scholem, *Von Berlin nach Jerusalem. Jugenderinnerungen*, erweiterte Fassung, aus dem Hebräischen von Michael Brocke und Andrea Schatz, Frankfurt am Main 1994.
Hellmut Stern, *Saitensprünge. Erinnerungen eines Kosmopoliten wider Willen*, Berlin 2000.
Eran Tiefenbrunn, »Vorwort/Preface«, in: Florian Profitlich, *Berlin Bilder, Images, Images*, Berlin 1999.
Moshe Zuckermann, *Gedenken und Kulturindustrie. Ein Essay zur neuen deutschen Normalität*, Berlin 1999.

Über die deutsch-israelischen Beziehungen

Deutschland und Israel. Solidarität in der Bewährung, hg. von Ralph Giordano, Gerlingen 1992.
Israel und Palästina. Zeitschrift für Dialog, Sonderheft 27: Das schmerzhafte Dreieck: Deutsche – Israelis – Palästinenser, Oktober 1991, mit Beiträgen von Jörn Böhme, Thomas Scheffler, Angelika Timm.
Avi Primor, *Europa, Israel und der Nahe Osten*, Frankfurt am Main 2000.
Rafael Seligmann, *Mit beschränkter Hoffnung. Juden, Deutsche, Israelis*, Hamburg 1991.

Deutsche Einflüsse in der israelischen Kultur

Yoav Gelber, *Moledet chadascha. Alijat jehude merkas Europa we-klitatam 1933-1948* (Neue Heimat. Die Einwanderung und Integration von Juden aus Mitteleuropa 1933-1948), Jerusalem 1990.
Nathan Harpas, »Von ›Traumhäusern‹ zu ›Häuserwürfeln‹. Die architektonische Revolution im Tel Aviv der dreißiger Jahre« (hebr.), in: *Tel Aviv be-reschita 1909-1934* (Tel Aviv in seinen Anfängen 1909-1934), hg. von Mordechai Naor, Jerusalem 1983/84, S. 91-106.
David Kroyanker, *Die Architektur Jerusalems. 3000 Jahre Heilige Stadt*, aus dem Amerikanischen von Hubertus von Gemmingen, Stuttgart 1994.
Eli Salzberger und Fania Oz-Salzberger, »Geheime deutsche Quellen am Obersten Israelischen Gerichtshof«, in: *Kritische Justiz* 31 (1998), S. 289-317.
Tom Segev, *One Palestine, Complete. Jews and Arabs under the British Mandate*, aus dem Hebräischen von Haim Watzman, New York 2000.

Na'ama Sheffi, *Germanit be-ivrit. Tirgumim mi-germanit ba-jischuv ha-ivri 1882-1948* (Deutsch auf Hebräisch. Übersetzungen aus dem Deutschen im jüdischen Jischuw 1882-1948), Jerusalem 1998.

Romane und Lyrik

Samuel Josef Agnon, *Ad hena* (Bis hierher), Jerusalem/Tel Aviv 1997/98.
Samuel Josef Agnon, *Schira*, aus dem Hebräischen von Tuvia Rübner, Frankfurt am Main 1998.
Dan Ben-Amoz, *Masken in Frankfurt*, aus dem Hebräischen von Ulrike Zimmermann, Gerlingen 1999.
Berlin, mit deinen frechen Feuern. 100 Berlin-Gedichte, hg. von Michael Speier, Stuttgart 1997.
Wolf Biermann, *Paradies uff Erden. Ein Berliner Bilderbogen*, Köln 1999.
Alfred Döblin, *Berlin Alexanderplatz*, München 1965.
Lea Goldberg, *We-hu ha-or* (Und er ist das Licht), in: Dies., *Ketavim* (Schriften), hg. von Tuvia Rübner, Merchavia/Tel Aviv 1972, Bd. 4.
Lea Goldberg, *Michtavim mi-nessia meduma* (Briefe von einer imaginären Reise), Tel Aviv 1936/37.
A. B. Jehoschua *Die fünf Jahreszeiten des Molcho*, aus dem Hebräischen von Ruth Achlama, München/Zürich 1989.
Erich Kästner, *Emil und die Detektive*, Berlin 1975.
Erich Kästner, *Pünktchen und Anton*, Berlin 1974.